Bernd Schmitt

Kaufmann/Kauffrau im E-Commerce

Der Prüfungstrainer

BILDNER

Verlag:
BILDNER Verlag GmbH
Bahnhofstraße 8
94032 Passau

http://www.bildner-verlag.de
info@bildner-verlag.de

ISBN: 978-3-8328-0429-9
Bestellnummer: 0453

Autor: Bernd Schmitt
Herausgeber: Christian Bildner

Druck: CPI Clausen & Bosse GmbH, Birkstr. 10, 25917 Leck

Bildquellen:
Cover: ©Daniel Ernst - stock.adobe.com
Bild Seite 7: ©Vlad Chorniy - stock.adobe.com

aktualiserte und erweiterte Ausgabe September 2022
aktualiserte und erweiterte Ausgabe November 2024

Vorwort

Der neue Beruf

Mit der 2018 gestarteten Ausbildung zur Kauffrau und zum Kaufmann im E-Commerce wurde ein ebenso zukunftssicherer wie vielfältiger Beruf aus der Taufe gehoben. Die E-Commerce'ler gestalten und betreuen Sortimente, analysieren Kennzahlen und optimieren Abläufe. Sie verfügen über ein hohes kaufmännisches Know-how, aber auch über technisches und rechtliches Basiswissen.

Ausbildung und IHK-Prüfung

Die Ausbildung finden im Dualen System statt, also im Betrieb und der Berufsschule. Die Regel-Ausbildungszeit beträgt dabei 3 Jahre, möglich ist aber eine Verkürzung auf bis zu 2 Jahre. Die Prüfung wird von der IHK betreut und als „gestreckte Prüfung" durchgeführt. Die Endnote setzt sich zu 25 % aus dem Ergebnis des ersten Prüfungsteils und zu 75 % aus dem Ergebnis des zweiten Prüfungsteils zusammen. Der erste Prüfung wird dabei in der Mitte der Ausbildung abgehalten, die zweite Prüfung am Ende.

Der Prüfungstrainer

- Im 1. Kapitel dieses Prüfungstrainers finden Sie Übungsfragen zu jedem der 12 Lernfelder. Sie können das Buch also nicht nur kurz vor der Prüfung einsetzen, sondern auch als ständiges Begleitbuch verwenden. Die Lösungen finden Sie hinten in Kapitel 5.
- Im 2. Kapitel erhalten Sie eine Übersicht der Prüfungsmodalitäten, sowie zu jedem schriftlichen Prüfungsteil noch einmal einen Schnelldurchlauf der wichtigsten Themengebiete. Der Schnelldurchlauf dient als „Spickzettel" zur Vorbereitung unmittelbar vor der Prüfung.
- Das Kapitel 3 widmet sich dem fallbezogenen Fachgespräch. Stimmen Sie sich hierzu mit der Ausbildungsleitung Ihres Betriebs rechtzeitig ab - am besten zu Beginn des letzten Lehrjahrs!
- Kapitel 4 enthält ein umfangreiches Glossar. Machen Sie sich mit den Begriffen vertraut, um in der Prüfung nicht über die Aufgabenstellung zu stolpern.
- Kapitel 5 enthält die Musterlösungen zu den 283 Fragen aus Kapitel 1. Achten Sie dabei nicht nur auf die Lösungen, sondern auch auf die Fallen. Damit Sie bei der Prüfung nicht hinein tappen.

Viel Erfolg!
Der Autor Bernd Schmitt

Inhaltsverzeichnis

1 Fragen zu den zwölf Lernfeldern der Berufsschule

1.1 Das Unternehmen präsentieren und die eigene Rolle mitgestalten

Überblick zu diesem Lernfeld

Dieses Lernfeld ist Teil des 1. Lehrjahrs. Schwerpunkte sind allgemeine rechtliche Fragen rund um die Rechte und Pflichten von Arbeitgebern und Arbeitnehmern.

Checkliste:

- ○ Rechtsformen von Unternehmen (Einzelunternehmen, GbR, GmbH, UG, KG, OHG, AG).
- ○ Organisationsformen von Unternehmen (Sparten, funktional, Matrix).
- ○ Unternehmen und ihre Pflichten (Betriebsverfassungsgesetz, betriebliche Mitbestimmung, Betriebsrat, Unfallschutz, betrieblicher Datenschutz, Tarifbestimmungen).
- ○ Ziele (ökonomische, ökologische und soziale) und Leitbild von Unternehmen.
- ○ Jugendauszubildendenvertretung (Aufgaben und Wahl) und Jugendarbeitsschutzgesetz.
- ○ Rechtliche Regelungen und Strukturen zu Arbeits- und Ausbildungsverträgen (Form, Inhalte, Duales System, Probezeit, Entgelt, Urlaub, Mutterschutz).
- ○ Bestimmungen zum betrieblichen Umwelt-, Gesundheits- und Datenschutz.
- ○ Kommunikationsarten (verbal, nonverbal).
- ○ Digitalisierung und lebenslanges Lernen.
- ○ Wichtigste Vertriebskanäle und Marktstrukturen im E-Commerce.

Lösungen zu den Aufgaben ab Seite 225.

Übungsfrage 1: Der Ausbildungsvertrag

Auszug aus dem Berufsbildungsgesetz (BBiG):
§ 10 BBiG – Vertrag
(1) Wer andere Personen zur Berufsausbildung einstellt (Ausbildende), hat mit den Auszubildenden einen Berufsausbildungsvertrag zu schließen.

§ 11 BBiG – Vertragsniederschrift
(1) Ausbildende haben unverzüglich nach Abschluss des Berufsausbildungsvertrages, spätestens vor Beginn der Berufsausbildung, den wesentlichen Inhalt des Vertrages gemäß Satz 2 schriftlich niederzulegen; die elektronische Form ist ausgeschlossen.

Aufgabe
Herr Schmitt schließt mit dem Personalchef der Bikestylers GmbH einen mündlichen Ausbildungsvertrag. Ist der Vertrag gültig?

1. Nein, mündliche Verträge sind grundsätzlich ungültig.
2. Der Vertrag ist nur dann gültig, wenn Zeugen anwesend sind.
3. Der Vertrag ist gültig, die Schriftform muss aber spätestens zu Beginn der Berufsausbildung vorliegen.
4. Der Vertrag ist gültig, die Schriftform muss aber spätestens vier Wochen nach Beginn der Berufsausbildung vorliegen.
5. Der Vertrag ist gültig, weil für Ausbildungsverträge keine Schriftform notwendig ist.

Übungsfrage 2: Die Sozialversicherungen

Aufgabe

Auf einem Lohn- bzw. Gehaltsstreifen sind eine Reihe von Abzügen angegeben. Erläutern Sie kurz die Folgenden vier:

1. KV-Beitrag
2. RV-Beitrag
3. AV-Beitrag
4. PV-Beitrag

Übungsfrage 3: Gesetzliche Unfallversicherungen

Aufgabe

Zu den Sozialversicherungen zählt auch die gesetzliche Unfallversicherung. Erläutern Sie, warum die Höhe der Abgaben zur Unfallversicherung im Gegensatz zu den anderen Sozialversicherungen nicht in der Entgeltabrechnung enthalten ist.

Übungsfrage 4: Der Mutterschutz

Aufgabe

Schwangere oder stillende Arbeitnehmerinnen genießen einen besonderen Schutz. Welcher Schutz zählt **nicht** dazu?

1. Schutz der Gesundheit am Arbeitsplatz.
2. Besonderer Kündigungsschutz.
3. Auszubildende im Mutterschutz können die Abschlussprüfung online ablegen.
4. Beschäftigungsverbot in den Wochen vor und nach der Geburt (in der Regel 6 Wochen vor bis 8 Wochen nach der Geburt).
5. Sicherung des Einkommens während des Beschäftigungsverbots.

Übungsfrage 5: Die Entgeltabrechnung

Aufgabe

Arbeitnehmerinnen und Arbeitnehmer haben ein Recht auf eine Entgeltabrechnung. Diese wird auch Lohn- oder Gehaltsabrechnung genannt. Welche Informationen muss eine Entgeltabrechnung **nicht** enthalten?

1. Name und Anschrift des Arbeitgebers.
2. Steuerklasse des Arbeitnehmers.
3. Bruttolohn bzw. Gehalt.
4. Sozialversicherungsbeiträge des Arbeitgebers.
5. Sozialversicherungsbeiträge des Arbeitnehmers.

Übungsfrage 6: Duales System

Aufgabe

Welche Aussage über das Duale System der Berufsausbildung ist **nicht** zutreffend?

1. Die Ausbildung findet in Betrieb und Berufsschule statt.
2. Die Prüfungen werden je nach Ausbildungsberuf von unterschiedlichen Stellen organisiert, zum Beispiel von der IHK.
3. Bei der gestreckten Prüfung fließt das Ergebnis von Prüfungsteil 1 auch in das Gesamtergebnis ein.
4. Der Ausbildungsbetrieb ist dazu verpflichtet, den Auszubildenden ein betriebliches Zeugnis auszustellen.
5. Die Ausbildung wird vom DSD überwacht (Duales System Deutschland).

Übungsfrage 7: Rechtsformen von Unternehmen

Aufgabe

Die Unternehmensformen sind sehr vielfältig, lassen sich aber grob in zwei Kategorien sortieren. Diese beiden Kategorien heißen:

1. GmbH und UG.
2. Personengesellschaften und Kapitalgesellschaften.
3. GmbH und AG.
4. Einzelunternehmer und Vereinigungen wie z. B. GmbH.
5. Kommanditist und Komplementär.

Übungsfrage 8: Haftungsverhältnisse in einer KG

Aufgabe

Beschreiben Sie die Haftungsverhältnisse in einer Kommanditgesellschaft (KG).

1. Der Kommanditist haftet nur mit seinem Geschäftsvermögen, der Komplementär mit seiner Einlage und seinem Privatvermögen.
2. Der Komplementär haftet nur mit seinem Geschäftsvermögen, der Kommanditist mit seiner Einlage und seinem Privatvermögen.
3. Kommanditist und Komplementär haften jeweils zu 50 % mit ihren Einlagen.
4. Kommanditist und Komplementär haften jeweils zu 50 % mit ihren Privatvermögen.
5. Der Kommanditist haftet nicht, der Komplementär mit seiner Geschäftseinlage.

Übungsfrage 9: Rechtsformen von Unternehmen

Das Berufsbildungsgesetz (BBiG) bestimmt die Länge der Probezeit:

§ 20 Probezeit
Das Berufsausbildungsverhältnis beginnt mit der Probezeit. Sie muss mindestens einen Monat und darf höchstens vier Monate betragen.

Aufgabe
Frau Konya hat bei der Bikestylers GmbH am 15.9.2020 eine Ausbildung begonnen. Eine Probezeit wurde im Ausbildungsvertrag nicht vereinbart. An welchem Tag endet ihre Probezeit?

1. Es gibt keine Probezeit, da keine vereinbart wurde. Es gilt die Vertragsfreiheit.
2. Die Probezeit endet am 14.10.2020.
3. Die Probezeit endet am 31.12.2020.
4. Die Probezeit endet am 14.01.2021.
5. Da kein Ende vereinbart wurde, besteht die Probezeit bis zur Zwischenprüfung.

Übungsfrage 10: Recht auf Urlaub

Auszug aus dem Mindesturlaubsgesetz für Arbeitnehmer (Bundesurlaubsgesetz):
§ 3 Dauer des Urlaubs
(1) Der Urlaub beträgt jährlich mindestens 24 Werktage.

§ 9 Erkrankung während des Urlaubs
Erkrankt ein Arbeitnehmer während des Urlaubs, so werden die durch ärztliches Zeugnis nachgewiesenen Tage der Arbeitsunfähigkeit auf den Jahresurlaub nicht angerechnet.

Aufgabe

Herr Specht hat laut Arbeitsvertrag einen Anspruch von 28 Tagen Urlaub im Jahr. Für seinen ersten Urlaub nimmt er 10 Tage in Anspruch. Während dieser Zeit erkrankt er und wird für 4 Werktage von einem Arzt arbeitsunfähig geschrieben. Welchem Restanspruch auf Urlaub hat Herr Specht noch in diesem Jahr?

1. 18 Tage
2. 20 Tage
3. 22 Tage
4. 24 Tage
5. 26 Tage

Übungsfrage 11: Kündigungsschutz

Aufgabe

Welcher gesetzliche Kündigungsschutz gilt während der Probezeit?

1. Keiner.
2. Zwei Wochen bei außerordentlicher, vier Wochen bei ordentlicher Kündigung.
3. Zwei Wochen bei ordentlicher, vier Wochen bei außerordentlicher Kündigung.
4. Zwei Wochen bei ordentlicher, keine bei außerordentlicher Kündigung.
5. Mindestens 14 Tage bis zum ersten Tag des Folgemonats.

Übungsfrage 12: Jugend- und Auszubildendenvertretung

Das Betriebsverfassungsgesetz bestimmt die Regeln zur Einrichtung einer JAV (Jugend- und Auszubildendenvertretung):

§ 60: Errichtung und Aufgabe
(1) In Betrieben mit in der Regel mindestens fünf Arbeitnehmern, die das 18. Lebensjahr noch nicht vollendet haben (jugendliche Arbeitnehmer) oder die zu ihrer Berufsausbildung beschäftigt sind und das 25. Lebensjahr noch nicht vollendet haben, werden Jugend- und Auszubildendenvertretungen gewählt.

§ 61: Wahlberechtigung und Wählbarkeit
(1) Wahlberechtigt sind alle in § 60 Abs. 1 genannten Arbeitnehmer des Betriebs.

(2) Wählbar sind alle Arbeitnehmer des Betriebs, die das 25. Lebensjahr noch nicht vollendet haben; § 8 Abs. 1 Satz 3 findet Anwendung. Mitglieder des Betriebsrats können nicht zu Jugend- und Auszubildendenvertretern gewählt werden.

Aufgabe
Frau Jahn ist Auszubildende und 22 Jahre alt. Sie möchte für die Wahl in die JAV kandidieren. Ist dies nach dem Betriebsverfassungsgesetz zulässig?

1. Nein, Sie hat das 18. Lebensjahr schon überschritten.
2. Nein, dies widerspricht dem Jugendarbeitsschutzgesetz (JarbSchG).
3. Ja, ohne weitere Bedingung. Für Auszubildende gilt die Altersgrenze von 25 Jahren.
4. Ja, allerdings darf sie nicht gleichzeitig Mitglied des Betriebsrats sein.
5. Ja, aber nur mit Zustimmung der Geschäftsführung.

Übungsfrage 13: Mitwirkung der JAV

Aufgabe
Welche Aussage über die Aufgaben und Möglichkeiten der JAV (Jugend- und Auszubildendenvertretung) ist **nicht** zutreffend?

1. Die JAV kann Beschlüsse fassen, die dem Arbeitgeber gegenüber unmittelbar wirksam sind.
2. Die JAV ist Ansprechpartner für Auszubildende im Betrieb.
3. Die JAV wacht darüber, dass Gesetze, Verordnungen, Unfallverhütungsvorschriften und Tarifverträge im Betrieb eingehalten werden.
4. Die JAV ist Ansprechpartner für Jugendliche im Betrieb.
5. Über den Betriebsrat kann die JAV Anträge an die Geschäftsführung stellen.

Übungsfrage 14: Jugendarbeitsschutzgesetz

Gesetz zum Schutze der arbeitenden Jugend (Jugendarbeitsschutzgesetz – JArbSchG)
§ 29 Unterweisung über Gefahren
(1) Der Arbeitgeber hat die Jugendlichen vor Beginn der Beschäftigung und bei wesentlicher Änderung der Arbeitsbedingungen über die Unfall- und Gesundheitsgefahren, denen sie bei der Beschäftigung ausgesetzt sind, sowie über die Einrichtungen und Maßnahmen zur Abwendung dieser Gefahren zu unterweisen. Er hat die Jugendlichen vor der erstmaligen Beschäftigung an Maschinen oder gefährlichen Arbeitsstellen oder mit Arbeiten, bei denen sie mit gesundheitsgefährdenden Stoffen in Berührung kommen, über die besonderen Gefahren dieser Arbeiten sowie über das bei ihrer Verrichtung erforderliche Verhalten zu unterweisen.

(2) Die Unterweisungen sind in angemessenen Zeitabständen, mindestens aber halbjährlich, zu wiederholen.

(3) Der Arbeitgeber beteiligt die Betriebsärzte und die Fachkräfte für Arbeitssicherheit an der Planung, Durchführung und Überwachung der für die Sicherheit und den Gesundheitsschutz bei der Beschäftigung Jugendlicher geltenden Vorschriften.

Aufgabe

Frau Schuster ist 17 Jahre alt und wird im Rahmen ihrer Ausbildung in verschiedenen Abteilungen ihres Unternehmens eingesetzt. Welche Pflichten hat der Arbeitgeber, um Unfälle zu verhindern und gesundheitliche Gefahren abzuwehren?

1. Frau Schuster muss auf dem Betriebsgelände stets einen Helm tragen.
2. Frau Schuster muss zu Beginn ihrer Ausbildung zur betriebsärztlichen Untersuchung. Die Untersuchung muss mindestens halbjährlich wiederholt werden.
3. Frau Schuster muss spätestens nach 14 Tagen und danach halbjährlich über Unfall- und Gesundheitsgefahren unterwiesen werden.
4. Frau Schuster muss vor Beginn ihrer Beschäftigung und bei wesentlichen Änderungen über Unfall- und Gesundheitsgefahren unterwiesen werden.
5. Frau Schuster darf nicht an Maschinen beschäftigt werden.

Übungsfrage 15: Der Betriebsrat

Aufgabe

Ab einer Zahl von fünf Mitarbeiterinnen und Mitarbeitern kann in einem Betrieb ein Betriebsrat gegründet werden. In welchem Gesetz sind die Aufgaben des Betriebsrats verankert?

1. MitbestG (Mitbestimmungsgesetz)
2. BetrVG (Betriebsverfassungsgesetz)
3. GG (Grundgesetz)
4. BGB (Bürgerliches Gesetzbuch)
5. HGB (Handelsgesetzbuch)

Übungsfrage 16: Erkrankung

Aufgabe

Die Auszubildende Frau S. ist erkrankt und kann nicht zur Arbeit erscheinen. Wozu ist sie verpflichtet?

1. Krankmeldung und Arbeitsunterlagen an den Arbeitgeber senden.
2. Vorlage einer ärztlichen Bescheinigung und bei Minderjährigen die Bestätigung durch die Erziehungsberechtigten.
3. Krankmeldung, sowie auf Verlangen die Vorlage einer ärztlichen Bescheinigung.
4. Ärztliche Bescheinigung, Krankmeldung und Nacharbeit.
5. Krankmeldung und ab dem 5. Krankheitstag ein ärztliches Attest.

Übungsfrage 17: Organisation von Unternehmen

Aufgabe

Jedes Unternehmen verfügt über eine eigene innere Organisationsform. Dabei lassen sich drei Grundmodelle unterscheiden:

1. Spartenorganisation, funktionale Organisation und Matrixorganisation.
2. GmbH, Kommanditgesellschaft und Aktiengesellschaft.
3. Traditionelles Projektmanagement (Wasserfall-Methode), agiles Projektmanagement (Reaktion auf Veränderungen) und kollaboratives Projektmanagement (Internationale Teams).
4. Buchhaltung, Rechnungswesen, PR (Public Relations).
5. Betriebsrat des Unternehmens, Aufsichtsrat und Hauptversammlung.

Übungsfrage 18: Das Leitbild eines Unternehmens

Das Leitbild eines Unternehmens motiviert die Mitarbeiterinnen und Mitarbeiter, richtet sich aber auch an Kunden und Geschäftspartner. Die Bikestylers GmbH hat folgendes Unternehmensleitbild entworfen:

Wir wollen die führende Marke von nachhaltigen Fahrrädern und Zubehör werden. Wir bieten beste Qualität zu fairen Preisen. Wir sind innovativ. Wir engagieren uns für umweltfreundliche Mobilität.
Unsere Kunden sind so zufrieden wie unsere 280 Mitarbeiterinnen und Mitarbeiter. Wir sichern Arbeitsplätze.
Unsere Partner haben wir in der ganzen Welt. Dabei achten wir auf umweltfreundliche Rohstoffe und Fertigung und die Einhaltung sozialer Standards in der Produktion und in der Lieferkette. Unsere Kleidung ist nach dem GOTS-Standard zertifiziert.

Aufgabe

Welche ökonomischen, ökologischen und sozialen Ziele verfolgt die Bikestylers GmbH? (Jeweils 2 Antworten)

Übungsfrage 19: Soziale Ziele eines Unternehmens

Aufgabe

Nennen Sie 5 soziale Ziele eines Unternehmens!

Übungsfrage 20: Betrieblicher Datenschutz

Aufgabe

Unternehmen, und insbesondere Onlinehändler, müssen vielfältige Vorschriften zum Datenschutz und zur Datensicherheit beachten. Wozu ist ein Unternehmen aber **nicht** verpflichtet?

1. Ernennung eines betrieblichen Datenschutzbeauftragten (DSB), sobald 20 Personen oder mehr Personen regelmäßig mit der Verarbeitung personenbezogener Daten beschäftigt sind.
2. Gespeicherte Daten müssen vor dem Zugriff Unbefugter geschützt werden.
3. Zur Vorbeugung vor Datenmissbrauch müssen alle technischen Mittel ausgeschöpft werden.
4. Besucher einer Website müssen ausdrücklich zustimmen, falls ihre Daten zur Auftragsdatenverarbeitung weitergegeben werden, zum Beispiel an Facebook oder Google.
5. Kunden eines Onlineshops müssen ausdrücklich zustimmen, sobald Name und Anschrift zum Zweck der Abwicklung ihrer Bestellung erhoben werden.

Übungsfrage 21: Kommunikationsarten

Aufgabe

Die nonverbale Kommunikation ist entscheidend für den Erfolg in Marketing und Vertrieb. Welche Elemente zählen **nicht** zur nonverbalen Kommunikation?

1. Gestik
2. Körperhaltung und Mimik
3. Tonlage
4. Argumentation
5. Art der Begrüßung

Übungsfrage 22: Lebenslanges Lernen

Aufgabe

Welche Konsequenzen ergeben sich aus der Digitalisierung der Arbeitswelt?

1. Alle Berufe, die heute in der digitalen Welt entstehen, haben auch noch in 20 Jahren Bestand.
2. Neue Techniken und Produkte werden in immer kürzeren Zeiträumen entwickelt. Um den neuen Anforderungen gerecht zu werden, ist lebenslanges Lernen notwendig.
3. Weiterbildung ist angesichts der Digitalisierung notwendig, bleibt aber Privatangelegenheit der Arbeitnehmerinnen und Arbeitnehmer.
4. Die Digitalisierung ist speziell für Menschen ab 50 Jahren eine Herausforderung. Deshalb bietet das BMFSJ (Bundesministeriums für Familie, Senioren, Frauen und Jugend) das Integrationsprogramm „Lebenslanges Lernen“ an.
5. Die Digitalisierung macht die Spezialisierung überflüssig.

Übungsfrage 23: Marktstruktur im E-Commerce

Die Tabelle zeigt die umsatzstärksten deutschen Onlineshops des Jahres 2018 laut einer Untersuchung des EHI-Instituts und Statista (Zahlen in 100 Mio. Euro, nur physische Güter).

Aufgabe

Beschreiben Sie die Marktstruktur auf Seite der Händler. Diskutieren Sie, ob von einem Monopol, Oligopol oder Polypol gesprochen werden kann.

1	amazon.de	9.278,1
2	otto.de	3.200,0
3	zalando.de	1.441,0
4	mediamarkt.de	987,7
5	notebooksbilliger.de	878,5
6	lidl.de	757,3
7	bonprix.de	601,1
8	cyberport.de	554,7
9	saturn.de	546,2
10	alternate.de	524,5

1.2 Onlinesortimente gestalten und die Beschaffung unterstützen

Überblick zu diesem Lernfeld

Dieses Lernfeld ist Teil des 1. Lehrjahrs. Schwerpunkte sind Fragen rund um die Gestaltung und Beschaffung von Sortimenten. Erwartet werden auch Grundkenntnisse zu Rechtsfragen und die Lösung einfacher betriebswirtschaftlicher Rechnungen.

Checkliste:

- ○ Produktmaße vereinheitlichen (Umrechnungen von Maßeinheiten für Länge und Gewicht).
- ○ Informationspflichten zu Produkten (wesentliche Eigenschaften, alle Preisbestandteile, Lieferzeiten).
- ○ Sortimentspolitik (Massen- und Nischenprodukte, Sortimentsbreite und -tiefe, kontinuierliche Sortimentsanpassung, Marktfeldparzellierung).
- ○ Lagerkosten (Auslastung, ideale Bestellmenge, Verfügbarkeit).
- ○ Produktkategorien und Produktfilter (Auffindbarkeit optimieren).
- ○ Produktdaten einpflegen (Produkttitel, Produktbild, EAN/GTIN).
- ○ Preisfestlegung (konkurrenzorientiert, dynamisch).
- ○ Preiswahrnehmung (Verkaufspsychologie, Schwellenpreise, Preisfiguren, Sortimentseffekt, Verknappung).
- ○ Retouren (Kosten, Retourenminimierung).
- ○ Nachlieferung und Nichtlieferung.

- ○ Cross-Selling (Zuordnung von Produkten).
- ○ Barrierefreiheit.
- ○ Unlauterer Wettbewerb (UWG).
- ○ Preisangabenverordnung (Gültigkeit, Grundpreis bei losen Waren).
- ○ Pflichten bei besonderen Produkten (Textilkennzeichnung, Buchpreisbindung).
- ○ Markenrecht und Namensrecht.
- ○ Urheber- und Nutzungsrecht von Bildern und anderen Medien.
- ○ Persönlichkeitsrechte, Recht am eigenen Bild (§ 22 Kunsturhebergesetz).

Lösungen zu den Aufgaben ab Seite 235.

Übungsfrage 24: Produktgrößen vereinheitlichen

Welche Größe ist die richtige? Zur Erhöhung der Beratungsqualität und damit auch zur Senkung der Retourenquote wird der Onlineshop der Bikestylers GmbH mit der Angabe von Richtwerten ergänzt. Die folgende Tabelle zeigt die empfohlene Reifengröße in Abhängigkeit von der Körpergröße.

Reifengröße in Zoll	Reifengröße in Zentimeter (ca.)	Körpergröße
12 Zoll		70 - 90 cm
16 Zoll		90 - 120 cm
20 Zoll		120 - 140 cm
24 Zoll		140 - 160 cm
26 Zoll		160 - 180 cm
28 Zoll		über 180 cm

Aufgabe
Vervollständigen Sie die Tabelle! Hinweis: 1 Zoll entspricht 2,54 Zentimeter. Runden Sie kaufmännisch und auf ganze Zentimeter!

Übungsfrage 25: Auffindbarkeit von Produkten

Aufgabe
Die Bikestylers GmbH möchte die Auffindbarkeit ihrer Produkte verbessern. Im Onlineshop soll deshalb eine Filterfunktion eingebaut werden. Nennen Sie 5 kundenfreundliche Filtermöglichkeiten und jeweils ein Beispiel.

Übungsfrage 26: Rechtskonforme Produktbeschreibungen

Die Bikestylers GmbH bietet auch diverse Fahrradtrikots an.

Aufgabe
Welche Bezeichnungen für Textilfasern sind in der Produktbeschreibung rechtlich zulässig?

1. Die Bezeichnungen des Herstellers.
2. Die Bezeichnungen des internationalen Dachverbands UCI.
3. Die Bezeichnungen entsprechend der Preisangabenverordnung (PAngV), allerdings nur für den B2C-Bereich.
4. Die Bezeichnungen entsprechend der Preisangabenverordnung (PAngV).
5. Die Bezeichnungen entsprechend des Anhangs der EU-Textilkennzeichnungsverordnung.

Übungsfrage 27: Preiswahrnehmung

Kundinnen und Kunden verwenden bestimmte Muster, um Preise als angemessen oder unangemessen wahrzunehmen und zu beurteilen.

Aufgabe
Definieren Sie die Begriffe Preisschwelle, Preisfigur und Sortimentseffekt.

Übungsfrage 28: Preisvergleich in Pricing Tables

Die Bikestylers GmbH bietet ein gestaffeltes Leihrad-Abo in einem Pricing Table an:

Basic	Standard	Premium
19,90 € pro Monat	29,90 € pro Monat	49,00 € pro Monat
	Top Preis !	

Aufgabe
Beurteilen Sie das Angebot hinsichtlich der Preiswahrnehmung (3 Aspekte).

Übungsfrage 29: Verknappung

Die Angst, ein Sonderangebot zu verpassen oder ein Produkt gar nicht zu erhalten, kann Verbraucher zu einem Kauf motivieren. Viele Unternehmen setzen diese Technik bewusst ein, um die Nachfrage zu steigern.

Aufgabe

Formulieren Sie 4 Phrasen, die die Verknappung von Produkten signalisieren!

Übungsfrage 30: Konkurrenzorientierte Preisgestaltung

Die Bikestylers GmbH orientiert sich an Preisen, die sich bereits auf dem Markt etabliert haben, um diese dann zu unterbieten.

Aufgabe

Beurteilen Sie, mit welcher Gefahr bei dieser Methode der Preisbestimmung gerechnet werden muss.

1. Falls auch die Konkurrenz diese Methode nutzt und den Preis wieder unterbietet, droht eine ruinöse Abwärtsspirale.
2. Das Wettbewerbsrecht verbietet die Orientierung an den Preisen der Konkurrenz. Die Bikestylers GmbH könnte abgemahnt werden.
3. Die konkurrenzorientierte Preisgestaltung gestaltet sich komplizierter als andere Methoden.
4. Die konkurrenzorientierte Preisgestaltung verstößt gegen die DSGVO (Datenschutzgrundverordnung).
5. Gleiche Preise verstoßen gegen das Kartellrecht. Dem Unternehmen drohen Bußgelder.

Übungsfrage 31: Dynamic Pricing

Aufgabe
Bestimmen Sie die Bedeutung des Begriffs Dynamic Pricing am Beispiel der Vermietung von Hotelzimmern!

1. Die Zimmer werden je nach Kategorie bepreist. Beispiel: Höherer Preis für Zimmer mit Balkon.
2. Den Kunden werden zu unterschiedlichen Zeiten unterschiedliche Preise angezeigt. Abhängig ist der Preis von den noch verfügbaren Zimmern.
3. Unterscheidung der Preise nach Hoch- und Nebensaison.
4. Stammgäste erhalten einen gestaffelten Rabatt in Abhängigkeit von der Anzahl der Hotelaufenthalte.
5. Frühstück und Extras wie der Zugang zum Fitnessbereich werden besonders berechnet.

Übungsfrage 32: Nischenprodukte

Die Bikestylers GmbH zieht in Erwägung, auch hochpreisige Liegeräder in das Sortiment zu nehmen. Dieses Nischenprodukt ist allerdings nur für einen Teil der Kundinnen und Kunden interessant.

Aufgabe
Nennen Sie 5 Gründe, warum sich die Aufnahme in das Sortiment trotzdem lohnen kann!

Übungsfrage 33: Briefwerbung

Aufgabe

Unter welcher Voraussetzung darf ein Händler Briefwerbung betreiben, also beispielsweise eine Broschüre oder einen Katalog per Post an Interessenten und Kunden versenden?

1. Briefwerbung ist generell verboten.
2. Es muss eine ausdrückliche Erlaubnis des Empfängers vorliegen.
3. Der Empfänger muss eine Erlaubnis per Single-Opt-in-Verfahren erteilt haben.
4. Es darf kein ausdrücklicher Widerspruch des Empfängers vorliegen.
5. Für Briefwerbung gelten keinerlei Einschränkungen.

Übungsfrage 34: Unlauterer Wettbewerb

Ein beliebtes psychologisches Instrument zur Verkaufsförderung ist die Verknappung. Bei dieser Technik wird ein Produkt ganz bewusst nur in einer begrenzten Stückzahl oder über einen bestimmten Zeitraum angeboten. Viele Käufer lassen sich durch die Verknappung zu einem Kauf motivieren – aus Angst, eine Gelegenheit zu verpassen. Zu unterscheiden ist allerdings die künstliche und die natürliche Knappheit.

Beispiel: Die Anzahl verfügbarer Zimmer eines Hotels ist auf natürliche Weise begrenzt.
Bei der künstlichen Verknappung setzt das UWG (Gesetz gegen den unlauteren Wettbewerb) Schranken:

§ 5 Irreführende geschäftliche Handlungen

(1) Unlauter handelt, wer eine irreführende geschäftliche Handlung vornimmt, die geeignet ist, den Verbraucher oder sonstigen Marktteilnehmer zu einer geschäftlichen Entscheidung zu veranlassen, die er andernfalls nicht getroffen hätte. Eine geschäftliche Handlung ist irreführend,

wenn sie unwahre Angaben enthält oder sonstige zur Täuschung geeignete Angaben über folgende Umstände enthält:

1. die wesentlichen Merkmale der Ware oder Dienstleistung wie Verfügbarkeit, Art, Ausführung, Vorteile, Risiken, Zusammensetzung, Zubehör, Verfahren oder Zeitpunkt der Herstellung, Lieferung oder Erbringung, Zwecktauglichkeit, Verwendungsmöglichkeit, Menge, Beschaffenheit, Kundendienst und Beschwerdeverfahren, geografische oder betriebliche Herkunft, von der Verwendung zu erwartende Ergebnisse oder die Ergebnisse oder wesentlichen Bestandteile von Tests der Waren oder Dienstleistungen;

Aufgabe

Der Händler Badbike AG hat 30 Pedelecs der Marke Black Rider im Lager. Die 30 Pedelecs werden in 10 Phasen abverkauft, sodass auf der Produktseite stets eine verfügbare Menge von 1 bis 3 Pedelecs angezeigt wird. Ist diese Marketingmethode rechtlich zulässig?

1. Ja, das Unternehmen kann Mittel der Verknappung frei verwenden.
2. Ja, die verfügbare Menge darf aber nicht auf 0 sinken.
3. Nein, die künstliche Verknappung ist in diesem Fall irreführend.
4. Nein, eine künstliche Verknappung ist generell verboten.
5. Nein, die Verknappung ist nur bei verderblichen Lebensmitteln erlaubt.

Übungsfrage 35: Markenrecht

Das Markenrecht schützt eine Marke, allerdings nur in bestimmten Grenzen. In § 24 des Markengesetzes (MarkenG) heißt es:

§ 24 Erschöpfung
(1) Der Inhaber einer Marke oder einer geschäftlichen Bezeichnung hat nicht das Recht, einem Dritten zu untersagen, die Marke oder die geschäftliche Bezeichnung für Waren zu benutzen, die unter dieser Marke oder dieser geschäftlichen Bezeichnung von ihm oder mit seiner Zustimmung im Inland, in einem der übrigen Mitgliedstaaten der Europäischen Union oder in einem anderen Vertragsstaat des Abkommens über den Europäischen Wirtschaftsraum in den Verkehr gebracht worden sind.

Aufgabe
Die Bikestylers GmbH verkauft Luftpumpen der Marke Airpower 500. Der niederländische Hersteller vertreibt das Modell sowohl über verschiedene europäische Händler wie auch im eigenen Onlineshop. Er hat Airpower 500 als EU-Marke schützen lassen. Er fordert die Bikestylers GmbH nun auf, den Markennamen Airpower 500 nicht mehr zu verwenden. Ist die Forderung des Herstellers berechtigt?

1. Ja, denn der Hersteller hat seine Marke Airpower 500 als EU-Marke schützen lassen und kann damit alleine über sämtliche Verwendungen verfügen.
2. Ja. Sobald der Hersteller ein Produkt selbst anbietet, darf er sich nach dem Wettbewerbsrecht gegen konkurrierende Händler schützen.
3. Ja, denn der Hersteller hat seinen Sitz nicht in Deutschland.
4. Nein, denn der Markenschutz gilt nicht für den Onlinehandel.
5. Nein, denn der Hersteller hat die Luftpumpe innerhalb der EU in den Verkehr gebracht. Damit darf jeder Händler, der diese Pumpe verkauft, auch den Markennamen verwenden.

Übungsfrage 36: Persönlichkeitsrechte

Zum Persönlichkeitsrecht zählt auch das Recht am eigenen Bild. Näheres dazu bestimmt das Kunsturhebergesetz. In § 22 KunstUrhG ist bestimmt:

„Bildnisse dürfen nur mit Einwilligung des Abgebildeten verbreitet oder öffentlich zur Schau gestellt werden. Die Einwilligung gilt im Zweifel als erteilt, wenn der Abgebildete dafür, dass er sich abbilden ließ, eine Entlohnung erhielt (...).“

Aufgabe

Die Bikestylers GmbH spendet fünf Fahrräder für ein Kinderheim des DRK (Deutsches Rotes Kreuz). Der Geschäftsführer möchte dem DRK nun für eine Reportage in der Mitgliederzeitschrift einige Bilder übergeben. Auf diesen sind einige Mitarbeiterinnen und Mitarbeiter der Bikestylers GmbH zu erkennen. Wird dazu eine Einwilligung der abgebildeten Personen benötigt?

1. Für werbliche Zwecke ist eine Einwilligung nötig. Im Rahmen einer Spendenaktion für gemeinnützige Organisationen ist eine Einwilligung aber nur dann erforderlich, wenn das Presseerzeugnis eine Auflage von 1.000 Exemplaren übersteigt.
2. Eine Verwendung ist nur mit der Einwilligung der abgebildeten Personen zulässig.
3. Eine Einwilligung ist nur dann nötig, wenn die Aufnahmen außerhalb der Geschäftsräume angefertigt wurden.
4. Für fest angestellte Mitarbeiterinnen und Mitarbeiter ist keine Einwilligung notwendig, für unbezahlte Praktikantinnen und Praktikanten ist sie notwendig.
5. Eine Einwilligung ist nur für Personen unter 18 Jahren nötig.

Übungsfrage 37: Produktkategorien

Die Bikestylers GmbH verwendet die Produktkategorien „Mountainbike“, E-Bike“ und „Hollandrad“. Ein Konkurrenzunternehmen mit gleichem Sortiment, die Sattelmann AG, verwendet die Produktkategorien „Blau“, „Rot“ und „Grün“.

Aufgabe
Welche Strategie ist erfolgreicher? Begründen Sie Ihre Ansicht mit zwei Aspekten!

Übungsfrage 38: Analyse

Vor der Weiterentwicklung ihres Sortiments möchte die Bikestylers GmbH ein Analyseverfahren zu ihren Stärken und Schwächen durchführen.

Aufgabe
Bringen Sie die Begriffe in die richtige Reihenfolge.

Begriffe	Reihenfolge
Strengths	
Opportunities	
Threats	
Weaknesses	

Übungsfrage 39: Urheberrecht und Nutzerrecht

Die Fotografin Frau Yilmaz hat eine Bilderserie von einem Downhill-Rennen angefertigt.

Aufgabe 34a

Welches Recht bzw. welche Rechte hat sie dadurch mit Sicherheit erworben?

1. Persönlichkeitsrecht.
2. Urheberrecht.
3. Markenrecht.
4. Urheberrecht und Nutzungsrecht.
5. Leistungsschutzrecht.

Aufgabe 34b

Wie kann das Urheberrecht übertragen werden?

1. Nach dem 2019 novelliertem Markengesetz kann das Urheberrecht nur auf den Markeninhaber übertragen werden.
2. Das Urheberrecht kann jederzeit verkauft und veräußert werden.
3. Mit der Einräumung von Nutzungsrechten nach § 31 UrhG wird auch das Urheberrecht übertragen.
4. Gar nicht. Gemäß § 29 UrhG ist das Urheberrecht weder im Ganzen, noch in Teilen übertragbar.
5. Das Urheberrecht kann nur in Ausnahmefällen übertragen werden. Näheres bestimmt das UrhG.

Übungsfrage 40: Nutzungsrecht

Im Urheberrechtsgesetz (UrhG) ist auch das sogenannte Nutzungsrecht bestimmt:

Urheberrechtsgesetz § 31. Einräumung von Nutzungsrechten:
(1) Der Urheber kann einem anderen das Recht einräumen, das Werk auf einzelne oder alle Nutzungsarten zu nutzen (Nutzungsrecht). Das Nutzungsrecht kann als einfaches oder ausschließliches Recht sowie räumlich, zeitlich oder inhaltlich beschränkt eingeräumt werden.

Aufgabe
Die Bikestylers GmbH benötigt Produktbilder für neue Hollandräder, die soeben auf den Markt gekommen sind. Leider hat der Hersteller noch kein Bildmaterial anfertigen lassen. Welche Bildquelle steht für die Bikestylers GmbH zur Verfügung, um die Hollandräder für die Produktbeschreibung im Shop rechtskonform zu verwenden?

1. Beliebige Bilder, wenn die Bikestylers GmbH dafür das Nutzungsrecht erworben hat.
2. Lizenzierte Stockfotos, wenn die Modelle eine Ähnlichkeit von mindestens 95 % aufweisen.
3. Bilder, die von Käufern schon im Internet veröffentlicht wurden. Bedingung ist aber, dass auf den Bildern keine Personen erkennbar sind.
4. Bilder, die ein konkurrierender Händler bereits verwendet.
5. Bilder, die ein Fotograf von den Hollandrädern angefertigt hat. Bedingung ist aber, dass die Bikestylers GmbH dafür auch Nutzungsrechte erworben hat.

Übungsfrage 41: Barrierefreiheit

Aufgabe

Worauf ist bei der Wahl von Textfarbe und Hintergrundfarbe hinsichtlich der Barrierefreiheit zu achten?

1. Es sollten nur HTML-Farben verwendet werden.
2. Ein möglichst hoher Kontrast.
3. Verwendung von Komplementärfarben.
4. Nur Primärfarben verwenden.
5. Viele Rottöne verwenden.

Übungsfrage 42: Die Preisangabenverordnung

Preisangabenverordnung (PAngV)
§ 1 Grundvorschriften

(1) Wer Verbrauchern gemäß § 13 des Bürgerlichen Gesetzbuchs gewerbs- oder geschäftsmäßig oder wer ihnen regelmäßig in sonstiger Weise Waren oder Leistungen anbietet oder als Anbieter von Waren oder Leistungen gegenüber Verbrauchern unter Angabe von Preisen wirbt, hat die Preise anzugeben, die einschließlich der Umsatzsteuer und sonstiger Preisbestandteile zu zahlen sind (Gesamtpreise).

Gemäß § 13 BGB ist ein Verbraucher
"jede natürliche Person, die ein Rechtsgeschäft zu Zwecken abschließt, die überwiegend weder ihrer gewerblichen noch ihrer selbständigen beruflichen Tätigkeit zugerechnet werden können."

Aufgabe

Für welchen Geschäftsbeziehung(en) gilt die Preisangabenverordnung?

1. Nur zwischen Unternehmen und Endverbrauchern (B2C).
2. Nur zwischen Unternehmen und Endverbrauchern (B2C), mit Ausnahme von Verkäufen auf Handelsplattformen wie z. B. eBay.
3. Nur zwischen Unternehmen und Unternehmen (B2B).
4. Nur zwischen Endverbrauchern und Endverbrauchern (C2C).
5. Die PAngV gilt für den Bereiche B2C. Kleinunternehmen nach §19 UStG sind dabei ausgenommen.

Übungsfrage 43: Preisangaben

Aufgabe
In welcher Form werden die Preise in einem reinen B2B-Shop in der Regel angezeigt?

1. Brutto
2. Netto
3. Brutto und Netto
4. Brutto minus Netto
5. Gesamtpreis plus Steuern

Übungsfrage 44: Cross-Selling

Die Bikestylers GmbH verkauft neben Fahrrädern (Hollandräder, Rennräder und Mountainbikes) auch das passende Zubehör. Besonders populär sind: Lenkerhalterungen für Action-Cams, Fahrradkörbe und Trikots mit den Motiven der Tour-de-France-Teams.

Aufgabe
Entwickeln Sie aus den obigen Produkten eine effektive Cross-Selling-Strategie!

Übungsfrage 45: Einkaufspreis und Rohgewinn berechnen

Die Bikestylers GmbH hat beim Großhändler 120 Fahrräder vom Typ Streetking zum Stückpreis von 420,00 € (netto) bestellt.

Aufgabe 39a

Berechnen Sie den Einkaufspreis (netto)!

Aufgabe 39b

	Verkäufe (Stückzahl)	Stückpreis Einkauf	Umsatz (brutto)	Rohgewinn
Januar	38	420,00 €	44,800 €	

Die Tabelle zeigt den Umsatz des Modells Streetking für den Monat Januar. Berechnen Sie den Rohgewinn!
Hinweis: Rechnen Sie mit einem Steuersatz von 19 % für die Umsatzsteuer!

Übungsfrage 46: Lieferzeitangabe

Die Verpflichtung der Angabe der Lieferzeit für den Fernhandel ist in Art. 246a § 1 Abs. 1 Nr. 7 des BGBEG bestimmt. Dort heißt es:

(1) Der Unternehmer ist nach § 312d Absatz 1 des Bürgerlichen Gesetzbuchs verpflichtet, dem Verbraucher folgende Informationen zur Verfügung zu stellen: (...)

7. die Zahlungs-, Liefer- und Leistungsbedingungen, den Termin, bis zu dem der Unternehmer die Waren liefern oder die Dienstleistung erbringen muss, und gegebenenfalls das Verfahren des Unternehmers zum Umgang mit Beschwerden.

Aufgabe

Welche Lieferzeitangabe in einem Onlineshop ist rechtskonform?

1. Lieferzeit nach Verfügbarkeit.
2. Lieferzeit voraussichtlich 1 - 2 Tage.
3. Lieferzeit 3 - 5 Tage.
4. Lieferzeit auf Nachfrage
5. Lieferzeit siehe AGB.

1.3 Verträge im Onlinevertrieb anbahnen und bearbeiten

Überblick zu diesem Lernfeld

Dieses Lernfeld ist Teil des 1. Lehrjahrs. Schwerpunkt ist die Anbahnung rechtssicherer Verträge.

Checkliste:

- ○ Unterschied B2B und B2C (zwischen Unternehmen, zwischen Unternehmen und Endkunden).
- ○ AGB (Freiwilligkeit; falls nicht vorhanden, greifen andere Gesetze).
- ○ Vertragsarten (Kaufvertrag, Werkvertrag, Dienstvertrag, Mietvertrag, Reisevertrag).
- ○ Vertragsschluss (Willenserklärung oder konkludentes Handeln).
- ○ Rechtsfähigkeit (ab Geburt).
- ○ Geschäftsfähigkeit (nicht, eingeschränkt, voll).
- ○ Besitz, Eigentum und Eigentumsvorbehalt.
- ○ Checkout (Rechtskonform, ohne technische Fehler).
- ○ Bestellbutton (rechtskonforme Beschriftung, nur einmal vorhanden).
- ○ Bestellbestätigung (sofort nach Bestellung).
- ○ Auftragsbestätigung (Verpflichtung).
- ○ Der Widerruf (14 Tage Frist, Frist berechnen).

- ○ Anfechtung eines Vertrags (Anfechtung wegen Irrtum).
- ○ Nichtigkeit eines Vertrags.
- ○ Ratenkauf und Zielkauf.
- ○ Lieferantenkredit und Skonto.
- ○ Zahlungsarten (Auswahl, Ausfallrisiko, Bonitätsprüfung).

Lösungen zu den Aufgaben ab Seite 248.

Übungsfrage 47: Pflichten vor Vertragsschluss

Aufgabe

Ein Onlinehändler muss vor Vertragsschluss eine Reihe von Pflichten erfüllen. Wozu ist er **nicht** verpflichtet?

1. Bereitstellung eines rechtsgültigen und leicht erreichbaren Impressums und einer rechtsgültigen und leicht erreichbaren Widerrufsbelehrung.
2. Darstellung der wesentlichen Merkmale einer Ware oder Dienstleistung.
3. Erwerb eines Prüfsiegels vom Bundesverband Onlinehandel, Trusted Shops, dem Händlerbund oder einer anderen zertifizierten Händlerorganisation.
4. Darstellung des Gesamtpreises einer Ware oder Dienstleistung einschließlich aller damit verbundenen Preisbestandteile. Die Mindestlaufzeit des Vertrages, falls dieser eine dauernde oder regelmäßig wiederkehrende Leistung zum Inhalt hat.
5. Verlinkung auf die EU-Streitschlichtungsstelle. Dies gilt auch dann, wenn das Unternehmen nicht zur Teilnahme an der EU-Streitschlichtung verpflichtet ist und auch nicht daran teilnimmt.

Übungsfrage 48: Der Checkout

Aufgabe

Welches Element zählt nicht zur rechtskonformen Checkoutseite eines Onlineshops?

1. Eindeutige Beschriftung des Bestellbuttons, z. B. „kaufen“, „zahlungspflichtig bestellen“ oder „zahlungspflichtigen Vertrag abschließen“. Nicht zulässig ist z. B. „Bestellung bestätigen“ oder „weiter“.
2. Der Bestellbutton darf nur ein einziges Mal vorhanden sein.
3. Darstellung der wesentlichen Eigenschaften des Produkts.
4. Angabe des Gesamtpreises einschließlich sämtlicher Nebenkosten, auch Lieferkosten.
5. Darstellung der Widerrufsbelehrung.

Übungsfrage 49: Bestellbestätigung und Auftragsbestätigung

Aufgabe 43a

Welche rechtlichen Vorgaben muss ein Onlinehändler bei der Versendung einer Bestellbestätigung beachten?

1. Unmittelbar nach der Bestellung muss der Onlinehändler dem Kunden auf elektronischem Weg eine Bestellbestätigung zukommen lassen (B2B und B2C).
2. Unmittelbar nach der Bestellung muss der Onlinehändler dem Kunden auf elektronischem Weg eine Bestellbestätigung zukommen lassen (nur B2B).
3. Unmittelbar nach der Bestellung muss der Onlinehändler dem Kunden auf elektronischem Weg eine Bestellbestätigung zukommen lassen (nur B2C).

4 Die Versendung einer Bestellbestätigung ist rechtlich zwar nicht vorgeschrieben, der Onlinehändler sollte dem Kunden aber eine Bestellbestätigung zukommen lassen.

5 Bis zu 24 Stunden nach der Bestellung muss der Onlinehändler dem Kunden auf elektronischem Weg eine Bestellbestätigung zukommen lassen (B2B und B2C).

Aufgabe 43b
Welche Verpflichtung geht ein Unternehmen mit der Ausstellung einer Auftragsbestätigung ein?

Übungsfrage 50: Die Anfechtung eines Vertrags

In § 119 BGB ist die Anfechtbarkeit einer Willenserklärung wegen Irrtums definiert:

Bürgerliches Gesetzbuch (BGB)
§ 119 Anfechtbarkeit wegen Irrtums
(1) Wer bei der Abgabe einer Willenserklärung über deren Inhalt im Irrtum war oder eine Erklärung dieses Inhalts überhaupt nicht abgeben wollte, kann die Erklärung anfechten, wenn anzunehmen ist, dass er sie bei Kenntnis der Sachlage und bei verständiger Würdigung des Falles nicht abgegeben haben würde.

(2) Als Irrtum über den Inhalt der Erklärung gilt auch der Irrtum über solche Eigenschaften der Person oder der Sache, die im Verkehr als wesentlich angesehen werden.

Der Vertriebsabteilung der Bikestylers GmbH liegt folgendes Schreiben der Kundin Frau Müller vor: „Ich habe vor drei Wochen ein E-Bike bei Ihnen gekauft. Ich dachte, ich kann damit bis 40 oder 50 km/h fahren. Aber der Motor läuft ja nur bis 25 km/h. Wenn ich das gewusst hätte, hätte ich das Rad nicht gekauft. Ich fechte den Vertrag hiermit an! Ich wollte ein schnelles E-Bike, kein Pedelec. Das Rad sende ich Ihnen zurück“.

Die Bikestylers GmbH hatte das Fahrrad allerdings ganz klar als Pedelec ausgewiesen und den Hinweis „Top Speed 25 km/h" auffällig platziert.

Aufgabe
Welche Möglichkeiten hat die Bikestylers GmbH im Falle einer juristischen Auseinandersetzung, um keinen finanziellen Schaden zu erleiden?

1. Forderung nach Schadensersatz gegen Frau Müller erheben.
2. Antrag auf Pfändung.
3. Stornierung des Kaufvertrags.
4. Kulanz zeigen.
5. Keine.

Übungsfrage 51: Der Widerruf

Aufgabe
Frau Hofmann hat im Onlineshop der Bikestylers GmbH einen Lenker gekauft. Welche Frist hat sie zur Ausübung ihres Widerrufsrechts?

1. 14 Tage.
2. 14 Tage, bei einem mangelhaften Produkt beträgt die Widerrufsfrist 24 Monate.
3. 30 Tage.
4. Die Frist hängt von der Ausgestaltung der AGB ab.
5. 6 Monate.

Übungsfrage 52: Widerrufsfrist berechnen

Herr Martin hat am 28. September 2020 verschiedene Produkte bestellt. Die Ware hat er in zwei Teillieferungen erhalten, nämlich am 30. September 2020 und am 2. Oktober 2020. Bezahlt hat er per Lastschrift, der Betrag wurde am 4. Oktober 2020 vom Händler eingezogen.

Aufgabe
Herr Martin möchte von seinem Widerrufsrecht Gebrauch machen. An welchem Tag kann er dies zuletzt tun?

Übungsfrage 53: Abfrage von Kundendaten

Zur Abwicklung einer Bestellung werden in einem Onlineshop verschiedene Daten abgefragt.

Aufgabe
Welche Angaben dürfen **nicht** als Pflichtfeld erhoben werden?

1. Mailadresse
2. Wohnort
3. Straße und Hausnummer
4. Name und Vorname
5. Staatsangehörigkeit

Übungsfrage 54: Besitz und Eigentum

Das Hotel Panorama hat von der Bikestylers GmbH 12 Fahrräder gemietet. Das Mietverhältnis beginnt laut Vertrag am 1.9.2021. Die 12 Fahrräder wurden aber vorzeitig geliefert und eine Woche vor Vertragsbeginn im Fahrradkeller des Hotels eingelagert.

Aufgabe
Klären Sie die Besitz- und Eigentumsverhältnisse.

1. Bikestylers GmbH ist Eigentümerin und Besitzerin der Fahrräder.
2. Das Hotel Panorama ist Eigentümer und Besitzer der Fahrräder.
3. Eigentümer: Hotel Panorama. Besitzerin: Bikestylers GmbH.
4. Eigentümerin: Bikestylers GmbH. Besitzer: Hotel Panorama.
5. Bis zum Vertragsbeginn bleibt die Bikestylers GmbH Eigentümerin und Besitzerin. Ab 1.9. wird das Hotel Panorama zum Besitzer. Die Bikestylers GmbH bleibt aber Eigentümerin.

Übungsfrage 55: Der Eigentumsvorbehalt

Der Eigentumsvorbehalt ist in § 449 BGB bestimmt:

Eigentumsvorbehalt
(1) Hat sich der Verkäufer einer beweglichen Sache das Eigentum bis zur Zahlung des Kaufpreises vorbehalten, so ist im Zweifel anzunehmen, dass das Eigentum unter der aufschiebenden Bedingung vollständiger Zahlung des Kaufpreises übertragen wird (Eigentumsvorbehalt).

Aufgabe
Gegenüber den Verbrauchern kann der Eigentumsvorbehalt gemäß § 13 BGB in den AGB geregelt werden. Mit welcher Formulierung wird üblicherweise auf den Eigentumsvorbehalt in den ABG hingewiesen?

1. Die Ware geht erst mit vollständiger Zahlung des Kaufpreises vom Verkäufer auf den Käufer über.
2. Die Ware muss mit Vorkasse bezahlt werden.
3. Die Ware ist vom Widerruf ausgeschlossen.
4. Der Käufer darf die Ware nicht weiterverkaufen.
5. Mit der Übergabe der Ware wird der Käufer zum Eigentümer.

Übungsfrage 56: Rechtsfähigkeit

Aufgabe

Wann beginnt die Rechtsfähigkeit eines Menschen?

1. Mit der Vollendung der Geburt.
2. Mit Vollendung des 7. Lebensjahres.
3. Mit Vollendung des 14. Lebensjahres.
4. Mit Vollendung des 18. Lebensjahres.
5. Mit Vollendung des 21. Lebensjahres.

Übungsfrage 57: Geschäftsfähigkeit

Aufgabe

Nennen Sie die Altersgrenzen für die

1. Geschäftsunfähigkeit.
2. beschränkte Geschäftsfähigkeit.
3. volle Geschäftsfähigkeit.

Übungsfrage 58: Nichtigkeit

Kurz vor seinem siebten Geburtstag kauft Jonas von seinem Taschengeld eine Fahrradklingel.

Aufgabe
Beurteilen Sie die Wirksamkeit dieses Kaufvertrags.

1. Da Jonas die Klingel von seinem Taschengeld bezahlt, ist der Vertrag wirksam.
2. Jonas ist nicht geschäftsfähig und der Vertrag daher nichtig.
3. Mit der nachträglichen Zustimmung des gesetzlichen Vertreters (z. B. Eltern) ist der Vertrag wirksam. Ohne die Zustimmung ist er nichtig.
4. Der Vertrag ist nichtig, falls die Klingel den Preis von 10 Euro übersteigt.
5. Der Vertrag ist wirksam, falls die Eltern nicht innerhalb einer Frist von 14 Tagen Einspruch erheben.

Übungsfrage 59: B2B und B2C

Aufgabe
Definieren Sie die Begriffe B2B und B2C und nennen Sie jeweils ein Beispiel für einen B2B- und einen B2C-Kaufvertrag.

Übungsfrage 60: Ratenkauf und Zielkauf

Aufgabe
Definieren Sie die Begriffe Ratenkauf und Zielkauf und nennen Sie jeweils ein kurzes Beispiel für die Zahlungskonditionen.

Übungsfrage 61: Voraussetzungen zur Gültigkeit eines Kaufvertrags

Der Kaufvertrag ist in § 433 BGB geregelt:

Bürgerliches Gesetzbuch (BGB)
§ 433 Vertragstypische Pflichten beim Kaufvertrag
(1) Durch den Kaufvertrag wird der Verkäufer einer Sache verpflichtet, dem Käufer die Sache zu übergeben und das Eigentum an der Sache zu verschaffen. Der Verkäufer hat dem Käufer die Sache frei von Sach- und Rechtsmängeln zu verschaffen.

(2) Der Käufer ist verpflichtet, dem Verkäufer den vereinbarten Kaufpreis zu zahlen und die gekaufte Sache abzunehmen.

Aufgabe
Welche Voraussetzungen sind zwingend, damit ein Kaufvertrag nach § 433 abgeschlossen werden kann?

1. Zwei übereinstimmende Willenserklärungen.
2. Notarielle Beurkundung.
3. Schriftliche oder mündliche Form.
4. Eintrag des Verkäufers im Handelsregister.
5. Information über das Widerrufsrecht.

Übungsfrage 62: Der Werkvertrag

Der Werkvertrag ist in § 631 BGB geregelt:

Bürgerliches Gesetzbuch (BGB)
§ 631 Vertragstypische Pflichten beim Werkvertrag
(1) Durch den Werkvertrag wird der Unternehmer zur Herstellung des versprochenen Werkes, der Besteller zur Entrichtung der vereinbarten Vergütung verpflichtet.

(2) Gegenstand des Werkvertrags kann sowohl die Herstellung oder Veränderung einer Sache als auch ein anderer durch Arbeit oder Dienstleistung herbeizuführender Erfolg sein.

Typische Beispiele für einen Werkvertrag sind die Anfertigung eines Maßanzugs (Herstellung) oder die Reparatur eines Fahrrads (Veränderung einer Sache).

Sachverhalt zur Aufgabe: Der Besteller Herr Johnson hat beim Unternehmen, der Bikestylers GmbH, die Reparatur einer defekten Gangschaltung in Auftrag gegeben. Die Bikestylers GmbH hat eine Stunde Arbeit in die Reparatur investiert, jedoch keinen Erfolg erzielt. Herr Johnson erhält das Fahrrad mit defekter Gangschaltung zurück.

Aufgabe
Beurteilen Sie, ob die Bikestylers GmbH den Vertrag erfüllt hat! Begründen Sie Ihre Antwort mit Bezug auf § 631 BGB.

Übungsfrage 63: Der Dienstvertrag

Der § 611 BGB gibt Auskunft über vertragstypische Pflichten beim Dienstvertrag:

Bürgerliches Gesetzbuch (BGB)
§ 611 Vertragstypische Pflichten beim Dienstvertrag
(1) Durch den Dienstvertrag wird derjenige, welcher Dienste zusagt, zur Leistung der versprochenen Dienste, der andere Teil zur Gewährung der vereinbarten Vergütung verpflichtet.

(2) Gegenstand des Dienstvertrags können Dienste jeder Art sein.

Aufgabe
Nennen Sie den wesentlichen Unterschied zwischen einem Werk- und einem Dienstvertrag und nennen Sie jeweils ein Beispiel für einen Werk- und einen Dienstvertrag.

Übungsfrage 64: Vertrag über eine Reise

Aufgabe
Herr S. hat eine Pauschalreise gebucht. Welcher Vertragstyp liegt vor?

1. Dienstvertrag
2. Kaufvertrag
3. Mietvertrag
4. Reisevertrag
5. Arbeitsvertrag

Übungsfrage 65: Lieferantenkredit und Skonto

Aufgabe
Definieren Sie die Begriffe Lieferantenkredit und Skonto. Nennen Sie ein Beispiel für eine Verbindung von Lieferantenkredit und Skontogewährung.

Übungsfrage 66: Die AGB

Aufgabe
In der Praxis stellt fast jeder Onlineshop auch AGB zur Verfügung. Prüfen Sie, welche Aussage korrekt ist!

1. Jeder Betreiber eines Onlineshops ist zur Bereitstellung von AGB verpflichtet.
2. AGB sind nur im B2C-Bereich verpflichtend.
3. AGB sind nur im B2B-Bereich verpflichtend.
4. AGB gelten nur für Verkäufe innerhalb der EU.
5. AGB sind kein Pflichtbestandteil eines Onlineshops

Übungsfrage 67: Die Anfrage aus der Sicht des Vertragsrechts

Aufgabe
Welche rechtliche Verpflichtung ergibt sich aus einer Anfrage?

1. Anfragen unterliegen der Geheimhaltungspflicht.
2. Keine. Anfragen sind rechtlich nicht bindend.
3. Eine Anfrage entspricht der ersten Willenserklärung. Mit der zweiten Willenserklärung ist die Anfrage bindend und der Vertrag geschlossen.
4. Ab dem Zeitpunkt der Anfrage beginnt die Widerrufsfrist.
5. Jede Anfrage muss im Customer-Management-System hinterlegt werden.

Übungsfrage 68: Kaufabbrüche

Aufgabe

Kaufabbrüche sind ein großes Problem für Onlinehändler. Nennen Sie 5 Gründe für einen Kaufabbruch in einem Onlineshop, davon mindestens 3 Gründe im Bereich der Usability.

Übungsfrage 69: Zahlungsarten und Ausfallrisiko

Zahlungsart	Forderungen	Zahlungseingänge
Vorkasse	2.156,00 €	2.156,00 €
PayPal	22.314,00 €	22.010,00 €
Kreditkarte	19.049,00 €	18.200,00 €
Bankeinzug	8.505,00 €	8.410,00 €

Die Tabelle zeigt die Forderungen und die Zahlungseingänge der Bikestylers GmbH in Abhängigkeit der Zahlungsarten.

Aufgabe

Berechnen Sie die Zahlungsausfälle je Bezahlverfahren in Euro und in Prozent!

1.4 Werteströme erfassen, auswerten & beurteilen

Überblick zu diesem Lernfeld

Dieses Lernfeld ist Teil des 1. Lehrjahrs. Schwerpunkte sind die Erfassung von Werteströmen und die Beurteilung der finanziellen und wirtschaftlichen Lage eines Unternehmens.

Checkliste:

- ○ Liquidität (Definition, Berechnung 1. Grad und 2. Grad, Auswertung).
- ○ Umsatzsteuer (Erhebung und Abführung, für Unternehmen durchlaufender Posten).
- ○ Einkaufspreis und Einstandspreis (Unterschied und Berechnung).
- ○ Rohertrag (Nettobeträge, Formel und Berechnung).
- ○ Reingewinn (Formel und Berechnung).
- ○ Listenpreis (Definition und Bedeutung für Preiskalkulation).
- ○ Mischkalkulation (Prinzip und Vorteile).
- ○ Handelsspanne (Nettobeträge, Formel und Berechnung).
- ○ Rentabilität (Umsatzrentabilität, Eigenkapitalrentabilität).
- ○ Vermögenslage eines Unternehmens (Aktiva, Anlage- und Umlaufvermögen).
- ○ Finanzlage eines Unternehmens (Passiva, Eigenkapital, Fremdkapital).
- ○ Finanzbuchhaltung (Funktion, Pflichten, Dokumentation für Finanzbehörden).

Lösungen zu den Aufgaben ab Seite 260.

Übungsfrage 70: Liquidität

Aufgabe

Definieren Sie den Begriff Liquidität!

1. Die Liquidität gibt Auskunft über die Marktposition eines Unternehmens.
2. Die Liquidität beschreibt die Höhe der kurzfristig zur Verfügung stehenden flüssigen Mittel (Bar- und Bankreserven) eines Unternehmens.
3. Die Liquidität beschreibt die Fähigkeit, den Zahlungsverpflichtungen nachzukommen.
4. Die Berechnung der Liquidität gibt Aufschluss über die Kundenzufriedenheit.
5. Die Liquidität beschreibt die Relation zwischen Zahlungseingängen und Forderungen.

Übungsfrage 71: Liquidität 1. und 2. Grades berechnen

Die Bikestylers GmbH verfügt über folgende Kennzahlen:

Flüssige Mittel	23.000,00 €
Kurzfristige Forderungen	26.000,00 €
Kurzfristige Verbindlichkeiten	67.000,00 €

Aufgabe

Berechnen Sie die Liquidität ersten Grades (Barliquidität, Cash Ratio) und zweiten Grades (Einzugsbedingte Liquidität, Quick Ratio) und beurteilen Sie, ob Zahlungsengpässe vorliegen!

Übungsfrage 72: Die Umsatzsteuer

Die Pflicht zur Erhebung und Abführung von Umsatzsteuern ist im Umsatzsteuergesetz festgeschrieben:

Umsatzsteuergesetz (UStG)
§ 1 Steuerbare Umsätze
(1) Der Umsatzsteuer unterliegen die folgenden Umsätze:

1. die Lieferungen und sonstigen Leistungen, die ein Unternehmer im Inland gegen Entgelt im Rahmen seines Unternehmens ausführt (…).

Aufgabe
Welche Aussagekraft hat die Höhe der Umsatzsteuer, die ein Unternehmen an das Finanzamt entrichtet, über die finanzielle Lage eines Unternehmens?

1. Die Umsatzsteuer hat eine hohe Aussagekraft, da sie die Gewinne eines Unternehmens schmälert. Je höher die Umsatzsteuerbelastung, desto niedriger die Gewinne.

2. Die Umsatzsteuer ist für Unternehmen ein durchlaufender Posten. Die Umsatzsteuer, die ein Unternehmen beim Wareneinkauf bezahlt, stellt eine Forderung gegenüber dem Finanzamt dar. Die Umsatzsteuer, die ein Unternehmen beim Warenverkauf einnimmt, stellt eine Verbindlichkeit gegenüber dem Finanzamt dar. Beide Ströme werden miteinander verrechnet. Für die Beurteilung der finanziellen Lage eines Unternehmens ist die Umsatzsteuer von geringer Bedeutung.

3. Die Umsatzsteuer ist für Unternehmen ein durchlaufender Posten. Die Umsatzsteuer, die ein Unternehmen beim Wareneinkauf bezahlt, stellt eine Verbindlichkeit gegenüber dem Finanzamt dar. Die Umsatzsteuer, die ein Unternehmen beim Warenverkauf einnimmt, stellt eine Forderung gegenüber dem Finanzamt dar. Beide Ströme werden miteinander verrechnet. Für die Beurteilung der finanziellen Lage eines Unternehmens ist die Umsatzsteuer von geringer Bedeutung.

4 Je höher die Umsatzsteuer, desto höher die Gewinnmarge. Die Umsatzsteuer zählt zu den wichtigsten KPI (Key Perfomance Indicators) eines Unternehmens.

5 Je niedriger die Umsatzsteuer, desto höher die Gewinnmarge. Die Umsatzsteuer zählt zu den wichtigsten KPI (Key Perfomance Indicators) eines Unternehmens.

Übungsfrage 73: Der Einstandspreis

Aufgabe

Wodurch unterscheidet sich der Einstandspreis (Bezugspreis, Beschaffungspreis) vom Einkaufpreis?

1 Der Einstandspreis kann vom Händler in Raten bezahlt werden.

2 Der Einstandspreis enthält auch Warenbezugskosten wie Zölle und Transportkosten.

3 Der Einstandspreis berechnet sich aus dem Einkaufspreis minus Steuern.

4 Der Einstandspreis gilt nur für Geschäfte innerhalb des EWR (Europäischer Wirtschaftsraum).

5 Der Einstandspreis berechnet sich aus der Summe von Einkaufspreis und Gewinn.

Übungsfrage 74: Der Rohertrag

Aufgabe
Wie berechnet sich der Rohertrag (Rohgewinn) für ein Produkt?

1. Umsätze (netto) - Einstandspreis (netto)
2. Umsätze (brutto) - Einstandspreis (netto)
3. Umsätze (netto) - Einstandspreis (brutto)
4. Umsätze (brutto) - Einstandspreis (brutto)
5. Umsätze - Zoll- und Frachtgebühren

Übungsfrage 75: Rohertrag und Handelsspanne berechnen

Umsätze (netto):	1.167.432 €
Einstandskosten (Bezugspreis)	922.300 €

Die Tabelle zeigt die Umsätze und die Einstandskosten für die Ware der Bikestylers GmbH im 2. Halbjahr 2020.

Aufgabe
Berechnen Sie den Rohertrag (Rohgewinn), sowie die Handelsspanne des zweiten Halbjahrs 2020 für die Bikestylers GmbH in Prozent.

Übungsfrage 76: Handelsspanne erhöhen

Aufgabe

Die Bikestylers GmbH ist mit dem Rohgewinn bzw. der Handelsspanne unzufrieden. Welche beiden Möglichkeiten stehen zur Verfügung, um die Handelsspanne zu erhöhen?

Übungsfrage 77: Listenpreis

Aufgabe

Definieren Sie den Begriff Listenpreis, wie er üblicherweise im Handel verwendet wird!

1. Der in einer Liste angegebene Preis eines Herstellers oder Großhändlers. In der Regel sind von diesem noch Skonto und Rabatte abzuziehen, sowie Kosten (z. B. für Zölle oder Transporte) hinzuzufügen.
2. Der Abgabepreis des Großhändlers. Zur Berechnung des Bezugspreises werden vom Einzelhändler in der Regel noch Kosten aufgeschlagen (z. B. für Skonto, Zölle oder Transporte).
3. Die unverbindliche Preisempfehlung des Herstellers. Diese ist in der Regel auf der Verpackung abgedruckt.
4. Der Durchschnittspreis von Produkten auf einer Preisliste.
5. Der Preis, der aus Gründen des Wettbewerbsrechts (UWG) niemals unterschritten werden darf. Eine Unterschreitung des Listenpreises ist ein Grund für eine Abmahnung.

Übungsfrage 78: Branchenvergleich

	Bikestylers GmbH	Sattelmann AG
Produkt A		
Preis	37,90 €	43,90 €
Verkaufte Stückzahlen	2.402	28.000
Handelsspanne	38 %	22 %
Produkt B		
Preis	629,90 €	719,90 €
Verkaufte Stückzahlen	11	10
Handelsspanne	22 %	50 %

Die Tabelle zeigt einen Branchenvergleich für das Jahr 2020 zwischen der Bikestylers GmbH und der Sattelfest AG. Die Produkte A und B sind nahezu gleich.

Aufgabe

Analysieren Sie die Preispolitik der Bikestylers GmbH im Vergleich zur Sattelfest AG und geben Sie der Bikestylers GmbH Empfehlungen zur Preispolitik!

Übungsfrage 79: Funktion eines Warenwirtschaftssystems

Aufgabe

Welche Abläufe werden **nicht** in einem Warenwirtschaftssystem abgebildet?

1. Wareneinkauf.
2. Bestellungen und Verkäufe.
3. Lagerbestände und Retourenabwicklung.
4. Markt- und Konkurrenzbeobachtung.
5. Warenbewegungen und Logistik.

Übungsfrage 80: Die Mischkalkulation

Aufgabe
Erklären Sie das Prinzip der Mischkalkulation!

1. Die Versandgebühren werden nur für einen Teil der Produkte erhoben.
2. Die Handelsspannen werden durch Verhandlungen beim Einkauf erhöht, die Verkaufspreise bleiben aber stabil.
3. Das Sortiment setzt sich aus Produkten mit unterschiedlich hohen Handelsspannen zusammen.
4. Bei der Preiskalkulation sind mindestens zwei Abteilungen des Unternehmens beteiligt.
5. Die Umsatzsteuer wird in die Preiskalkulation einbezogen.

Übungsfrage 81: Gemeinkosten

Aufgabe
Definieren Sie den Begriff Gemeinkosten

1. Kosten für den Wareneinkauf.
2. Anteile für Gemeinschaftsprojekte innerhalb der EU.
3. Zusätzliche Lagerkosten für ein bestimmtes Produkt.
4. Bezugskosten minus Personalkosten.
5. Kosten, die einem Kostenträger nicht direkt zugeordnet werden können.

Übungsfrage 82: Die Absatzplanung

Aufgabe

Welche Ziele verfolgt die Absatzplanung? (2 Aspekte)

Übungsfrage 83: Der Reingewinn eines Unternehmens

Aufgabe

Welche Aussage über den Reingewinn eines Unternehmens ist zutreffend?

1. Der Reingewinn eines Unternehmens wird auch Bilanzgewinn genannt. Er berechnet sich aus dem Überschuss der Erträge über die Aufwendungen, nach dem Abzug von Abschreibungen, Rückstellungen und Rücklagen.
2. Der Reingewinn eines Unternehmens wird mit folgender Formel berechnet: Umsatzerlöse minus Aufwendungen für bezogene Waren.
3. Die Ermittlung des Reingewinns eines Unternehmens gehört zu den Aufgaben der Lohnbuchhaltung.
4. Der Reingewinn entspricht der Liquidität 2. Grades.
5. Der Reingewinn eines Unternehmens summiert sich aus Nettogewinnen, Rückstellungen und Rücklagen.

Übungsfrage 84: Die Umsatzrentabilität

Aufgabe

Welche Aussage über die Umsatzrentabilität ist zutreffend?

1. Die Umsatzrentabilität gehört zu den Kennzahlen eines Unternehmens. Sie setzt die Umsätze in Verhältnis mit den Gewinnen.
2. Die Umsatzrentabilität gehört zu den Kennzahlen eines Unternehmens. Sie gibt Auskunft über die Effizienz.
3. Die Umsatzrentabilität steigt mit den Verkaufspreisen.
4. Mit der Kennzahl der Umsatzrentabilität lässt sich die Lagerauslastung berechnen.
5. Die Umsatzrentabilität wird durch die Umsatzsteuern gesenkt.

Übungsfrage 85: Die Umsatzrentabilität berechnen

Die Gewinn- und Verlustrechnung der Bikestylers GmbH weist folgende Kennzahlen aus:

Jahresüberschuss	67.250 €	Umsatz	468.210 €

Aufgabe: Berechnen Sie die Umsatzrentabilität!

Übungsfrage 86: Die Eigenkapitalrentabilität

Aufgabe: Definieren Sie den Begriff Eigenkapitalrentabilität!

Übungsfrage 87: Die Eigenkapitalrentabilität berechnen

Aufgabe

Nennen Sie die Formel zur Berechnung der Eigenkapitalrentabilität!

Übungsfrage 88: Die Finanzbuchhaltung

Aufgabe

Welche Dokumentations- und Informationsaufgaben für externe Anspruchsgruppen muss die Finanzbuchhaltung eines Unternehmens erfüllen?

1. Belegung des Zahlungsverkehrs bei den Steuerbehörden und für Wirtschaftsprüfungen.
2. Publikation der Betriebskennzahlen für Presse und Börse.
3. Nachweis über die Finanzströme, um die betrieblichen Abläufe zu optimieren.
4. Vorlage des Zahlungsverkehrs beim Wirtschaftsministerium und der IHK.
5. Kontrollmöglichkeit für Gewerkschaften und Wirtschaftsverbände.

Übungsfrage 89: Die Vermögenslage eines Unternehmens

Aufgabe

Welche Quelle dient der Beurteilung der Vermögenslage eines Unternehmens?

1. Die Gewinn- und Verlustrechnung.
2. Die Aktiva-Seite einer Bilanz (Anlage- und Umlaufvermögen).
3. Die Passiva-Seite einer Bilanz (Eigenkapital und Fremdkapital).

4. Die KLR (Kosten- und Leistungsrechnung).
5. Presse, Gewerkschaften und Wirtschaftsverbände.

Übungsfrage 90: Die Finanzlage eines Unternehmens

Aufgabe

Welche Quellen dienen der Beurteilung der Finanzlage eines Unternehmens?

1. Die Lohnbuchhaltung und die Wareneingänge.
2. Die Aktiva-Seite einer Bilanz (Anlage- und Umlaufvermögen), sowie die ROI-Zahlen.
3. Die Bilanz, insbesondere die Passiva-Seite (Eigenkapital und Fremdkapital), sowie die Zahlungsströme.
4. Zu- und Abflüsse der Umsatzsteuer.
5. Die Statistik von Google Analytics und der Warenwirtschaft.

Übungsfrage 91: Dokumentation von Geschäftsvorfällen

Aufgabe

Welche Aussage über Belege ist nicht zutreffend?

1. Keine Buchung ohne Beleg.
2. Bankauszüge sind Belege.
3. Rechnungen, Quittungen und Lieferscheine sind Belege.
4. Rechnungen müssen in ausgedruckter Form aufbewahrt werden.
5. Bei einer Betriebsprüfung muss das Unternehmen die Dokumente lesbar zur Verfügung stellen.

Übungsfrage 92: ABC-Analyse

Die Bikestylers GmbH hat für Ihre Produkte eine ABC-Analyse durchgeführt.

Aufgabe

Welche Produkte fallen unter die Kategorie A?

1. Produkte mit dem höchsten Preis.
2. Produkte, die den höchsten Beitrag zum Gesamtumsatz des Unternehmens Umsatz leisten.
3. Produkte, die am meisten verkauft wurden.
4. Produkte, die sich am längsten im Sortiment befinden.
5. Produkte, die von A-Kunden bevorzugt gekauft werden.

1.5 Rückabwicklungsprozesse und Leistungsstörungen bearbeiten

Überblick zu diesem Lernfeld

Dieses Lernfeld ist Teil des 2. Lehrjahrs. Schwerpunkte sind die rechtlichen Grundlagen und der praktische Umgang mit Leistungsstörungen.

Checkliste:

- O Widerrufsrecht (Frist, Widerrufsbelehrung, Widerrufserklärung).
- O Gewährleistung (Voraussetzung mangelhafte Ware, Rechte des Käufers).
- O Nacherfüllung (Reparatur, Ersatzlieferung).
- O Retouren (Retourenquote, Retouren verringern, Retourenschein, Retourenlabel).
- O Umtausch und Stornierung.
- O Beschwerden (Beschwerdemanagement, Nutzen für Unternehmen).
- O Lieferungsverzug.
- O Zahlungsverzug.
- O Mahnverfahren (kaufmännisch, gerichtlich).
- O Verjährung (Anspruch, Dauer der Frist, Beginn der Frist).
- O Nachlieferung und Nichtlieferung.

Lösungen zu den Aufgaben ab Seite 271

Übungsfrage 93: Das Widerrufsrecht

Im Fernhandel gilt ein besonderes Widerrufsrecht. Näheres bestimmt der § 355 des Bürgerlichen Gesetzbuchs.

Bürgerliches Gesetzbuch (BGB)
§ 355 Widerrufsrecht bei Verbraucherverträgen

(1) Wird einem Verbraucher durch Gesetz ein Widerrufsrecht nach dieser Vorschrift eingeräumt, so sind der Verbraucher und der Unternehmer an ihre auf den Abschluss des Vertrags gerichteten Willenserklärungen nicht mehr gebunden, wenn der Verbraucher seine Willenserklärung fristgerecht widerrufen hat. Der Widerruf erfolgt durch Erklärung gegenüber dem Unternehmer. Aus der Erklärung muss der Entschluss des Verbrauchers zum Widerruf des Vertrags eindeutig hervorgehen. Der Widerruf muss keine Begründung enthalten. Zur Fristwahrung genügt die rechtzeitige Absendung des Widerrufs.

(2) Die Widerrufsfrist beträgt 14 Tage. Sie beginnt mit Vertragsschluss, soweit nichts anderes bestimmt ist.

(3) Im Falle des Widerrufs sind die empfangenen Leistungen unverzüglich zurückzugewähren. Bestimmt das Gesetz eine Höchstfrist für die Rückgewähr, so beginnt diese für den Unternehmer mit dem Zugang und für den Verbraucher mit der Abgabe der Widerrufserklärung. Ein Verbraucher wahrt diese Frist durch die rechtzeitige Absendung der Waren. Der Unternehmer trägt bei Widerruf die Gefahr der Rücksendung der Waren.

Aufgabe: Für welche Verträge gilt das Widerrufsrecht?

1. Das Widerrufsrecht gilt für sämtliche Verträge.
2. Das Widerrufsrecht gilt für B2C-Verträge.
3. Das Widerrufsrecht gilt für B2B-Verträge.
4. Das Widerrufsrecht gilt für B2B- und B2C-Verträge.
5. Das Widerrufsrecht gilt mit Ausnahmen bestimmter Produkte wie Zeitungen oder versiegelte Hygiene prinzipiell für sämtliche Verträge im Fernhandel.

Übungsfrage 94: Der Widerruf in der Praxis

Der Kunde hat in einem Onlineshop ein Produkt bestellt und erhalten. Das Produkt ist zwar ohne Mängel, doch dem Kunden gefällt die Farbe nicht. Er sendet es deshalb kommentarlos 10 Tage nach dem Erhalt wieder an den Onlineshop zurück und beruft sich auf das Widerrufsrecht.

Aufgabe

Beurteilen Sie die rechtliche Situation.

1. Der Kunde hat das Produkt 10 Tage nach Erhalt wieder zurückgesendet. Die 14-tägige Widerrufsfrist ist damit eingehalten, die Bedingungen des Widerrufsrechts sind erfüllt.
2. Ein mängelfreies Produkt kann nicht widerrufen werden. Der Widerruf ist ungültig.
3. Die Frist wurde zwar eingehalten, der Kunde hätte aber eine Widerrufserklärung abgeben müssen. Die Bedingungen für einen Widerruf sind nicht erfüllt.
4. Der Widerruf ist nur dann zulässig, wenn das Produkt nicht in einer anderen Farbe geliefert werden kann.
5. Der Widerruf muss unmittelbar nach dem Erhalt der Ware erfolgen. Der Kunde hat deshalb keine Möglichkeit zum Widerruf mehr.

Übungsfrage 95: Die Gewährleistung

Aufgabe

Definieren Sie den Begriff Gewährleistungsrecht!

1. Das Gewährleistungsrecht wird in den AGB ausgestaltet. Hat der Kunde eine mangelhafte Sache erhalten, so kann er die in den AGB garantierten Rechte geltend machen.
2. Das Gewährleistungsrecht kann ein Kunde geltend machen, der eine mangelhafte Sache erhalten hat.

3. Das Gewährleistungsrecht tritt ein, sobald ein Kunde einen Widerruf absendet.

4. Das Gewährleistungsrecht betrifft ausschließlich B2B-Geschäfte und ist im HGB (Handelsgesetzbuch) verankert. Im B2C-Bereich können Kunden ihre Ansprüche aus dem Garantierecht geltend machen, falls Sie eine mangelhafte Sache erhalten haben.

5. Das Gewährleistungsrecht ergänzt das Widerrufsrecht.

Übungsfrage 96: Die Rechte des Käufers bei Mängeln

Der § 437 des Bürgerlichen Gesetzbuchs (BGB) bestimmt die Rechte des Käufers bei Mängeln:

Bürgerliches Gesetzbuch
§ 437 Rechte des Käufers bei Mängeln
Ist die Sache mangelhaft, kann der Käufer, wenn die Voraussetzungen der folgenden Vorschriften vorliegen und soweit nicht ein anderes bestimmt ist,
1. nach § 439 Nacherfüllung verlangen,
2. nach den §§ 440, 323 und 326 Abs. 5 von dem Vertrag zurücktreten oder nach § 441 den Kaufpreis mindern und
3. nach den §§ 440, 280, 281, 283 und 311a Schadensersatz oder nach § 284 Ersatz vergeblicher Aufwendungen verlangen.

Aus dem § 437 ergeben sich folgende fünf Arten von Ansprüchen:

- Recht auf Nacherfüllung.
- Recht auf Minderung (teilweise Kaufpreiserstattung).
- Rücktritt vom Vertrag (vollständige Kaufpreiserstattung).
- Schadensersatz (nur bei Verschulden des Verkäufers).
- Ersatz vergeblicher Aufwendungen (nur bei Verschulden des Verkäufers).

Situation: Ein Kunde hat ein defektes Gerät erhalten.

Aufgabe
Beurteilen Sie, welche Aussage über die Ansprüche des Kunden rechtlich zutreffend ist!

1. Er kann zwischen Nacherfüllung, Minderung, Rücktritt, Schadensersatz und dem Ersatz vergeblicher Aufwendungen frei und ohne Bedingungen wählen.
2. Der Kunde kann bei der Geltendmachung seiner Ansprüche aus dem Gewährleistungsrecht nicht völlig frei über die Art und Weise entscheiden. Er muss dazu bestimmte Vorgaben beachten.
3. Der Kunde kann bis zu 14 Tage nach Erhalt der Ware frei wählen.
4. Der Kunde muss diejenige Art und Weise akzeptieren, die der Verkäufer in den AGB anbietet, zum Beispiel die Nacherfüllung.
5. Der Kunde kann maximal 2 der 5 angegebenen Gewährleistungsrechte in Anspruch nehmen.

Übungsfrage 97: Die Nacherfüllung

Herr Kaminsky hat ein defektes Produkt erhalten und verlangt vom Verkäufer eine Nacherfüllung.

Aufgabe
Welche beiden Arten stehen für eine Nacherfüllung zur Verfügung?

1. Reparatur und Ersatzlieferung.
2. Reparatur und Kaufpreiserstattung.
3. Ersatzlieferung und Kaufpreiserstattung.
4. Reparatur und Rücktritt vom Vertrag.
5. Reparatur und Schadensersatz.

Übungsfrage 98: Die Stornierung

Aufgabe

Definieren Sie den Begriff Stornierung!

1. Rücksendung einer beschädigten Ware innerhalb von 30 Tagen.
2. Rücktritt des Gläubigers von einem Vertrag, umgangssprachlich die Korrektur eines Buchungsfehlers.
3. Rückgängigmachen einer Buchung, umgangssprachlich auch die Rückabwicklung eines Vertrags.
4. Ausübung des Widerrufsrechts nach § 355 BGB, umgangssprachlich auch die Rückabwicklung eines Vertrags.
5. Rücktritt nach § 323 BGB wegen nicht oder nicht vertragsgemäß erbrachter Leistung.

Übungsfrage 99: Die Stornoquoten-Formel

Datum	31.12.2018	31.12.2019	13.12.2020
Laufende Verträge	117	109	131

Die Bikestylers GmbH verleiht Tourenräder an Hotels, Pensionen und die Vermieter von Ferienwohnungen. Die Tabelle zeigt die Anzahl der laufenden Verträge. Neue Vertragsabschlüsse hat es im Jahr 2019 nicht gegeben.

Aufgabe

Ermitteln Sie rechnerisch die Stornoquote des Jahres 2019 im Vergleich zum Gesamtbestand.

Übungsfrage 100: Die Stornoquote berechnen

Durch eine Werbekampagne wurden im Jahr 2020 insgesamt 30 Kunden neu akquiriert. Von den Neukunden wurden 8 Verträge wieder storniert.

Aufgabe
Ermitteln Sie rechnerisch die Stornoquote der neu abgeschlossenen Verträge des Jahres 2020.

Übungsfrage 101: Der Umtausch

Aufgabe
Welche Aussage über das Umtauschrecht ist zutreffend?

1. Verbraucher können Waren bei Nichtgefallen innerhalb von 14 Tagen im Laden zurückgeben oder an einen Onlinehändler rücksenden. Ausnahme: Bestimmte Warengruppen wie Wäsche oder Zeitungen/Zeitschriften.
2. Ein generelles Umtauschrecht existiert nicht.
3. Die Frist für den Umtausch beträgt generell 30 Tage, beim Widerruf 14 Tage.
4. Die Umtauschfrist beträgt 6 Monate bei Neuwaren.
5. Die Umtauschfrist beginnt mit der Übergabe der Ware an der Kasse oder der Annahme eines Pakets.

Übungsfrage 102: Der Lieferungsverzug

In § 286 BGB ist der Lieferungsverzug definiert:

§ 286 Verzug des Schuldners
(1) Leistet der Schuldner auf eine Mahnung des Gläubigers nicht, die nach dem Eintritt der Fälligkeit erfolgt, so kommt er durch die Mahnung in Verzug. Der Mahnung stehen die Erhebung der Klage auf die Leistung sowie die Zustellung eines Mahnbescheids im Mahnverfahren gleich.

(2) Der Mahnung bedarf es nicht, wenn

1. für die Leistung eine Zeit nach dem Kalender bestimmt ist.

2. der Leistung ein Ereignis vorauszugehen hat und eine angemessene Zeit für die Leistung in der Weise bestimmt ist, dass sie sich von dem Ereignis an nach dem Kalender berechnen lässt,

3. der Schuldner die Leistung ernsthaft und endgültig verweigert,

4. aus besonderen Gründen unter Abwägung der beiderseitigen Interessen der sofortige Eintritt des Verzugs gerechtfertigt ist.

Die Bikestylers GmbH hat beim Hersteller Superbike 200 Hollandräder eingekauft. Fest vereinbarter Liefertermin war der 12. August 2020. Eine Woche später sind die Räder immer noch nicht eingetroffen. Die Bikestylers GmbH erwägt eine Klage auf Schadensersatz wegen Lieferungsverzug. Der Hersteller verweist aber darauf, dass keine Mahnung der Bikestylers GmbH vorliegt.

Aufgabe
Beurteilen Sie, ob ein Lieferungsverzug vorliegt!

Übungsfrage 103: Die Nichtlieferung

Aufgabe
Definieren Sie den Begriff Nichtlieferung (NiLi)!

1. Ein Produkt wurde im Onlineshop bestellt und im Ladengeschäft abgeholt.
2. Verlust einer Sendung auf dem Versandweg.
3. Stornierung eines Vertrags wegen fehlender Bonität eines Kunden.
4. Der Kunde lädt ein digitales Produkt herunter.
5. Ein Produkt war im Shop als lieferbar gekennzeichnet, kann aber wegen Nachschubschwierigkeiten des Händlers nicht ausgeliefert werden.

Übungsfrage 104: Die Nachlieferung

Aufgabe: Definieren Sie den Begriff Nachlieferung (NaLi)!

1. Eine Lieferung nach Vorkasse.
2. Eine Lieferung mit der Zahlungsart Nachnahme.
3. Eine Lieferung in eine Packstation, wenn der Kunde die Ware nicht an seinem Wohnsitz empfangen möchte.
4. Eine verzögerte Lieferung eines von mehreren Produkten einer Bestellung. Grund ist, dass dieses Produkt bei einer Bestellung noch nicht versandfertig war.
5. Der Ersatz defekter Ware, nachdem diese vom Kunden retourniert wurde.

Übungsfrage 105: Leistungsstörung einordnen

Die Bikestylers GmbH bietet einen Satz Rennradpedale im Sonderangebot an. Der Kunde Herr Metternich, der sich auf ein Rennen am 19. Mai vorbereitet, bestellt die Pedale am 11. Mai. Nach der Bestellung teilt ihm sein Arzt mit, dass er aus medizinischen Gründen nicht am Rennen teilnehmen soll. Am 15. Mai treffen die bestellten Pedale bei Herrn Metternich ein. Herr Metternich erklärt dem Paketboten, dass er die Pedale jetzt noch nicht benötigt und deshalb noch nicht annimmt.

Aufgabe: Beurteilen Sie, welche Leistungsstörung eingetreten ist!

1. Beschwerde
2. Lieferungsverzug
3. Annahmeverzug
4. Retour
5. Widerruf

Übungsfrage 106: Die Schlechtleistung

Aufgabe
Die Bikestylers GmbH liefert die vom Kunden bestellte Satteltasche Fixpack XL in grüner statt in roter Farbe. Welche Leistungsstörung liegt hier vor?

1. Mangelhafte Lieferung
2. Nichterfüllung
3. Lieferungsverzug
4. Nachlieferung
5. Annahmeverzug

Übungsfrage 107: Die Beschwerde

Aufgabe
Beschwerden von Kundinnen und Kunden sind einerseits ärgerlich, anderseits bieten sie einem Unternehmen die Möglichkeit zur Optimierung. Nennen Sie hierzu 4 Aspekte!

Übungsfrage 108: Das kaufmännische Mahnverfahren

Die Überprüfung offener Forderungen hat ergeben, dass sich mehrere Kunden der Bikestylers GmbH im Zahlungsverzug befinden.

Aufgabe
Beschreiben Sie den üblichen Ablauf des außergerichtlichen Mahnverfahrens.

1. Zahlungserinnerung (erste Mahnung), zweite Mahnung, dritte Mahnung mit Androhung eines gerichtlichen Mahnbescheids.

2. Zahlungserinnerung, außergerichtlicher Mahnbescheid, gerichtlicher Mahnbescheid.

3. Zahlungserinnerung, Mahnung, Aufforderung zur Rücksendung der Ware.

4. Erste und zweite Zahlungserinnerung, Antrag auf Mahnbescheid bei einem Gericht.

5. Telefonat mit Gläubiger (erste Mahnung), zweite bis dritte Mahnung, in dritter Mahnung Androhung des gerichtlichen Mahnverfahrens.

Übungsfrage 109: Das gerichtliche Mahnverfahren

Aufgabe

Nach dem Abschluss des kaufmännischen (außergerichtlichen) Mahnverfahrens hat ein säumiger Kunde immer noch nicht reagiert und seine Rechnung nicht bezahlt. Mit welcher Maßnahme kann die Bikestylers GmbH ein gerichtliches Mahnverfahren einleiten?

1. Übergabe des Mahnbescheids an einen zugelassenen Inkasso-Dienstleister.

2. Zustellung der letzten Mahnung per Einschreiben. Das gerichtliche Mahnverfahren beginnt automatisch nach dem Verstreichen einer 14-tägigen Frist.

3. Erlass eines Mahnbescheids durch die Rechtsabteilung der Bikestylers GmbH.

4. Einreichung eines Antrags auf Erlass eines Mahnbescheids. Aufgrund dieses Antrags wird ein Mahnbescheid erlassen und dem Antragsgegner förmlich zugestellt.

5. Antrag auf Erlass des Vollstreckungsbescheids durch den Gläubiger (die Bikestylers GmbH) beim Amtsgericht. Reagiert der Schuldner nicht, kann der Gläubiger einen Antrag auf Zwangsvollstreckung stellen.

Übungsfrage 110: Mahnverfahren

Aufgabe

Welche Aussage zu Mahnverfahren ist zutreffend?

1. Wenn die Gegenleistung nicht erbracht wurde oder der Anspruch nicht fällig ist, kann kein gerichtliches Mahnverfahren eröffnet werden.
2. Gerichtliche Mahnverfahren sind teurer als Zivilklagen.
3. Anträge auf Erstellung eines Mahnbescheids dürfen nicht per Internet abgesendet werden.
4. Bei Entgeltforderungen tritt der Verzug spätestens 40 Tage nach Fälligkeit und Zugang der Rechnung ein.
5. Letzte Instanz für Mahnverfahren ist das Bundessozialgericht in Kassel.

Übungsfrage 111: Zahlungsfähigkeit

Ein Kunde ist mit der Zahlung im Verzug und anscheinend nicht zahlungsfähig.

Aufgabe

Welche Option steht einem Unternehmen zur Verfügung, um einen Kunden auf seine Zahlungsfähigkeit zu überprüfen?

1. Beauftragung eines Zahlungsdienstleisters, zum Beispiel PayPal.
2. Einsicht in die Kontoauszüge.
3. Beauftragung einer Wirtschaftsauskunftei, zum Beispiel der Schufa.
4. Einsatz eines CRM-Tools (Customer-Relationship-Management).
5. Einleitung eines kaufmännischen Mahnverfahrens.

Übungsfrage 112: Verjährungsfristen

Die Tabelle gibt einen Überblick über die Dauer und den Beginn wichtiger Verjährungsfristen.

Art des Anspruchs	Dauer der Verjährungsfrist	Beginn der Verjährungsfrist
Regelmäßige Verjährung (z. B. Kaufpreisforderung)	3 Jahre	Nach Ablauf des Entstehungsjahres und bei Kenntnis des Gläubigers von Anspruch und Schuldner
Gewährleistungsansprüche aus einem Kaufvertrag	2 Jahre	Übergabe der Sache
Arglistiges Verschweigen eines Mangels der Kaufsache durch den Verkäufer	3 Jahre	Wie bei der regelmäßigen Verjährung
Gewährleistungsrechte bei Kaufvertrag über ein Bauwerk oder Gegenstände, die für ein Bauwerk verwendet wurden	5 Jahre	Übergabe der Sache
Gewährleistungsrechte aus einem Werkvertrag	2 Jahre	Abnahme des Werks
Arglistiges Verschweigen eines Mangels am Werk durch den Hersteller	3 Jahre	Wie bei der regelmäßigen Verjährung
Gewährleistungsrechte aus Herstellung eines Bauwerks oder Arbeiten am Bauwerk	5 Jahre	Abnahme des Werks
Gewährleistungsrechte aus Erstellung unkörperlicher Arbeitsergebnisse (Software)	3 Jahre	Wie bei der regelmäßigen Verjährung
Pauschalreisen	2 Jahre	Der Tag, an dem die Pauschalreise dem Vertrag nach enden sollte

Der Verkäufer Herr Schlürer hat dem Käufer Herrn Kron ein Fahrrad mit einem mangelhaft gefertigten Rahmen verkauft. Der Mangel war Herrn

Schlürer bekannt, er hatte Herrn Kron aber beim Kauf nicht darauf hingewiesen. Nach 30 Monaten bricht der Rahmen. Herr Kron möchte daraufhin Ansprüche auf Gewährleistung geltend machen. Herr Schlürer verweist darauf, dass die Gewährleistung nach 2 Jahren endet.

Aufgabe: Beurteilen Sie, ob die Ansprüche von Herrn Kron verjährt sind!

Übungsfrage 113: Belastung durch Retouren

Aufgabe

Welche Nachteile entstehen einem Unternehmen, aber auch der Umwelt, durch die Zunahme von Retouren und Nachlieferungen? Nennen Sie jeweils 2 Aspekte!

Übungsfrage 114: Verringerung von Retouren

Aufgabe: Nennen Sie fünf Maßnahmen zur Verringerung von Retouren.

Übungsfrage 115: Nachrangige Rechte

Aufgrund einer Leistungsstörung stehen einem Kunden sogenannte vor- und nachrangige Rechte zu.

Aufgabe

Prüfen Sie, welches Recht **nicht** zu den nachrangigen Rechten zählt!

1. Recht auf Minderung des Kaufpreises.
2. Recht auf Rücktritt vom Kaufvertrag.
3. Recht auf Nacherfüllung.
4. Recht auf Schadensersatz neben der Leistung.
5. Recht auf Schadensersatz anstelle der Leistung, verbunden mit der Rückgabe des Kaufgegenstands.

Übungsfrage 116: Nichtannahme einer Ware

Aufgabe

Der Kunde Herr K hat eine Rückleuchte bestellt und über einen Paketdienstleister fristgerecht geliefert bekommen. Er nimmt das Paket allerdings nicht an. Beurteilen Sie die Rechtslage!

1. Bei Nichtannahme innerhalb von 14 Tagen tritt das Widerrufsrecht in Kraft. Der Kaufvertrag ist damit storniert.
2. Der Kaufvertrag besteht weiterhin. Die Kunde ist in den Annahmeverzug geraten.
3. Es liegt ein Lieferverzug vor.
4. Der Kunde kann den Kaufvertrag innerhalb von sechs Monaten stornieren.
5. Mit der Nichtannahme ist Herr K einseitig vom Kaufvertrag zurückgetreten.

Übungsfrage 117: Konventionalstrafen

Aufgabe

Die Bikestylers GmbH hat Probleme mit der Zuverlässigkeit von Großhändlern und möchte sich mit Konventionalstrafen gegen Lieferengpässe absichern. Welche Aussage zu Konventionalstrafen ist zutreffend?

1. Konventionalstrafen sind in der EU unzulässig.
2. Die vertragliche Vereinbarung einer Konventionalstrafe ist zulässig. Sie darf aber laut BGB nicht mehr als 5 % der Auftragssumme betragen.
3. Konventionalstrafen treten im B2B-Bereich bei Lieferverzug automatisch in Kraft.
4. Konventionalstrafen sind zulässig, wenn sie vertraglich vereinbart wurden.
5. Die Bikestylers GmbH kann die Höhe einer Konventionalstrafe, sofern sie vertraglich vereinbart wurde, beliebig festsetzen.

Übungsfrage 118: Unterbrochene Lieferkette

Aufgabe

Bei der Bikestylers GmbH häufen sich die Beschwerden. Beliebte Waren sind nicht verfügbar und die Kunden müssen lange auf die Erfüllung ihrer Wünsche warten. Das Management denkt über eine Diversifizierung der Lieferkette nach. Beurteilen Sie die geplante Maßnahme.

Übungsfrage 119: Pflichtangaben in einer Rechnung

Aufgabe

Welche beiden Angaben zählen **nicht** zu den Pflichtangaben in einer Rechnung?

1. Fortlaufende, einmalig vergebene Rechnungsnummer.
2. Namen und Adressen des Unternehmens des Rechnungsempfängers.
3. Anzuwendender Steuersatz oder Hinweis auf eine Steuerbefreiung, zum Beispiel nach § 19 UStG (Kleinunternehmer-Regelung).
4. E-Mail-Adresse.
5. Preis pro Einheit und Gesamtpreis.
6. Unterschrift.

Übungsfrage 120: Nachfrageprognose

Aufgabe

Definieren Sie den Begriff „Nachfrageprognose“.

1.6 Servicekommunikation kundenorientiert gestalten

Überblick zu diesem Lernfeld

Dieses Lernfeld ist Teil des 2. Lehrjahrs. Schwerpunkt ist die Kommunikation zwischen Unternehmen und Kunden.

Checkliste:

- O Kommunikation (Ziele).
- O Umgang mit Kundenbewertungen (Reaktion auf negative Bewertungen).
- O Beratung vor und nach dem Kauf (After Sales Service).
- O Kommunikationstheorie Watzlawick (Inhalt- und Beziehungsebene).
- O Kommunikationstheorie von Thun (4-Ohren-Modell, Informationsquadrat).
- O Kommunikationskanäle (analog, digital).
- O Verbale und nonverbale Kommunikation.
- O Kommunikation im Verkauf (Verkaufsgespräch, Abschluss, Kundeneinwände).
- O Kundenbindung (Maßnahmen).
- O Kundenbedarf ermitteln (gezielte Fragen).
- O Kundenanliegen bearbeiten.
- O Internationale Kommunikation (kulturelle Besonderheiten, Empathie).

- ○ Newsletter-Kommunikation (aktive Zustimmung, Checkbox, Koppelungsverbot).
- ○ Beratungsintensität (Kosten, komplexe Produkte, Mitarbeiterkompetenz).

Lösungen zu den Aufgaben ab Seite 284.

Übungsfrage 121: Kommunikation auf öffentlichen Plattformen

Der Kunde Peter Hobel hat folgende Nachricht in Verbindung mit einem Video in dem Kundenforum der Bikestylers GmbH gepostet:

> *„Geiiiiles Bike LEUTE!! Sportlich, sportlich. Meinem total VERSOFFENEM Asi-Nachbarn ...nem gewissen Hans Müller, täte das auch mal gut!! PS: Ich hab da noch ein Video von der letzten Gartenparty angehängt. Klickt mal auf Sekunde 34, da ist seine Hackfresse voll drauf, hehe ...“*

Aufgabe
Beschreiben Sie die rechtliche Situation und nennen Sie eine geeignete Reaktion auf diese Veröffentlichung.

Übungsfrage 122: Umgang mit Kundenbewertungen

Die Bikestylers GmbH hat von einem erbosten Kunden eine sehr negative Bewertung auf einer Onlineplattform erhalten. Der Kunde Jackster99 beklagt sich:

> *„2 Stunden rumprobiert ...der Druckslenker lässt sich nicht montieren. Das war's dann mit dem Bikestylers Saftladen!!!!“*

Aufgabe
Formulieren Sie eine Antwort und berücksichtigen Sie dabei folgende Aspekte:

- Deeskalation der Situation.
- Lösung des Problems des Kunden.
- Abwendung von Schaden für die Bikestylers GmbH.

Übungsfrage 123: Kundenanliegen verstehen

Verkaufsschlager der Bikestylers GmbH ist das Pedelec City XL. Etwa 30 % der zu diesem Produkt eintreffenden Kundenanfragen per E-Mail und Social-Media-Netzwerke betreffen die Akku-Reichweite dieses Modells.

Aufgabe
Welche Maßnahmen sollte die Bikestylers GmbH treffen, um die Kundinnen und Kunden vorab besser zu informieren? (4 Maßnahmen)

Übungsfrage 124: Ziele der Kundenkommunikation

Aufgabe: Welche Ziele verfolgt die Kommunikation zwischen einem Unternehmen und seinen Kundinnen und Kunden? (5 Aspekte)

Übungsfrage 125: Offene und geschlossene Fragen

Aufgabe
Welche Aussage zu offenen und geschlossenen Fragen ist **nicht** zutreffend?

1. Offene Fragen werden auch als W-Fragen bezeichnet.
2. In den meisten Konfliktsituationen wirken offene Fragen deeskalierend.

3. Bei geschlossenen Fragen ist die Bandbreite der Antwortmöglichkeiten begrenzt.
4. Die Auswertung offener Fragen ist mit einem sehr hohen Aufwand verbunden.
5. Offene Fragen können nur mit Ja oder Nein beantwortet werden.

Übungsfrage 126: Die Kommunikationstheorie von Paul Watzlawick

Aufgabe: Der Kommunikationswissenschaftler Paul Watzlawick (1921 - 2007) hat eine Reihe von Grundaussagen zur menschlichen Kommunikation formuliert. Welche Aussage stammt **nicht** von Watzlawick?

1. Man kann nicht nicht kommunizieren.
2. Jede Aussage hat zwei Aspekte: Einen Inhaltsaspekt und einen Beziehungsaspekt.
3. Menschliche Kommunikation ist digital und analog.
4. Starke Gefühle wie Mitleid und Furcht erwirken eine Katharsis (Reinigung) der Seele.
5. Zwischenmenschliche Kommunikationsabläufe sind entweder symmetrisch oder komplementär, je nachdem, ob die Beziehungen zwischen den Partnern auf Gleichheit oder Unterschiedlichkeit basieren.

Übungsfrage 127: Das Kommunikationsquadrat (4-Ohren-Modell)

Nach Paul Watzlawick hat jede Aussage zwei Aspekte: Einen Inhaltsaspekt und einen Beziehungsaspekt. Der Kommunikationswissenschaftler Friedemann Schulz von Thun hat das Modell von Watzlawick erweitert.

Aufgabe

Nennen Sie die vier Aspekte des Kommunikationsquadrats (auch Nachrichtenquadrat, 4-Ohren-Modell, 4-Seiten-Modell) nach Friedemann Schulz von Thun!

Erster Aspekt	
Zweiter Aspekt	
Dritter Aspekt	
Vierter Aspekt	

Übungsfrage 128: Motivation zu Folgekäufen

Aufgabe

Welches Instrument hat das Ziel, Kunden zu Folgekäufen in einem Onlineshop zu motivieren?

1. Außergerichtliche Mahnung
2. After-Sales-Service
3. Keyword-Optimierung
4. Nachlieferung
5. Werkvertrag

Übungsfrage 129: Kommunikationskanal Newsletter

Zu den beliebten Kommunikationskanälen zählt der Newsletter. Bei der Neugewinnung von Newsletter-Abonnenten gilt das sogenannte Koppelungsverbot nach Art. 7 Abs. 4 der DSGVO. Demnach darf beispielsweise ein Vertragsabschluss nicht daran gekoppelt werden, dass ein Kunde gleichzeitig ein Newsletter-Abonnement abschließt.

Aufgabe

Wie kann ein Unternehmen rechtskonform vorgehen, um Kunden bei Abschluss eines Kaufvertrags auch für den Abschluss eines Newsletter-Abonnements zu gewinnen?

1. Durch Entkoppelung. Der Abschluss des Kaufvertrags muss ohne Abschluss des Newsletter-Abos möglich sein. Realisiert werden kann dies durch eine Checkbox, in der der Kunde aktiv einen Haken für das Newsletter-Abo setzt.
2. Durch Entkoppelung. Der Abschluss des Kaufvertrags und das Newsletter-Abo müssen auf Webseiten mit unterschiedlichen URLs durchgeführt werden.
3. Das Koppelungsverbot ist nichtig, wenn der Newsletter mit keinen Kosten verbunden ist. Das Unternehmen muss aber in der Produktbeschreibung auf einen automatischen Newsletter-Bezug hinweisen.
4. Das Newsletter-Abonnement darf nur dann in den Kaufprozess integriert werden, wenn die Kundinnen und Kunden in den AGB ausdrücklich darauf hingewiesen werden.
5. Gar nicht. Das Unternehmen darf im Umfeld eines Vertragsabschlusses prinzipiell kein Newsletter-Abonnement anbieten.

Übungsfrage 130: Kulturelle Besonderheiten beachten

Im Zuge der Globalisierung ist es für ein Unternehmen wichtig, Geschäfte mit Kunden und Partnern aus anderen Ländern und Kulturen abzuwickeln.

Aufgabe

Definieren Sie den Begriff interkulturelle Kompetenz.

1. Aneignung geografischer Kenntnisse (Hauptstadt, Flüsse, Gebirge und Klimazonen).

2. Kenntnisse der landesspezifischen und kulturellen Eigenheiten und Empathie (die Fähigkeit, sich darauf einzustellen).
3. Sprachniveau mindestens C1 oder C2 (vergleichbares Level mit Cambridge Certificate).
4. Nachweis eines beruflich bedingten Aufenthalts im Land über mindestens 21 Tage. Auch Messen zählen hinzu.
5. Abschluss einer Weiterbildung des BMZ (Bundesministerium für wirtschaftliche Zusammenarbeit und Entwicklung).

Übungsfrage 131: Klassische und digitale Kommunikationskanäle

Aufgabe

Nennen Sie jeweils vier klassische und digitale Kommunikationskanäle, die ein Unternehmen für die Kommunikation mit Kundinnen und Kunden nutzen kann!

Übungsfrage 132: Anforderungen an Mitarbeiter in Chatsystemen

Die Bikestylers GmbH hat ein Live-Chat-System auf Textbasis als neuen Servicekanal implementiert. Ziel ist es, Besucherinnen und Besucher besser beraten zu können, insbesondere zu technisch anspruchsvollen Fragen.

Aufgabe

Welche der genannten Anforderungen müssen die Mitarbeiterinnen und Mitarbeiter für den Einsatz im Chatsystem **nicht** erfüllen?

1. Multitasking-Fähigkeit, insbesondere wenn mehrere Anfragen parallel bearbeitet werden.
2. Umgang mit Bildern und Screenshots.

3. Angenehme Sprechstimme.
4. Schnelle Auffassungsfähigkeit.
5. Höflichkeit.

Übungsfrage 133: Tonalität

Aufgabe

Definieren Sie den Begriff der zielgruppengerechten Tonalität für die Kommunikation zwischen Unternehmen und Kunden.

1. Verbesserung der Tonqualität beim Telefonsupport.
2. Ausrichtung der Sprache auf die Sprache der Kunden.
3. Vereinheitlichung des Kommunikationsstils eines Unternehmens.
4. Optimierung der internen Kommunikation.
5. Implementierung von Übersetzungsprogrammen für Kundengruppen aus einem anderen Sprachraum, z. B. englischsprachige Kunden.

Übungsfrage 134: Kundeneinwänden begegnen

Die Sporthotel-Gruppe möchte ihren Gästen Fahrräder zur Verfügung stellen und verhandelt deshalb mit der Bikestylers GmbH über einen Mietvertrag. Als Hindernis für den Abschluss eines Vertrags nennt die Sporthotel-Gruppe den Mietpreis. Dieser liegt etwa 10 Prozent höher als das Angebot der Konkurrenz.

Aufgabe

Nennen Sie zwei Antwortstrategien, mit denen Sie dem Einwand der Sporthotel-Gruppe begegnen, ohne den Preis zu senken. Formulieren Sie zu jeder Strategie einen Beispielsatz, den ein Verkäufer der Bikestylers GmbH in einem Verkaufsgespräch oder einer E-Mail verwenden kann!

Übungsfrage 135: Gewinnspiel auf Social-Media-Netzwerken

Die Bikestylers GmbH plant, ein Gewinnspiel auf Facebook zu veranstalten. Der Gewinnspielmodus verstößt **nicht** gegen die Gesetze, was die Rechtsabteilung der Bikestylers GmbH bestätigt hat.

Aufgabe

Welche weitere Vorgabe hat die Bikestylers GmbH zu beachten, bevor das Gewinnspiel gestartet werden kann?

1. Keine.
2. Das Gesetz gegen den unlauteren Wettbewerb (UWG).
3. Die Gewinnspielrichtlinie von Facebook.
4. Die Gewinnspielrichtlinien der IHK.
5. Die Bestimmungen der Fachverbände.

Übungsfrage 136: Bedarfsklärung

Ein erfolgreiches Verkaufsgespräch läuft typischerweise in diesen Phasen ab:

1. Begrüßung
2. Bedarfsklärung
3. Angebot
4. Verkaufsabschluss
5. Verabschiedung

Eine wesentliche Rolle spielt dabei die Bedarfsklärung.

Aufgabe

Wie sollte ein Verkäufer reagieren, wenn der Kunde seine Bedürfnisse nicht von sich aus äußert?

Übungsfrage 137: Kundenbindung

Aufgabe
Nennen Sie 5 Instrumente zur Kundenbindung und geben Sie zu jedem Instrument ein kurzes Beispiel an!

Übungsfrage 138: Kundensegmentierung

Aufgabe
Definieren Sie den Begriff Kundensegmentierung und nennen Sie ein Beispiel für ein Kundensegment.

Übungsfrage 139: Kommunikation auf Social-Media-Plattformen

Die Bikestylers GmbH war bisher vor allem auf Instagram aktiv, nun soll die Präsenz auf Twitter ausgebaut werden. Der Marketingleiter teilt dazu mit:

> *"Wer Instagram beherrscht, wird auch auf Twitter schnell erfolgreich sein."*

Aufgabe
Beurteilen Sie die Aussage des Marketingleiters!

Übungsfrage 140: Anlässe zur Kundenkommunikation

Aufgabe
Nennen Sie 5 Anlässe für ein Unternehmen, um mit einem Kunden in Kontakt zu treten.

Übungsfrage 141: Produkte mit hoher Beratungsintensität

Der Verkauf von Ersatzteilen erfordert eine hohe Beratungsintensität. Die Bikestylers GmbH möchte eine intensive Beratung gewährleisten, aber dabei weder die Preise für Ersatzteile erhöhen noch in finanzielle Schwierigkeiten geraten.

Aufgabe
Entwickeln Sie eine geeignete Strategie für die Bikestylers GmbH!

Übungsfrage 142: Beschwerdemanagement

Aufgabe
Prüfen Sie, welches Ziel **nicht** zum Beschwerdemanagement zählt!

1. Kundenbeschwerden effektiv aufnehmen und abwickeln.
2. Feedback von Kunden erhalten.
3. Beschwerden auf 0 reduzieren.
4. Prozesse anstoßen, um Kundenerwartungen besser zu erfüllen.
5. Streitpunkte aus der Welt schaffen, bevor juristische Auseinandersetzungen beginnen.

Übungsfrage 143: Pareto-Prinzip

Nach dem Pareto-Prinzip sind etwa 20 Prozent der Kunden für etwa 80 Prozent der Umsätze relevant.

Aufgabe
Welche Schlussfolgerung ergibt sich daraus für die Bearbeitung von Kundenanliegen?

1. Alle Kundenanliegen sollen gleichwertig bearbeitet werden.
2. Es genügt, wenn die Anliegen der umsatzstarken Kunden bearbeitet werden.
3. Die Anliegen der umsatzstarken Kunden müssen möglichst schnell bearbeitet werden.
4. Die Anliegen der umsatzstarken Kunden müssen innerhalb von drei Tagen aufgenommen werden.
5. Für die Bearbeitung von Kundenanliegen muss mehr Personal zur Verfügung gestellt werden.

1.7 Online-Marketing-Maßnahmen umsetzen und bewerten

Überblick zu diesem Lernfeld

Dieses Lernfeld ist Teil des 2. Lehrjahrs. Schwerpunkte sind die Auswahl, die Umsetzung und die Auswertung von Online-Marketing-Maßnahmen.

Checkliste:

- ○ Copy-Strategie (Definition und Kriterien).
- ○ Kundengewinnung und Kundenreaktivierung.
- ○ Auffindbarkeit einer Website verbessern.
- ○ Kundensegmente (Kriterien, eindimensional, mehrdimensional).
- ○ Zielgruppenanalyse und zielgruppengerechte Ansprache.
- ○ Kundenstatus, Kundentypus und Kaufhistorie.
- ○ Rechtliche Regelungen (Datenschutz, Jugendmedienschutz, unzumutbare Belästigung).
- ○ Vergütungsmodelle im Onlinemarketing.
- ○ Auswertung von Kennzahlen (Besucher, Besuche, Seitenaufrufe, Verweildauer).
- ○ Targeting und Retargeting.
- ○ Content-Marketing (Definition, Auswahl von Kanälen).
- ○ Bewertung von Werbemaßnahmen (Erfolg oder Misserfolg).
- ○ Optimierung für den Marketingmix.

Lösungen zu den Aufgaben ab Seite 295.

Übungsfrage 144: Copy-Strategie

Aufgabe

Definieren Sie das Ziel einer Copy-Strategie!

1. Optimale visuelle und verbale Umsetzung einer Werbebotschaft für ein bestimmtes Produkt und eine bestimmte Zielgruppe.
2. Übertragung einer erfolgreichen Marketingstrategie auf ein ähnliches Produkt. Beispiel: Die Marketingstrategie für Mountainbikes auf Rennräder anwenden.
3. Übertragung einer erfolgreichen Marketingstrategie auf ein anderes Kundensegment. Beispiel: Von A-Kunden auf B-Kunden.
4. Zielgruppengerechte Verteilung von Flyern und Foldern bei Events (z. B. Messen, Konzerte).
5. Optimale Aufbereitung der Konversionsraten. Gewonnen werden diese durch A/B-Vergleiche.

Übungsfrage 145: International übliche Abrechnungsmodelle

Die Bikestylers GmbH verhandelt mit externen Dienstleistern über die Schaltung von Werbeanzeigen.

Aufgabe

Erklären Sie kurz die Abkürzungen und den Abrechnungsmodus der folgenden Vergütungsmodelle:

- CPC
- CPM

Übungsfrage 146: Warenkorb-Abbrecher

Viele Kunden verlassen den Onlineshop der Bikestylers GmbH wieder, nachdem sie den Warenkorb befüllt haben. Als Maßnahme ist deshalb geplant, an alle Warenkorb-Abbrecher eine automatisierte Erinnerungs-E-Mail zu senden, in der die betreffenden Produkte noch einmal angezeigt werden.

Aufgabe

Beurteilen Sie die rechtliche Situation!

1. Bei Kunden, die der Bikestylers GmbH ihre E-Mail-Adresse bereits mitgeteilt haben, ist die Versendung rechtlich unproblematisch.
2. Erinnerungs-E-Mails an Warenkorb-Abbrecher sind aus Datenschutzgründen generell verboten.
3. Erinnerungs-E-Mails an Warenkorb-Abbrecher sind aus wettbewerbsrechtlichen Gründen generell verboten.
4. Die Kunden müssen die betreffende E-Mail-Adresse aktiv für den Empfang von Werbemails freigegeben haben.
5. Der Versand ist an diejenigen Kunden erlaubt, die dem Empfang von Werbemails nicht widersprochen haben.

Übungsfrage 147: Stammkundenpflege

Aufgabe

Nach einer Faustformel ist es fünfmal teurer, einen Neukunden zu gewinnen, als einen bestehenden Kunden zu halten. Nennen Sie vier Möglichkeiten zur Bindung von Bestandskunden (Stammkunden) im Onlinevertrieb!

Übungsfrage 148: Kaufhistorie

Aufgabe

Definieren Sie den Begriff Kaufhistorie!

1. Als Kaufhistorie wird die Übernahmepolitik eines Unternehmens bezeichnet. Beispiel: Übernahme von YouTube durch Google.
2. Als Kaufhistorie wird die Auflistung aller von einem Kunden getätigten Käufe bezeichnet. Aufgezeichnet und abgerufen wird die Kaufhistorie in der Regel in einem CRM-System.
3. Die Kaufhistorie gibt Auskunft über die Beschaffungsvorgänge eines Unternehmens (Waren und Dienstleistungen).
4. Die Kaufhistorie fasst die Käufe und Verkäufe eines Unternehmens zusammen. Nachvollzogen wird die Kaufhistorie in der Gewinn- und Verlustrechnung (GuV).
5. Die Kaufhistorie bildet die Grundlage für die steuerliche Prüfung eines Unternehmens.

Übungsfrage 149: Kundensegmente bilden

Aufgabe

Nennen Sie den wesentlichen Grund für die Bildung von Kundensegmenten!

1. Kundensegmente ermöglichen einen schnelleren Transport zwischen Logistikzentren und Kunden.
2. Beim Absenden von Newslettern werden die Server weniger belastet, wenn die Mails in mehreren Intervallen verschickt werden.
3. Die Aufteilung in die Segmente A-M und N-Z entlastet die Buchhaltung.
4. Anhand der Segmente nimmt die Finanzbuchhaltung Rückstellungen vor.
5. Kundensegmente bieten dem Marketing vielfältige Möglichkeiten für eine gezielte Ansprache.

Übungsfrage 150: Eindimensionale Kundensegmentierung

Sie werden damit beauftragt, anhand der Kaufhistorie der Kunden der Bikestylers GmbH ein Schema von A-, B- und C-Kunden zu entwickeln. Erwünscht ist eine eindimensionale Kundensegmentierung.

Aufgabe

Nennen Sie ein Segmentierungskriterium und jeweils ein Beispiel für A-, B-, und C-Kunden!

Übungsfrage 151: Mehrdimensionale Kundensegmentierung

Aufgabe

Facebook und andere soziale Netzwerke stellen Unternehmen eine Reihe von Kriterien (Dimensionen) zur Verfügung, um Kundensegmente für das Marketing einzugrenzen. Nennen Sie 4 typische Dimensionen.

Übungsfrage 152: Kundensegmente gezielt ansprechen

Kunden, die mehr als 12 Monate nichts mehr bei der Bikestylers GmbH gekauft haben, sollen über einen Newsletter der Bikestylers GmbH zu einem weiteren Kauf motiviert werden.

Aufgabe

Formulieren Sie die ersten beiden Sätze eines Newsletters, der speziell dieses Kundensegment anspricht und zum Besuch des Onlineshops motiviert!

Übungsfrage 153: Kunden werben Kunden

Aufgabe

Die Marketingabteilung der Bikestylers GmbH möchte eine Aktion „Kunden werben Kunden“ starten. Für die Aktion angesprochen werden soll das Segment der Stammkunden. Nehmen Sie dazu Stellung!

Übungsfrage 154: Targeting

Aufgabe

Definieren Sie den Begriff Targeting und nennen Sie die wichtigsten Faktoren für ein erfolgreiches Targeting.

Übungsfrage 155: Retargeting

Aufgabe

Definieren Sie den Begriff Retargeting!

1. Wiederholter Einsatz von Targeting-Maßnahmen.
2. Rücknahme von Targeting-Maßnahmen, nachdem ein Besucher keine Einwilligung zum Targeting erklärt hat (kein Opt-in).
3. A/B-Vergleich zwischen zwei Besuchergruppen einer Website.
4. Besucher einer Website oder eines Social-Media-Netzwerks werden erfasst und erhalten dann gezielte Werbeanzeigen auf anderen Websites oder Social-Media-Netzwerken.
5. Optimierung der Retourenabwicklung durch ein Retouren-Avis. Der Onlinehändler kann auf diese Weise die Menge der Retouren besser einschätzen.

Übungsfrage 156: Unique Visitors

Ein Statistikprogramm weist folgende Zugriffszahlen auf die Website der Bikestylers GmbH aus:

	23. Mai	24. Mai	25. Mai
Anzahl der Seitenaufrufe	18.345	17.423	18.652
Anzahl der Besuche	10.234	9.311	10.480
Anzahl der Besucher	10.209	9.278	10.014

Aufgabe
Ermitteln Sie die Anzahl der Unique Visitors am 24. Mai anhand der Tabelle!

Übungsfrage 157: Ergebnisse von Anzeigenkampagnen

Im Juli wurde eine Google-Ads-Kampagne durchgeführt. Die Tabelle zeigt die Zugriffszahlen auf den Shop der Bikestylers GmbH.

	Juni	Juli	August
Page Impressions	208.000	300.000	209.000
Visits	139.000	280.000	141.000

Aufgabe
Analysieren Sie die Zugriffszahlen und beurteilen Sie den Erfolg der Google-Ads-Kampagne.

Übungsfrage 158: Die Ladezeit einer Website

Aufgabe
Welche Aussage über die Veränderung der Ladezeit eines Onlineshops ist richtig?

1. Eine Erhöhung der Ladezeit erhöht auch die Verweildauer in einem Onlineshop.
2. Die Verkürzung der Ladezeit eines Onlineshops hat keine Auswirkung auf die Umsätze.
3. Die Steigerung der Ladezeit erhöht die Verweildauer auf einem Onlineshop und damit auch die Verkäufe.
4. Die Optimierung der Ladezeit eines Onlineshops steigert die Absprungrate und damit auch die Umsätze.
5. Eine kürzere Ladezeit wirkt sich positiv auf das Ranking bei den Suchmaschinen aus und erhöht damit die Auffindbarkeit eines Onlineshops.

Übungsfrage 159: Content Marketing

Die Marketingabteilung der Bikestylers GmbH möchte mit Content Marketing auf YouTube neue Kunden für das Mountainbike „Trailstar" gewinnen.

Aufgabe

Erläutern Sie das Prinzip des Content Marketing, grenzen Sie das Content Marketing von anderen Werbeformen ab und schlagen Sie konkrete Inhalte für das Modell Trailstar vor.

Übungsfrage 160: Videomarketing

Aufgabe

Die Bikestylers GmbH muss bestimmte technische und rechtliche Bedingungen erfüllen, um ein Content-Marketing-Video auf YouTube hochzuladen und sowohl technisch perfekt wie rechtskonform zu veröffentlichen. Welche Bedingung gehört **nicht** dazu?

1. Format 16:9.
2. Betrieb eines eigenen YouTube-Kanals oder Zugang zu einem fremden Kanal.

3. Das Video muss als werblich erkennbar sein.
4. Hohe Qualität bei Ausleuchtung und Ton.
5. Das Video muss mit einem dieser drei Programme erstellt worden sein: Adobe Premiere, Sony Vegas oder DaVinci Resolve.

Übungsfrage 161: Social-Media-Netzwerke wählen

Die Bikestylers GmbH ist bisher noch nicht mit eigenen Präsenzen auf großen Social-Media-Netzwerken wie Facebook, Instagram, YouTube oder Twitter vertreten. In der Marketingabteilung ist ein Streit darüber entbrannt, welche Netzwerke am besten für den Aufbau einer eigenen Präsenz geeignet sind. Zunächst soll auf einem Netzwerk begonnen werden.

Aufgabe
Nennen Sie fünf Kriterien zur Auswahl eines für die Bikestylers GmbH geeigneten Social-Media-Netzwerks!

Übungsfrage 162: Unzumutbare Belästigungen

Im § 7 des UWG (Gesetz gegen den unlauteren Wettbewerb) sind die Fälle der unzumutbaren Belästigungen beschrieben:

§ 7 Unzumutbare Belästigungen
(1) Eine geschäftliche Handlung, durch die ein Marktteilnehmer in unzumutbarer Weise belästigt wird, ist unzulässig. Dies gilt insbesondere für Werbung, obwohl erkennbar ist, dass der angesprochene Marktteilnehmer diese Werbung nicht wünscht.

(2) Eine unzumutbare Belästigung ist stets anzunehmen
bei Werbung unter Verwendung eines in den Nummern 2 und 3 nicht aufgeführten, für den Fernabsatz geeigneten Mittels der kommerziellen Kommunikation, durch die ein Verbraucher hartnäckig angesprochen wird, obwohl er dies erkennbar nicht wünscht;

bei Werbung mit einem Telefonanruf gegenüber einem Verbraucher ohne dessen vorherige ausdrückliche Einwilligung oder gegenüber einem sonstigen Marktteilnehmer ohne dessen zumindest mutmaßliche Einwilligung,

bei Werbung unter Verwendung einer automatischen Anrufmaschine, eines Faxgerätes oder elektronischer Post, ohne dass eine vorherige ausdrückliche Einwilligung des Adressaten vorliegt (...).

Situation: Der Fahrradhersteller Superbike unterbreitet der Bikestylers GmbH telefonisch ein Angebot, obwohl die Bikestylers GmbH keine ausdrückliche Einwilligung zur telefonischen Kontaktaufnahme gegeben hat.

Aufgabe
Beurteilen Sie anhand des § 7 UWG, ob der Anruf eine unzumutbare Belästigung darstellt und begründen Sie Ihre Entscheidung!

Übungsfrage 163: Jugendmedienschutz

Folgende Inhalte zählen laut Gesetz zu den unzulässigen Angeboten im Internet:

- Verwendung von Kennzeichen oder Propagandamitteln verfassungswidriger Organisationen.
- Aufstachelung zum Rassenhass.
- Verharmlosung von Handlungen, die unter der Herrschaft des Nationalsozialismus begangen wurden.
- Kriegsverherrlichung.
- Pornographische Darstellungen, die Gewalttätigkeiten oder den sexuellen Missbrauch von Kindern oder Jugendlichen oder sexuelle Handlungen von Menschen mit Tieren zum Gegenstand haben; dies gilt auch bei virtuellen Darstellungen.
- Darstellung von Kindern und Jugendlichen in unnatürlich geschlechtsbetonter Körperhaltung (gilt auch für virtuelle Darstellungen).

- Verletzung der Menschenwürde, insbesondere durch die Darstellung von Menschen, die sterben oder schweren körperlichen oder seelischen Leiden ausgesetzt sind.
- Gewaltverherrlichung bzw. -verharmlosung.
- Anleitung zu rechtswidrigen Taten wie z. B. Mord, Totschlag, Völkermord und andere (vgl. § 126 StGB).

Aufgabe: Aus welchem Gesetz stammt die obige Aufzählung der unzulässigen Angebote?

1. Grundgesetz (GG)
2. Bürgerliches Gesetzbuch (BGB)
3. Jugendmedienschutz-Staatsvertrag (JMStV)
4. Handelsgesetzbuch (HGB)
5. Strafgesetzbuch (StGB)

Übungsfrage 164: Customer Journey

Im Rahmen seiner Customer Journey hat ein Kaufinteressent auf der Website der Bikestylers GmbH ein Tutorialvideo betrachtet.

Aufgabe

Wie wird dieser Schritt bezeichnet?

1. Micro Conversion.
2. Macro Conversion.
3. Bounce Conversion.
4. Retargeting.
5. Videotargeting

Übungsfrage 165: Social-Media-Marketing

Aufgabe

Welche Aussage über das Social-Media-Marketing ist **nicht** zutreffend?

1. Mit zunehmender Reichweite wird Social-Media-Marketing besonders effektiv.
2. Die Entscheidung für ein bestimmtes Social-Media-Netzwerk sollte davon abhängig sein, wie stark die Zielgruppe dort präsent ist.
3. Beleidigungen und andere strafrechtliche relevante Äußerungen gehören zum Alltag in den Social-Media-Netzwerken.
4. Virale Postings stellen ein Sicherheitsrisiko dar.
5. Die hohe Nutzerzahl der populären Netzwerke machen das Social-Media-Marketing auch für das Branding attraktiv.

Übungsfrage 166: Push- und Pull-Marketing

Aufgabe

Welche Aussage über das Push- und das Pull-Marketing ist **nicht** zutreffend?

1. Beim Push-Marketing wird die Zielgruppe zum Kauf eines Produkts animiert. Die Initiative geht vom Händler aus.
2. Beim Pull-Marketing geht die Initiative vom Händler aus. Dabei wird der Kunde zum Kauf eines Produkts animiert.
3. Push- und Pull-Marketing können sich ergänzen.
4. Beim Pull-Marketing geht die Initiative vom Kaufinteressenten aus, zum Beispiel über eine Google-Suche.
5. Beim Pull-Marketing kommt es darauf an, im Internet gut sichtbar zu sein.

1.8 Wertschöpfungsprozesse erfolgsorientiert steuern

Überblick zu diesem Lernfeld

Dieses Lernfeld ist Teil des 2. Lehrjahrs. Schwerpunkte sind die Preiskalkulation und die Sortimentspolitik.

Checkliste:

- ○ Deckungsbeitrag (Deckungsbeitragsrechnung 1, 2 und 3).
- ○ Kosten (Einzel-, Gemein- und Bezugskosten).
- ○ Kostenstellen, Kostenträger und Betriebsabrechnungsbogen.
- ○ Gewinnschwelle und Cashflow.
- ○ Handelsspanne (Euro und Prozent).
- ○ Preiskalkulation (Vorwärts-, Rückwärts- und Differenzkalkulation).
- ○ Kalkulationszuschlag (Formel).
- ○ Handlungskosten und Handlungskostenzuschlag (Formel).
- ○ Sortiment (Tiefe, Breite, Sortimentspolitik).

Lösungen zu den Aufgaben ab Seite 306.

Übungsfrage 167: Der Deckungsbeitrag

Aufgabe

Welche Aussage trifft **nicht** auf den Deckungsbeitrag zu?

1. Der Deckungsbeitrag ist eine Kennzahl zur Erfolgsermittlung und Preiskalkulation.
2. Der Deckungsbeitrag gibt den Betrag an, der einem Unternehmen zur Deckung der Fixkosten zur Verfügung steht.
3. Liegt der Deckungsbeitrag unter den Fixkosten, entsteht ein Betriebsgewinn. Liegt der Deckungsbeitrag über den Fixkosten, entsteht ein Betriebsverlust.
4. Der Deckungsbeitrag gibt Auskunft über die Profitabilität eines Produkts.
5. Deckungsbeiträge können sich entweder auf ein einzelnes Produkt oder die gesamte Absatzmenge beziehen.

Übungsfrage 168: Einstufige und mehrstufige Deckungsbeitragsrechnung

Aufgabe

Welche Kosten werden in der mehrstufigen Deckungsbeitragsrechnung detaillierter betrachtet als in der einstufigen?

1. Die Stückkosten.
2. Die Einstandskosten.
3. Die Fixkosten.
4. Die Vollkosten.
5. Die Versandkosten.

Übungsfrage 169: Mehrstufige Deckungsbeitragsrechnung

Aufgabe

Nennen Sie die Formeln für die Deckungsbeiträge der Stufen I, II und III.

Übungsfrage 170: Bezugskosten und Gemeinkosten

Aufgabe

Definieren Sie die Begriffe Bezugskosten und Gemeinkosten und nennen Sie dazu jeweils drei Beispiele!

Übungsfrage 171: Einzel- und Gemeinkosten

Aufgabe

Welche Aussage über Einzel- und Gemeinkosten ist **nicht** zutreffend?

1. Einzelkosten können einem bestimmten Kostenträger zugeordnet werden.
2. Unter Umständen können Mieten auch bestimmten Produkten direkt zugeordnet werden.
3. Kosten für Gebäude und Maschinen zählen zu den Gemeinkosten eines Unternehmens.
4. Gemeinkosten können einem Produkt nicht direkt zugeordnet werden.
5. Zu den Einzelkosten eines Unternehmens zählt die Energieversorgung.

Übungsfrage 172: Gewinnschwelle berechnen

Die Bikestylers GmbH plant die Ausrichtung eines Radrennens. Jeder Teilnehmer erhält dabei gratis ein Teilnehmertrikot.

Kosten für das Rennen:

- 18.000 € für die Organisation des Rennens.
- 5,00 € Kosten pro Teilnehmertrikot.

Einnahmen durch das Rennen:

- Sponsoreneinnahmen: 3000,00 € pauschal.
- Das Startgeld beträgt 20,00 € pro Teilnehmer.

Aufgabe
Wie viele Personen müssen am Rennen teilnehmen, damit die Gewinnschwelle (Break-Even-Point) erreicht wird?

Übungsfrage 173: Die Handelsspanne

Aufgabe
Wie wird die Handelsspanne (Marge) berechnet?

1. Differenz aus Einstandspreis und Verkaufspreis (brutto) in Prozent.
2. Differenz aus Einstandspreis und Verkaufspreis (netto) in Prozent.
3. Summe aus Einstandspreis und Verkaufspreis.
4. Einstandspreis plus Steuern.
5. Verkaufspreis minus Steuern.

Übungsfrage 174: Handelsspanne berechnen

Aufgabe
Der Einstandspreis für eine Luftpumpe beträgt 4,50 Euro, der Nettoverkaufspreis 8,90 Euro. Berechnen Sie die Handelsspanne in Prozent!

Übungsfrage 175: Der Cashflow

Für das Jahr 2019 liegen folgende Kennzahlen vor:

- Gewinn
- Abschreibungen
- Rückstellungen

Aufgabe
Nach welcher Formel kann der Cashflow berechnet werden?

1. Cashflow = Gewinn
2. Cashflow = Gewinn - Abschreibungen
3. Cashflow = Gewinn + Abschreibungen
4. Cashflow = Gewinn - Abschreibungen + Rückstellungen
5. Cashflow = Gewinn + Abschreibungen + Rückstellungen

Übungsfrage 176: Die Vorwärtskalkulation

Die Bikestylers GmbH kalkuliert den Verkaufspreis für das Modell Grachtencruiser. Gegeben sind folgende Werte und Prozentsätze:

Listeneinkaufspreis	300,00 €
Lieferantenrabatt	10 %
Lieferantenskonto	2 %
Bezugskosten	20,00 €
Gemeinkosten	40 %
Gewinnzuschlag	25 %
Kundenskonto	2 %
Kundenrabatt	10 %
Umsatzsteuer	19 %

Aufgabe
Führen Sie eine Vorwärtskalkulation durch. Bestimmen Sie den Verkaufspreis!

Übungsfrage 177: Die Rückwärtskalkulation

Aufgabe
Welche Aussage über die Rückwärtskalkulation ist zutreffend?

1. In einer Rückwärtskalkulation sind der Einkaufs- und der Verkaufspreis eines Produkts vorgegeben. Ermittelt wird der Gewinn oder Verlust.
2. In einer Rückwärtskalkulation ist der Listenverkaufspreis eines Produkts vorgegeben. Ermittelt wird der maximale Einkaufspreis.
3. In einer Rückwärtskalkulation werden Rabatte grundsätzlich ausgeklammert.
4. Die Rückwärtskalkulation wird am Ende des Geschäftsjahrs durchgeführt.
5. Die Rückwärtskalkulation ist für alle Handelsunternehmen Pflicht.

Übungsfrage 178: Die Handlungskosten

Aufgabe
Welche Aussage über die Handlungskosten ist zutreffend?

1. Als Handlungskosten werden die Selbstkosten bezeichnet.
2. Die Bezugskosten werden in die Handlungskosten eingerechnet.
3. Die Bezugskosten werden in die Handlungskosten nicht eingerechnet.
4. Der Gewinnzuschlag wird in die Handlungskosten eingerechnet.
5. Die Handlungskosten entsprechen dem Gewinn.

Übungsfrage 179: Der Handlungskostenzuschlag

Aufgabe
Nennen Sie die Formel zur Berechnung des Handlungskostenzuschlags!

Übungsfrage 180: Der Kalkulationszuschlag

Die Bikestylers GmbH kauft die Fahrradklingel Luckybell zum Bezugspreis von 5,90 € ein. Der Bruttoverkaufspreis beträgt 9,90 €.

Aufgabe
Berechnen Sie den Kalkulationszuschlag in Prozent!

Übungsfrage 181: Kalkulationsschema anwenden

Die Bikestylers GmbH ermittelt den Verkaufspreis (brutto) für das Modell Elektricity. Die Vorgaben:

Bezugspreis	1.980,00 €
Handlungskostenzuschlag	12 %
Gewinnzuschlag	10 %
Kundenrabatt	10 %
Umsatzsteuer	19 %

Aufgabe
Berechnen Sie den Bruttoverkaufspreis für das Modell Elektricity!

Übungsfrage 182: Skonto

Aufgabe
Definieren Sie den Begriff Lieferskonto!

1. Ein Unternehmen räumt einem Zulieferer Skonto ein. Ein Lieferskonto mindert die Bezugskosten.
2. Ein Lieferant räumt einem Unternehmen Skonto ein. Ein Lieferskonto mindert die Bezugskosten.
3. Ein Unternehmen gewährt einem Kunden Skonto. Die Umsatzerlöse reduzieren sich entsprechend dem Skontosatz.
4. Ein Unternehmen gewährt einem Kunden Skonto. Die Umsatzerlöse erhöhen sich entsprechend dem Skontosatz.
5. Lieferskonto und Kundenskonto gleichen sich aus.

Übungsfrage 183: Rechnung von brutto zu netto

Ein Produkt wird mit dem ermäßigten Mehrwertsteuersatz von 7 % besteuert. Der Bruttopreis beträgt 128,40 €

Aufgabe
Berechnen Sie den Nettopreis!

Übungsfrage 184: Das Sortiment

Aufgabe
Definieren Sie den Begriff Sortiment!

1. Das Sortiment umfasst das Gesamtangebot an Waren eines Unternehmens.
2. Das Sortiment umfasst das Gesamtangebot an Waren und Dienstleistungen eines Unternehmens.
3. Nur diejenigen Produkte, die in verschiedenen Sorten oder Varianten zur Verfügung stehen, sind Sortimentsprodukte. Beispiel: Verschiedene Geschmacksrichtungen, Farben und Größen.

4 Als Sortiment werden die Hauptprodukte eines Unternehmens an Waren und Dienstleistungen bezeichnet.

5 Das Sortiment umfasst alle sofort versandfähigen Produkte eines Unternehmens.

Übungsfrage 185: Sortimentspolitik

Aufgabe

Auf der Basis von Kennzahlen, beispielsweise den Umsätzen und den Deckungsbeiträgen, entwickeln Unternehmen ihre Sortimentspolitik. Nennen Sie fünf Ziele der Sortimentspolitik!

Übungsfrage 186: Sortimentstiefe

Aufgabe

Welche Aussage über die Sortimentstiefe ist zutreffend?

1 Die Waren eines tiefen Sortiments sind in der Regel rabattiert.

2 Von einem tiefen Sortiment spricht man, wenn von einer Warengruppe besonders viele Artikel angeboten werden, bei einem flachen Sortiment werden nur wenige Artikel einer Warengruppe angeboten.

3 Von einem flachen Sortiment spricht man, wenn von einer Warengruppe besonders viele Artikel angeboten werden, bei einem tiefen Sortiment werden nur wenige Artikel einer Warengruppe angeboten.

4 Anhand der Sortimentstiefe lässt sich die Position eines Unternehmens am Markt bestimmen.

5 Die Sortimentstiefe gibt Auskunft über die Rentabilität eines Unternehmens.

Übungsfrage 187: Sortimentsbreite

Aufgabe
Nennen Sie jeweils ein Beispiel für ein Unternehmen mit einem breiten und einem schmalen Sortiment!

Übungsfrage 188: Produkteliminierung

Aufgabe
Welche Aussage über die Produkteliminierung ist zutreffend?

1. Die Produkteliminierung ist Teil der Sortimentsdiversifikation.
2. Die Produkteliminierung dient der Bereinigung des Sortiments.
3. Die Produkteliminierung ist eine Maßnahme, um Produkte mit hohem Lagerumschlag zu variieren.
4. Durch die Produkteliminierung wird die Sortimentstiefe erhöht.
5. Die Produkteliminierung dient der Optimierung der Up-Selling-Strategie.

Übungsfrage 189: Kostenstellen

Aufgabe
Nennen Sie vier typische Kostenstellen eines Handelsunternehmens!

1.9 Onlinevertriebskanäle auswählen

Überblick zu diesem Lernfeld

Dieses Lernfeld ist Teil des 3. Lehrjahrs. Schwerpunkte sind die begründete Auswahl und die Einrichtung von Onlinevertriebskanälen.

Checkliste:

- O Informationspflichten im Onlinehandel (Impressum, Widerruf, Datenschutzerklärung, Streitschlichtung).
- O Barrierefreiheit, Responsivität und Usability (Benutzerfreundlichkeit).
- O Datenschutz und Datensicherheit.
- O Sales Funnel (Analyse, Customer Journey).
- O Zielgruppe auswählen (Analyse der Mediennutzung).
- O Vertriebskanäle begründet auswählen.
- O Multichannel und Omnichannel (Definition und Unterschiede).
- O Miet- und Kaufsysteme (Vor- und Nachteil).
- O Datenbanken und Schnittstellen (Datenaustausch mit Warenwirtschaft).
- O Dropshipping (Methode, Vor- und Nachteile).
- O Click & Collect (E-Commerce-Trends).

Lösungen zu den Aufgaben ab Seite 324

Übungsfrage 190: Informationspflichten im Onlinehandel

Aufgabe

Der Betrieb eines Onlineshops mit Sitz in Deutschland ist mit zahlreichen Informationspflichten verbunden. Welche gehört **nicht** dazu?

1. Impressumspflicht.
2. Pflicht zur Bereitstellung einer Datenschutzerklärung.
3. Pflicht zur Bereitstellung einer Widerrufsbelehrung und eines Widerrufsformulars.
4. Verlinkung auf die EU-Streitschlichtungsplattform.
5. Pflicht zur Bereitstellung der AGB.

Übungsfrage 191: Pflichtangaben im Impressum

Das Telemediengesetz nennt zahlreiche Pflichtangaben für die Gestaltung des Impressums:

Telemediengesetz (TMG)
§ 5 Allgemeine Informationspflichten
(1) Diensteanbieter haben für geschäftsmäßige, in der Regel gegen Entgelt angebotene Telemedien folgende Informationen leicht erkennbar, unmittelbar erreichbar und ständig verfügbar zu halten:

1. den Namen und die Anschrift, unter der sie niedergelassen sind, bei juristischen Personen zusätzlich die Rechtsform, den Vertretungsberechtigten und, sofern Angaben über das Kapital der Gesellschaft gemacht werden, das Stamm- oder Grundkapital sowie, wenn nicht alle in Geld zu leistenden Einlagen eingezahlt sind, der Gesamtbetrag der ausstehenden Einlagen,

2. Angaben, die eine schnelle elektronische Kontaktaufnahme und unmittelbare Kommunikation mit ihnen ermöglichen, einschließlich der Adresse der elektronischen Post,

3. soweit der Dienst im Rahmen einer Tätigkeit angeboten oder erbracht wird, die der behördlichen Zulassung bedarf, Angaben zur zuständigen Aufsichtsbehörde,

4. das Handelsregister, Vereinsregister, Partnerschaftsregister oder Genossenschaftsregister, in das sie eingetragen sind, und die entsprechende Registernummer (...).

Situation: Die Impressumsseite der Bikestylers GmbH wurde angelegt. Sie ist von jeder einzelnen Seite der Website über einen Link mit der Bezeichnung „Impressum" erreichbar und erkennbar.

Aufgabe
Überprüfen Sie folgende Impressumsinhalte auf Mängel hinsichtlich der Vorgabe des TMG.

Anbieter:
Bikestylers GmbH
Fahrradstraße 12
10623 Berlin
Telefon: +49 (0) 123 4567
Fax: +49 (0) 123 5678
Web: bikestylers-gmbh.de
E-Mail: info@bikestylers-gmbh.de
Vertretungsberechtigte Geschäftsführerin: R. Renner
USt-ID.Nr. gemäß § 27 a Umsatzsteuergesetz: DE 123 456 789
Registergericht: Amtsgericht, Registernummer: HRB 6303

Übungsfrage 192: Barrierefreiheit

In der BITV (Barrierefreie-Informationstechnik-Verordnung) ist die Forderung nach Barrierefreiheit verankert:

§ 1 Ziele
(1) Die Barrierefreie-Informationstechnik-Verordnung dient dem Ziel, eine umfassend und grundsätzlich uneingeschränkt barrierefreie Gestaltung moderner Informations- und Kommunikationstechnik zu ermöglichen und zu gewährleisten.

Aufgabe
Nennen Sie die wichtigsten Kriterien für die Barrierefreiheit eines Webshops (6 Kriterien)!

Übungsfrage 193: Leichte Sprache

Für die Bereitstellung von Informationen in leichter Sprache gelten die folgenden Vorgaben der BITV:

- Abkürzungen, Silbentrennung am Zeilenende, Verneinungen sowie Konjunktiv-, Passiv- und Genitivkonstruktionen sind zu vermeiden.
- Die Leserinnen oder Leser sollten, soweit inhaltlich sinnvoll, persönlich angesprochen werden.
- Begriffe sind durchgängig in gleicher Weise zu verwenden.
- Es sind kurze, gebräuchliche Begriffe und Redewendungen zu verwenden. Abstrakte Begriffe und Fremdwörter sind zu vermeiden oder mit Hilfe konkreter Beispiele zu erläutern. Zusammengesetzte Substantive sind durch Bindestrich zu trennen.
- Es sind kurze Sätze mit klarer Satzgliederung zu bilden.
- Sonderzeichen und Einschübe in Klammern sind zu vermeiden.
- Inhalte sind durch Absätze und Überschriften logisch zu strukturieren. Aufzählungen mit mehr als drei Punkten sind durch Listen zu gliedern.

- Wichtige Inhalte sind voranzustellen.
- Es sind klare Schriftarten mit deutlichem Kontrast und mit einer Schriftgröße von mindestens 1.2 em (120 Prozent) zu verwenden. Wichtige Informationen und Überschriften sind hervorzuheben. Es sind maximal zwei verschiedene Schriftarten zu verwenden.
- Texte werden linksbündig ausgerichtet. Jeder Satz beginnt mit einer neuen Zeile. Der Hintergrund ist hell und einfarbig.
- Es sind aussagekräftige Symbole und Bilder zu verwenden.
- Anschriften sind nicht als Fließtext zu schreiben.
- Tabellen sind übersichtlich zu gestalten.

Aufgabe
Beurteilen Sie den folgenden Text hinsichtlich der Erfüllung der Kriterien für die leichte Sprache. Nennen Sie drei problematische Aspekte und jeweils eine Möglichkeit zur Verbesserung.

> Neues Mountainbike eingetroffen.
> Neu in unserem Shop: Der Gipfelstürmer 99. Alurahmen, 29“ Laufräder, 65 Grad Lenkwinkel, 120mm Federweg, SRAM Schaltung.

Übungsfrage 194: Zielgruppe und Mediennutzung

Die folgende Tabelle zeigt die Quote der monatlich aktiven Nutzer von Social-Media-Netzwerken und Websites von Presseerzeugnissen mit einer besonderen Betrachtung des Verhaltens älterer Personen. Speziell für die Altersgruppe von 50 bis 70 Jahren möchte die Bikestylers GmbH das Pedelec-Modell Schwarzwald mit Anzeigen bewerben.

	Face-book	You-Tube	Insta-gram	Twit-ter	Snap-chat	Überre-gionale Zeitungen (online)	Zeit-schriften allgemein (online)	Fahr-rad-Zeit-schriften (online)
Nutzer 16-50 Jahre	65 %	69 %	41 %	22 %	25 %	57 %	62 %	7 %
Nutzer 50-70 Jahre	51 %	54 %	6 %	14 %	1 %	64 %	62 %	9 %

Aufgabe

Analysieren Sie das Nutzungsverhalten der Zielgruppe und bewerten Sie die Chance für eine erfolgreiche Anzeigenkampagne auf den verschiedenen Plattformen!

Übungsfrage 195: Miete oder Kauf?

Der Onlineshop der Bikestylers GmbH soll auf Basis einer neuen Software aufgebaut werden. Zur Auswahl stehen zwei unterschiedliche Systeme:

- Modell A: Ein Mietshop, der in die Bikestylers-Website eingebunden wird.
- Modell B: Eine Kauf-Shopsoftware, die von der Bikestylers GmbH auf einem eigenen Server installiert wird.

Aufgabe

Nennen Sie, aus der Sicht der Bikestylers GmbH, jeweils drei Argumente für die Modelle A und B!

Übungsfrage 196: Betriebliche Entscheidungsfindung

Aufgabe

Die Bikestylers GmbH wägt die Vor- und Nachteile von Miet- und Kauflösungen für die Shopsoftware ab. Welcher Prozess dient der Entscheidungsfindung?

1. A/B-Test
2. Nutzwertanalyse
3. Sales-Funnel-Analyse
4. Bilanzanalyse
5. Controlling

Übungsfrage 197: Datensicherheit und Datenschutz

Aufgabe

Welche Maßnahme dient **nicht** der Datensicherheit?

1. Laufende Updates der Shopsoftware.
2. Laufende Sicherung von Dateien und Datenbanken.
3. Verwendung sicherer Passwörter.
4. Einblendung eines Cookie-Banners.
5. Verschlüsselung von Daten.

Übungsfrage 198: Schnittstellen

Aufgabe

Schnittstellen sind erforderlich, um Prozesse zu automatisieren und Daten zu synchronisieren. Welche Verknüpfung zählt **nicht** zu den üblichen Schnittstellen in einem Onlineshop?

1. Schnittstellen zu Zahlungsdienstleistern.
2. Schnittstelle zum Warenwirtschaftssystem.
3. Schnittstelle zur Lohnbuchhaltung.
4. Schnittstellen zu Versanddienstleistern.
5. Schnittstelle zum Newsletter-System.

Übungsfrage 199: Die Multichannel-Strategie

Aufgabe
Definieren Sie den Begriff Multichannel-Strategie!

1. Ein Unternehmen ist auf mehreren Social-Media-Channels aktiv, zum Beispiel auf Facebook, Instagram und Pinterest.
2. Ein Unternehmen betreibt verschiedene Vertriebskanäle. Beispiele: Ladengeschäft, Onlineshop und Amazon Marketplace.
3. In einem Unternehmen sind Shopsystem, Warenwirtschaftssystem und Versand ideal miteinander verknüpft.
4. Ein Unternehmen spricht mehrere Zielgruppen parallel an, zum Beispiel Jugendliche, Erwachsene und Senioren.
5. Die Marketingabteilung eines Unternehmens bedient in einer Kampagne verschiedene Formate. Beispiele: Banner, Animationen, Podcasts und Videoclips.

Übungsfrage 200: Die Omnichannel-Strategie

Aufgabe
Welche Ausrichtung der Bikestylers GmbH kann als Omnichannel-Strategie beschrieben werden?

1. Die Bikestylers GmbH verfolgt das Ziel der nahtlosen Integration von Planung, Herstellung, Verkauf, Marketing und Rechnungswesen. Über Schnittstellen werden die Daten laufend synchronisiert.

2. Die Bikestylers GmbH integriert die Vertriebskanäle: Kunden können ihr Fahrrad im Internet oder am POS konfigurieren und wahlweise im Laden abholen oder sich zusenden lassen. Alle Vertriebswege sind integriert, die Kunden können zwischen den Kanälen wechseln, ohne den Kaufvorgang zu unterbrechen.

3. Die Bikestylers GmbH verkauft über alle relevanten Kanäle: Social Media (Facebook, Instagram, Twitter, YouTube), Website (eigener Shop), Onlinemarktplätze (Amazon Marketplace, eBay, Real Marktplatz), Verkaufsmessen und Ladengeschäfte.

4. Die Bikestylers GmbH richtet Showrooms in Fußgängerzonen ein. In den Schaufenstern hängen Plakate, auf der die Webadresse gut zu erkennen ist.

5. Das Marketing der Bikestylers GmbH startet eine Kampagne, die alle Zielgruppen anspricht: Kinder- und Jugendliche, Sportler, Freizeitradler, Pendler, Handwerker und Senioren. Für jede Gruppe werden spezielles Fahrradtypen beworben. Beispiel: Lastenräder für Handwerker.

Übungsfrage 201: Dropshipping

Aufgabe

Definieren Sie den Begriff Dropshipping (Streckengeschäft)!

1. Ein Onlinehändler bietet Waren, die er nicht selbst lagert, auf seiner Plattform an. Nach dem Kauf werden die Waren von einer anderen Stelle (Hersteller oder Großhändler) direkt an die Kundinnen und Kunden verschickt.

2. Beim Dropshipping werden Waren über mindestens zwei Kontinente transportiert.

3. Mehrere Geschäftspartner (Groß- und Einzelhändler) schließen sich zusammen, um die Transporte zu minimieren. Versendet wird vom jeweils nächstgelegenen Logistikzentrum.
4. Dropshipping ist ein illegales System, um Zölle zu umgehen. Innerhalb des EWR (Europäischer Wirtschaftsraum) ist Dropshipping verboten.
5. Versanddienstleister nutzen Dropshipping, um Restkapazitäten optimal auszunutzen.

Übungsfrage 202: Responsive Design

Aufgabe
Was ist das Ziel des Responsive Design?

1. Optimierung des Return on Investment.
2. Anpassung der Darstellung einer Website an die Bildschirmgröße der verschiedenen Endgeräte der Nutzer.
3. Übernahme von Verantwortung innerhalb der Lieferkette.
4. Sortiermöglichkeit von Tabellen durch Anklicken auf die Kopfzeile.
5. Verwendung userfreundlicher Begriffe von Menüs und Submenüs.

Übungsfrage 203: Tabellen auf Websites

Im Code der Website der Sattelfest AG ist die Spaltenbreite einer Tabelle mit einer fixen Breite von 400 Millimetern definiert.

Aufgabe: Welches Problem ergibt sich für die Darstellung der Website hinsichtlich der Responsivität?

Übungsfrage 204: Benutzerfreundlichkeit

Aufgabe: Nennen Sie 6 Aspekte für die Benutzerfreundlichkeit einer Website!

Übungsfrage 205: Sales Funnel

Aufgabe: Definieren Sie den Begriff Verkaufstrichter (Sales Funnel)!

Übungsfrage 206: Sales-Funnel-Analyse

Aufgabe: Welche Aussage über die Sales-Funnel-Analyse ist **nicht** zutreffend?

1. Die Sales-Funnel-Analyse misst das Kundenverhalten vom Erstkontakt bis zum Kauf.
2. Die Sales-Funnel-Analyse kann einem Unternehmen auch dazu dienen, Ressourcen einzusparen.
3. Die Sales-Funnel-Analyse gibt eine zuverlässige Auskunft über die Profitabilität eines Unternehmens.
4. Durch eine Sales-Funnel-Analyse kann die Effektivität des Marketings erhöht werden.
5. Zweck der Sales-Funnel-Analyse ist die Erhöhung der Konversionsrate.

Übungsfrage 207: Client-Server-Systeme

Aufgabe

Welchen Vorteil bieten Client-Server-Systeme?

1. Client-Server-Systeme bieten die Möglichkeit, Preiskalkulationen effektiv durchzuführen.

2. Die Daten von angeschlossenen Clients lassen sich auf einem Server zentral verwalten, Dienste vom Server abrufen.
3. Sämtliche Daten auf einem Server sind vor dem Ausfall sicher geschützt.
4. Für ein Unternehmen, das nur Clients betreibt, fallen keine Kosten an.
5. Client-Server-Systeme bieten einen besonders hohen Standard im Datenschutz.

Übungsfrage 208: Speicherung von Daten

Aufgabe

Wie lassen sich große Mengen von Daten strukturiert und effizient speichern?

1. Durch die Einstellung von Hilfskräften.
2. Durch den Einsatz einer Datenbank.
3. Mit der Erhöhung des Arbeitsspeichers auf dem Server.
4. Durch Einsatz von Filtern.
5. Durch die Verschlüsselung via CSS.

Übungsfrage 209: Click & Collect

Aufgabe

Zu den Innovationen im E-Commerce zählt das Click- &-Collect-Modell. Erklären Sie das Prinzip dieses Modells!

Übungsfrage 210: Werbung per Telefon

Aufgabe

Unter welcher Voraussetzung darf ein Unternehmen einen Kunden zu Werbezwecken anrufen?

1. Die telefonische Kontaktaufnahme ist in jedem Fall rechtswidrig.
2. Das Unternehmen verfügt über die Telefonnummer des Kunden.
3. Der Kunde hat eine eindeutige Einwilligung abgegeben.
4. Der Kunde hat mindestens drei Einkäufe innerhalb von sechs Monaten getätigt.
5. Der Kunde hat der telefonischen Kontaktaufnahme nicht widersprochen.

Übungsfrage 211: Dropshipping

Aufgabe

Welche Aussage über Streckengeschäfte (Dropshipping) ist zutreffend?

1. Drop-Shipping (Streckengeschäfte) sind im EWR-Raum nur im B2B-Bereich rechtskonform.
2. Bei einem Streckengeschäft bestellen die Kunden bei einem Großhändler. Online-Einzelhändler wickeln die Bestellungen ab und erhalten dafür eine Affiliate-Provision.
3. Bei einem Streckengeschäft bieten Einzelhändler Produkte im Onlineshop an, die sie selbst nicht lagern oder versenden. Die Lieferung erfolgt direkt vom Großhändler an den Endkunden.
4. Bei einem Streckengeschäft (Drop-Shipping) werden Waren grenzüberschreitend versendet. Das Transportrisiko trägt der Verkäufer. Im Schadenfall können Regressansprüche an den Lieferdienst gestellt werden.

5 Bei einem Streckengeschäft werden Endkunden vom jeweils nächsten Logistikzentrum beliefert. Die Warenbewegung zwischen Großhändler, Einzelhändler und Logistikunternehmen wird von einem ERP-System gesteuert.

Übungsfrage 212: Marktplätze

Die Bikestylers GmbH prüft, ob sich die Ausweitung ihres Vertriebs auf Online-Marktplätze lohnen könnte.

Aufgabe
Welche Aussage über die Kosten ist zutreffend?

1 Die Verkaufsprovisionen für die Nutzung von Marktplätzen liegen bei 2,9 % vom Endpreis und dürfen nicht auf die Endkunden umgelegt werden.

2 Auf B2B-Marktplätzen werde die Marktplatzgebühren zwischen Käufern und Verkäufern nach dem Marktschlüsselsatz geteilt.

3 Die Gebühren unterscheiden sich je nach Marktplatz.

4 Die Marktplatzgebühren werden vom Handelsverband festgelegt.

5 Die Mindestgebühr für jede Marktplatz-Transaktion beträgt 0,09 €.

1.10 Den Onlinevertrieb kennzahlengestützt optimieren

Überblick zu diesem Lernfeld

Dieses Lernfeld ist Teil des 3. Lehrjahrs. Schwerpunkte sind der Einsatz von Analysetools, die Auswertung von Daten und die kennzahlengestützte Optimierung.

Checkliste:

- O Analyse von Seitenzugriffen (Erfolgsmessung, Probleme identifizieren).
- O Customer Relationship Management (Kaufhistorie, Marketing, Beschwerdemanagement, After-Sales-Service, Bestimmung des CLV).
- O Customer Lifetime Value (Bestimmung, Nutzen).
- O Ziele des Unternehmens (konkurrierende, neutrale und komplementäre Ziele).
- O Strategische und operative Ziele.
- O Instrumente datenschutzgerecht einsetzen (Google Analytics).
- O Conversion (Definition, Conversion Rate berechnen).
- O Customer Journey (Touchpoints und Analyse).
- O Attribution (prozentuale Aufteilung, Wannenmodell, lineares Modell, First Click Attribution, Last Click Attribution, Time Decay).
- O Erhebung großer Datenmengen (Chancen und Risiken).

Lösungen zu den Aufgaben ab Seite 335.

Übungsfrage 213: Seitenzugriffe analysieren

Situation für Übungsfragen 1 und 2

Das obige Diagramm zeigt Aufrufe der Website der Bikestylers GmbH zwischen dem 12. und dem 21. März. Im Zeitraum zwischen dem 14. und dem 19. März hat die Bikestylers GmbH eine Kampagne durchgeführt. Ziel war die Steigerung der Seitenaufrufe.

Aufgabe: Beurteilen Sie die Wirksamkeit der Kampagne anhand der obigen Kurve!

Übungsfrage 214: Die Absprungrate

12.3.	13.3.	14.3.	15.3.	16.3.	17.3.	18.3.	19.3.	20.3.	21.3.
70 %	73 %	72 %	74 %	77 %	83 %	84 %	87 %	83 %	74 %

Die Tabelle zeigt die Absprungrate auf der Website der Bikestylers GmbH zwischen dem 12. und dem 21. März.

Aufgabe: Beurteilen Sie, ob aufgrund der Kampagne mit erhöhten Umsätzen zu rechnen ist!

Übungsfrage 215: Rabattaktionen gestalten

Die Tabellen zeigen die Umsätze und die durchschnittliche Gewinnspanne der Bikestylers GmbH für Fahrräder und Zubehör:

Fahrräder	2017	2018	2019
Umsätze	601.903 €	622.903 €	570.081 €
Gewinnspanne	51 %	46 %	47 %

Zubehör	2017	2018	2019
Umsätze	167.065 €	236.876 €	377.987 €
Gewinnspanne	22 %	23 %	22 %

Die Verkäufe der Bikestylers GmbH sollen gesteigert werden. Als Maßnahme schlägt die Marketingabteilung folgende Rabattaktion vor: „20 Prozent auf alles".

Aufgabe
Nehmen Sie kritisch zu dieser Maßnahme Stellung und optimieren Sie die Rabattaktion!

Übungsfrage 216: Customer Relationship Management

Für die Optimierung der Beziehung zwischen Unternehmen und Kunden bietet der Einsatz eines CRM-Systems verschiedene Optionen.

Aufgabe
Nennen Sie 4 Aspekte!

Übungsfrage 217: Customer Lifetime Value

Aufgabe

Definieren Sie den Begriff Customer Lifetime Value und nennen Sie eine Methode zur Berechnung des Customer Lifetime Value eines Neukunden!

Übungsfrage 218: Werbekosten pro Neukunde

Aufgabe

Welcher Zusammenhang besteht zwischen den Werbekosten pro Neukunde und dem Customer Lifetime Value?

1. Es besteht kein Zusammenhang.
2. Ein Unternehmen erwirtschaftet einen Rohgewinn, wenn die Werbekosten pro Neukunde unter dem Customer Lifetime Value liegen.
3. Die Werbekosten pro Neukunde entsprechen dem Customer Lifetime Value.
4. Ein Unternehmen erwirtschaftet einen Rohgewinn, wenn die Werbekosten pro Neukunde über dem Customer Lifetime Value liegen.
5. Die Werbekosten pro Neukunden sollten 20 % des Customer Lifetime Value nicht übersteigen.

Übungsfrage 219: Operative und strategische Ziele

Aufgabe

Definieren Sie die Begriffe operative Ziele und strategische Ziele und nennen Sie jeweils ein Beispiel für die Bikestylers GmbH!

Übungsfrage 220: Ziele und Zielkonflikte

Ziele können innerhalb eines Unternehmens in verschiedener Weise in Beziehung stehen:

- Konkurrierende Ziele: Ziel A behindert die Erreichung von Ziel B.
- Neutrale Ziele: Ziele A und B stehen in keiner Beziehung.
- Komplementäre Ziele: Die Erreichung von Ziel A begünstigt die Erreichung von Ziel B.

Aufgabe
Finden Sie für jede Zielbeziehung ein Beispiel!

Übungsfrage 221: Customer Journey

Die Customer Journey beschreibt den Weg, den ein Kunde vor einer Bestellung zurückgelegt hat. Beispiele:

Organische Suche ▶ Social Network ▶ Display Ad ▶ Organische Suche

Social Network ▶ Social Network ▶ Organische Suche ▶ Newsletter

Aufgabe
Welche technische Voraussetzung ist notwendig, damit die Customer Journey aufgezeichnet werden kann?

Übungsfrage 222: Rechtskonforme Aufzeichnung

Aufgabe
Welche Aktion ist notwendig, damit die Customer Journey eines Besuchers rechtskonform aufgezeichnet werden kann?

Übungsfrage 223: Conversion

Aufgabe
Definieren Sie den Begriff Conversion, wie er im Onlinemarketing verwendet wird!

1. Kauf eines Produkts.
2. Schaltung einer Anzeige. Beispiele: YouTube Bumper Ad, Facebook Ad, Google Display Ad.
3. Tätigung einer Aktion. Beispiel: Anklicken eines Videos, Abschluss eines Newsletter-Abos, Kauf eines Produkts.
4. Minimierung von Retouren.
5. Alle Maßnahmen, die einer Erhöhung der Gewinnspanne dienen, werden unter dem Begriff Conversion zusammengefasst.

Übungsfrage 224: Die Conversion-Rate

Die Bikestylers GmbH misst die Conversion-Rate der Website.

Aufgabe
Welches Verhältnis wird durch die Conversion-Rate beschrieben?

1. Das Verhältnis zwischen Cost-per-Click und Umsätzen.
2. Das Verhältnis zwischen Website-Besuchern und getätigten Käufen.
3. Das Verhältnis zwischen Warenkorbabbrechern und Bestellern.
4. Das Verhältnis zwischen Erstkäufern und Wiederkäufern.
5. Das Verhältnis zwischen Website-Besuchern und getätigten Aktionen.

Übungsfrage 225: Affiliate Links

Aufgabe

Definieren Sie den Begriff Affiliate Link!

1. Als Affiliate Links werden Backlinks bezeichnet, also alle eingehenden Links auf eine Website. Je mehr Affiliate Links eine Website besitzt, desto höher ist in der Regel das Ranking in den Suchmaschinen.

2. Als Affiliate Links werden alle von einer Website ausgehenden Links bezeichnet. Beispiel: Link A zu Wikipedia, Link B zu einem Partnerunternehmen.

3. Affiliate Links sind gegenseitige Links von Partnerunternehmen. Beispiel: Unternehmen A verlinkt auf die Website von Unternehmen B. Unternehmen B verlinkt auf die Website von Unternehmen A.

4. Affiliate Links sind bezahlte Partner-Links. Grundlage für die Abrechnung ist in der Regel ein im Link integrierter Code. Über diesen kann der Werbekunde feststellen, von welcher Quellseite ein Besucher stammt.

5. Affiliate Links sind Links innerhalb einer Website. Sie bilden die Basis für die Besucherflussanalyse von Google Analytics und anderen Tracking-Programmen. Aus Datenschutzgründen müssen Besucher hierfür ihre Einwilligung erteilen.

Übungsfrage 226: Organische Suche

Aufgabe: Besucherinnen und Besucher nutzen unterschiedliche Möglichkeiten, um auf eine Website zu gelangen. Definieren Sie den Begriff der organischen Suche.

1. Als organische Suche wird ein Klick auf Anzeigen bezeichnet, die eine Suchmaschine nach der Eingabe der Suchbegriffe auflistet. Beispiel: Google Ads.

2. Als organische Suche wird die Verwendung von Suchmaschinen bezeichnet. Beispiele: Google, Bing, DuckDuckGo.

3. Ein Besucher gelangt durch einen Klick auf die Suchergebnisliste von Google oder einer anderen Suchmaschine auf eine Website.
4. Bei der organischen Suche werden mindestens zwei Begriffe in das Suchfeld eingegeben.
5. Als organische Suche wird ein Klick auf die ersten zehn Einträge der Suchergebnisseite bezeichnet.

Übungsfrage 227: Die Attribution

Aufgabe

Definieren Sie den Begriff Attribution, wie er im Kontext des Onlinemarketings verwendet wird.

1. Platzierung von Werbelinks auf Affiliate-Seiten.
2. Hinzufügen von Attributen zu einem Produkt. Beispiele: Farbe, Größe, Material.
3. Zuschreibung von Charaktereigenschaften zu einer Person.
4. Zuschreibung des Werbeerfolgs zu verschiedenen Werbekanälen. Beispiele: Display, Social Media, Affiliate.
5. Abschluss eines Bestellvorgangs durch Klick auf den Bestellbutton. Beispiel: „Jetzt zahlungspflichtig bestellen“.

Übungsfrage 228: Das Wannenmodell

Aufgabe

Ein Modell zur Attribution von Werbekanälen stellt das Wannenmodell oder U-Form-Modell dar. Welche Aussage ist für das Wannenmodell zutreffend?

1. Der Werbetreibende (das Unternehmen) nimmt folgende Bewertung vor: Je näher ein Werbekanal an einer Conversion liegt, desto höher ist der Anteil an der Conversion.

2 Der Werbetreibende (das Unternehmen) bewertet die erste und letzte Interaktion der Customer Journey höher als die Interaktionen dazwischen.

3 Der Werbetreibende (das Unternehmen) bewertet die Interaktion bei YouTube am höchsten.

4 Der Werbetreibende (das Unternehmen) nimmt keine besondere Bewertung vor.

5 Die Anzahl der Unique Visitors wird als wichtigste Kennzahl für den Werbeerfolg bewertet.

Übungsfrage 229: Attributionen vornehmen

Situation: Für den folgenden Conversion-Pfad sollen Attributionen vorgenommen werden:

Social Network ▶ Organische Suche ▶ Display ▶ Referral ▶ Affiliate

Aufgabe
Führen Sie folgende Attributionen durch:

- Lineare Attribution
- Last Click Attribution

Geben Sie die Werte in Prozent an!

Übungsfrage 230: Der Warenkorbwert

Aufgabe
Eine Analyse der Bestellungen ergibt, dass der durchschnittliche Warenkorbwert (durchschnittlicher Bestellwert) bei Einkäufen im Onlineshop der Bikestylers GmbH gesunken ist. Nennen Sie fünf Ansätze, um den Warenkorbwert zu erhöhen!

Übungsfrage 231: Auftragsdatenverarbeitung

Aufgabe
Definieren Sie den Begriff Auftragsdatenverarbeitung und nennen Sie eine konkrete Anwendung für die Bikestylers GmbH.

Übungsfrage 232: Risiken der Nutzung großer Datenmengen

Aufgabe
Die Bikestylers GmbH erfasst, nutzt und wertet eine Vielzahl von Nutzerdaten aus. Erklären Sie, welche Risiken damit verbunden sind! (2 Aspekte)

Übungsfrage 233: Bounce-Rate

Über ein Analysetool wurde eine hohe Bounce-Rate auf der Startseite der Bikestylers GmbH festgestellt.

Aufgabe
Welche Maßnahme ist **nicht** geeignet, die Bounce-Rate zu senken?

1. Optimierung der Keywords.
2. Optimierung der Texte.
3. Verbesserung der Navigation.
4. Weniger Pflichtangaben im Bestellprozess.
5. Platzierung eines Videos.

Übungsfrage 234: ROAS

Aufgabe
Welche Kennzahl wird im ROAS gemessen?

1. Gewinn pro Investment.
2. Umsatz pro Werbeausgabe.
3. Gewinn pro Umsatz.
4. Umsatz pro Warenkorb.
5. Umsatz pro Kunde.

Übungsfrage 235: CPC-Anzeigen

Aufgabe

Worauf ist bei der Schaltung von CPC-Anzeigen besonders zu achten?

1. Vor der Schaltung sollte eine ordentliche Keyword-Recherche betrieben werden, um Streuverluste zu vermeiden.
2. Die Preisstufen ändern sich nach 1000 Kontakten (Tausender-Kontakt-Preis).
3. Auf Google werden diese Anzeigen mit „CPC“ gekennzeichnet.
4. Für Printanzeigen muss der Farbraum angepasst werden.
5. Der Preis steigt mit der Anzahl der Page Impressions (PI).

Übungsfrage 236: SEA-Kampagne

Aufgabe

Die Bikestylers GmbH möchte eine SEA-Kampagne starten. Welcher der folgenden Ansätze sind für SEA-Kampagnen **nicht** empfehlenswert?

1. Auswahl relevanter Keywords.
2. Zeitliche Begrenzung der Kampagne.
3. Werbebotschaft an ein breites Publikum senden (Push-Marketing).
4. Werbebotschaft an ein gezieltes Publikum senden (Pull-Marketing).
5. Festlegung eines Tages- oder Monatsbudgets.

1.11 Gesamtwirtschaftliche Einflüsse bei unternehmerischen Entscheidungen berücksichtigen

Überblick zu diesem Lernfeld

Dieses Lernfeld ist Teil des 3. Lehrjahrs. Schwerpunkte sind die Ziele der sozialen Marktwirtschaft und die Einflüsse der Konjunktur auf die Lage der Unternehmen.

Checkliste:

- ○ Europäischer Binnenmarkt (vier Freiheiten, EU, EWR).
- ○ Soziale Marktwirtschaft (Prinzipien, Abgrenzung von Planwirtschaft).
- ○ Magisches Viereck (Preisniveaustabilität, Wirtschaftswachstum, Vollbeschäftigung, außenwirtschaftliches Gleichgewicht).
- ○ Der Konjunkturzyklus (Aufschwung, Boom, Abschwung, Depression).
- ○ Käufermarkt (stärkere Position des Käufers) und Verkäufermarkt (stärkere Position des Verkäufers).
- ○ Umweltschutz: Emissionen (Vermeidung) und Immissionen (Immissionsschutz).
- ○ Selbstmanagement (Arbeitstage gestalten, ALPEN-Methode).
- ○ Ökonomisches Prinzip (Gewinnmaximierung) und ökologisches Prinzip (Umweltschutz).
- ○ Einfacher und erweiterter Wirtschaftskreislauf (private Haushalte, Unternehmen, Kreditinstitute, Staat).
- ○ Auswirkungen des E-Commerce (Wachstum und Beschäftigung).

Lösungen zu den Aufgaben ab Seite 346.

Übungsfrage 237: Europäischer Binnenmarkt

Aufgabe: In den 27 Staaten der EU (und den 30 Staaten des Europäischen Wirtschaftsraums EWR) gelten die vier Grundfreiheiten des europäischen Binnenmarkts. Wie lauten diese?

1. Freier Verkehr von Geld (in Form des Euro), Waren, Personen und Dienstleistungen.
2. Freier Verkehr von Waren, Dienstleistungen, Kapital und Steuern.
3. Freier Verkehr von Produkten, Dienstleistungen, Goldreserven und Kapital.
4. Freier Verkehr von Waren, Personen, Dienstleistungen und Kapital.
5. Freier Verkehr von Personen, Gewerkschaften, Dienstleistungen und Kapital.

Übungsfrage 238: Soziale Marktwirtschaft

Aufgabe: Ludwig Erhard (1897-1977) und Alfred Müller-Armack (1901-1978) prägten die Prinzipien der sozialen Marktwirtschaft. Welches Element zählt **nicht** zur sozialen Marktwirtschaft?

1. Der Wettbewerb wird durch Gesetze reguliert.
2. Der Staat verfolgt die Ziele der sozialen Sicherheit und sozialen Gerechtigkeit.
3. Die Preise für Waren und Dienstleistungen werden durch den Markt bestimmt.
4. Der Staat garantiert allen Bürgerinnen und Bürgern einen Arbeitsplatz.
5. Der Staat hält sich bei den Tarifverhandlungen zurück. Es gilt die Tarifautonomie.

Übungsfrage 239: Ziele der Sozialen Marktwirtschaft

Aufgabe

Welche Ziele sind in der Idee der Sozialen Marktwirtschaft miteinander verbunden?

1. Freiheit der Wirtschaft und soziale Sicherheit.
2. Planwirtschaft, soziale Sicherheit und Wohlstand.
3. Marktwirtschaft, Planwirtschaft und Wohlstand.
4. Soziale Sicherheit und völlige Vertragsfreiheit.
5. Freier Wettbewerb und Abbau der Mitbestimmung.

Übungsfrage 240: Die Tarifbindung

Tarifverträge werden in Deutschland von den Vertretern der Arbeitgeberverbände und den Gewerkschaften verhandelt.

Aufgabe

Unter welcher Voraussetzung besteht für die Bikestylers GmbH eine Tarifbindung?

1. Eine Tarifbindung besteht in jedem Fall.
2. Eine Tarifbindung besteht in keinem Fall.
3. Eine Tarifbindung besteht nur dann, wenn die Bikestylers GmbH dem zuständigen Arbeitgeberverband angehört.
4. Es besteht keine Tarifbindung. Der gesetzliche Mindestlohn muss aber eingehalten werden.
5. Eine Tarifbindung gilt ausschließlich für die Höhe der Ausbildungsvergütung.

Übungsfrage 241: Das Stabilitätsgesetz

Im Gesetz zur Förderung der Stabilität und des Wachstums der Wirtschaft, kurz Stabilitätsgesetz, sind Deutschlands wirtschaftspolitische Ziele verankert:

Gesetz zur Förderung der Stabilität und des Wachstums der Wirtschaft
§ 1
Bund und Länder haben bei ihren wirtschafts- und finanzpolitischen Maßnahmen die Erfordernisse des gesamtwirtschaftlichen Gleichgewichts zu beachten. Die Maßnahmen sind so zu treffen, daß sie im Rahmen der marktwirtschaftlichen Ordnung gleichzeitig zur Stabilität des Preisniveaus, zu einem hohen Beschäftigungsstand und außenwirtschaftlichem Gleichgewicht bei stetigem und angemessenem Wirtschaftswachstum beitragen.

Die Ziele des Stabilitätsgesetzes werden auch als „magisches Viereck" bezeichnet.

Aufgabe
Nennen Sie die Ziele des „magischen Vierecks"!

Übungsfrage 242: Der Konjunkturzyklus

Aufgabe
In welcher Reihenfolge läuft typischerweise ein Konjunkturzyklus ab?

1. Depression, Boom, Aufschwung, Abschwung.
2. Abschwung, Boom, Depression, Aufschwung.
3. Aufschwung, Boom, Abschwung, Depression.
4. Aufschwung, Expansion, Abschwung, Depression.
5. Abschwung, Aufschwung, Boom, Depression.

Übungsfrage 243: Die Hochkonjunktur

Aufgabe: Welche Konjunkturphase wird auch als Hochkonjunktur bezeichnet?

Übungsfrage 244: Einflüsse von Konjunkturphasen

Unternehmen sind verschiedenen äußeren Einflüssen unterworfen. Hierzu gehören gesetzliche Rahmenbedingungen ebenso wie Konjunkturphasen.
Aufgabe: Welche wirtschaftlichen Folgen hat ein Aufschwung für die Unternehmen?

1. Steigende Arbeitslosigkeit.
2. Steigender Absatz.
3. Absätze sind auf dem höchsten Niveau.
4. Niedrige Preise für Rohmaterialien.
5. Anstieg von Kurzarbeit.

Übungsfrage 245: Marktsituationen

Aufgabe: Die Nachfrage nach E-Bikes boomt. Von welcher Marktlage wird gesprochen, wenn die Nachfrage nach E-Bikes das Angebot übersteigt?

1. Käufermarkt
2. Verkäufermarkt
3. Ausgeglichener Markt
4. Gesättigter Markt
5. Offener Markt

Übungsfrage 246: Das ökonomische Prinzip

Als ökonomisches Prinzip wird die Theorie bezeichnet, nach der Unternehmen, Haushalte und andere Wirtschaftssubjekte (Staat und Ausland) aufgrund der Begrenztheit ihrer Mittel wirtschaftlich handeln. Zu den Zielen der Unternehmen zählt dabei die Gewinnmaximierung.

Aufgabe
Das ökonomische Prinzip kennt zwei Ansätze, nämlich das Minimalprinzip und das Maximalprinzip. Definieren Sie diese beiden Ansätze und nennen Sie dazu jeweils ein Beispiel für die Bikestylers GmbH!

Übungsfrage 247: Das ökologische Prinzip

Unternehmen sollten nicht nur ökonomische, sondern auch ökologische Ziele verfolgen. Beides muss sich nicht widersprechen, denn mit dem Engagement für den Umweltschutz gewinnt ein Unternehmen auch ein positives Image. Zudem zählt eine intakte Umwelt zu den Voraussetzungen des Wirtschaftens.

Aufgabe
Nennen Sie acht Maßnahmen, die ein Handelsunternehmen für den Umweltschutz ergreifen kann.

Übungsfrage 248: Soziale und gesellschaftliche Unternehmensziele

Unternehmen verfolgen nicht nur ökonomische und ökologische, sondern auch soziale und gesellschaftliche Ziele.

Aufgabe
Nennen Sie jeweils zwei soziale und gesellschaftliche Ziele eines Unternehmens.

Übungsfrage 249: Selbstmanagement

Die moderne Arbeitswelt ist komplex. Digitalisierung und Globalisierung überfluten die Arbeitnehmerinnen und Arbeitnehmer mit Informationen. Immer notwendiger ist deshalb das Selbstmanagement.

Aufgabe
Nennen Sie fünf Methoden, um den Arbeitsalltag effektiv zu gestalten!

Übungsfrage 250: Methoden des Selbstmanagements

Aufgabe
Nennen Sie die fünf Schritte der sogenannte ALPEN-Methode des Selbstmanagements!

Übungsfrage 251: Effektive Mitarbeitergespräche

Aufgabe
Welche Methode ist geeignet, um effektive Mitarbeitergespräche zu führen?

1. SMART-Methode
2. KOALA-Methode
3. ALPEN-Methode
4. Projektmethode
5. Social-Media-Methode

Übungsfrage 252: Emission und Immission

Aufgabe
Definieren Sie die Begriffe Emission und Immission!

1. Emission = Ausstoß von Schadstoffen, die Luft, Boden und Wasser verunreinigen. Immission = Filterung von Schadstoffen.
2. Immission = Mülltrennung und Recycling. Emission = Endlagerung von nicht verwertbaren und nicht recyclebaren Stoffen.
3. Emission = Ausstoß von Schadstoffen, die Luft, Boden und Wasser verunreinigen. Immission = Einwirkung von Schadstoffen, Lärm und Strahlung auf Menschen, Tiere, Pflanzen und Gebäude.
4. Immission = Ausstoß von Schadstoffen, die Luft, Boden und Wasser verunreinigen. Emission = Einwirkung von Schadstoffen, Lärm und Strahlung auf Menschen, Tiere, Pflanzen und Gebäude.
5. Emission = Ausgabe von Wertpapieren (zum Beispiel Aktien) an der Börse. Immission = Liquidation eines Wertpapiers von der Börse.

Übungsfrage 253: Emissionen reduzieren

Aufgabe

Welche Maßnahmen kann die Bikestylers GmbH durchführen, um Emissionen zu reduzieren? Nennen Sie zu jeder Maßnahme die Art der Emission (3 Antworten)!

Übungsfrage 254: Einfacher Wirtschaftskreislauf

Aufgabe

Welche beiden Ströme fließen zwischen privaten Haushalten und Unternehmen in entgegengesetzter Richtung?

1. Waren und Dienstleistungen.
2. Geld und Güter.
3. Steuern und Kapital.
4. Rohstoffe und Kapital.
5. Waren und Kapital.

Übungsfrage 255: Erweiterter / vollständiger Wirtschaftskreislauf

Aufgabe

Im einfachen Wirtschaftskreislauf werden nur die Ströme von privaten Haushalten und Unternehmen betrachtet. Welcher Sektor kommt im erweiterten Wirtschaftskreislauf hinzu?

Übungsfrage 256: Bedeutung des E-Commerce für Wachstum und Beschäftigung

Aufgabe

Welche Bedeutung hat der E-Commerce für das Wachstum und die Beschäftigungssituation? Nennen Sie drei Aspekte!

Übungsfrage 257: Onlinehandel und stationärer Handel

Aufgabe

Welcher Vergleich zwischen Online- und stationärem Handel ist nicht zutreffend?

1. Der Kundenkreis ist im Onlinehandel wesentlicher weniger regional beschränkt als im stationären Handel.
2. Im Onlinehandel sind Öffnungszeiten unbeschränkt, im stationären Handel beschränkt.
3. Bei der Sortimentsgestaltung ist der Onlinehandel flexibler als der stationäre Handel.
4. Im Onlinehandel ist das Marketing weniger relevant als im stationären Handel.
5. Die Anzahl der möglichen Zahlungsarten ist im Onlinehandel zumeist höher als im stationären Handel.

Übungsfrage 258: Nachfragekurve

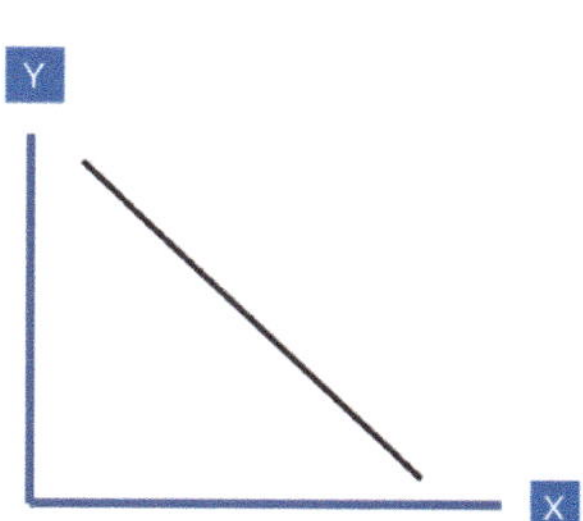

Aufgabe

Das Bild zeigt eine Nachfragekurve. Beschriften Sie die X-Achse und die Y-Achse.

Übungsfrage 259: Käufermarkt

Aufgabe

Welche Situation liegt bei einem Käufermarkt vor?

1. Das Angebot an Waren und Dienstleistungen ist größer ist als die Nachfrage (Angebotsüberhang).
2. Nachfrage nach Waren und Dienstleistungen größer ist als das Angebot (Nachfrageüberhang).
3. Angebot und Nachfrage sind im Gleichgewicht.
4. Die Preise steigen, weil zu viele Käufer auf dem Markt konkurrieren.
5. Der Staat greift durch Subventionen ein, um die Kaufkraft zu stabilisieren.

Übungsfrage 260: Wirtschaftssektoren

Aufgabe

Welche vier Branchen zählen im Drei-Sektoren-Modell zum tertiären Sektor?

1. Banken.
2. Weinbau.
3. Informationstechnologie.
4. Schreinereien.
5. Handel.
6. Speditionen.

1.12 Berufsbezogene Projekte durchführen und bewerten

Überblick zu diesem Lernfeld

Dieses Lernfeld ist Teil des 3. Lehrjahrs. Schwerpunkt ist das Projektmanagement, erwartet werden aber auch Kenntnisse zu weit verbreiteten Projekt-Tools.

Checkliste

- ○ Abgrenzung von Projekt- und Routinearbeit.
- ○ Magisches Dreieck des Projektmanagements.
- ○ Klassische Projekte (Merkmale, Vor- und Nachteile).
- ○ Agile Projekte (Merkmale, Vor- und Nachteile).
- ○ Kollaborative Projekte (Merkmale, Vor- und Nachteile).
- ○ Einsatz von Diagrammen (Gantt-, Balken-, Flächen-, Torten-, Pyramiden- und Liniendiagramme, Mindmap).
- ○ Online-Projekt-Tools (Slack, Trello, Scrum, Jira, Kanban).
- ○ Teamarbeit (Vor- und Nachteile, multiprofessionelle Teams).
- ○ Konflikte (Vorbeugung, Kommunikationsregeln, Schlichtung).
- ○ Projektsteuerung (Soll-Ist-Vergleiche, Regelkreis, Anpassung von Zielen).

Lösungen zu den Aufgaben ab Seite 357.

Übungsfrage 261: Mindmap

Aufgabe

In der Vorphase eines Projekts werden Sie damit beauftragt, eine Präsentation in Form einer Mindmap zu erstellen. Welchen grundlegenden Zweck erfüllt eine Mindmap?

1. Steuerung und Kontrolle des Projekts.
2. Visualisierung der Projektidee.
3. Budgetierung des Projekts.
4. Zusammenstellung des Projektteams.
5. Darstellung der Projektrisiken.

Übungsfrage 262: Mindmap

Aufgabe

Für welchen Zweck ist das Anlegen einer Mindmap **keine** geeignete Methode?

1. Visualisierung von Abläufen.
2. Ideensammlung am Beginn eines Projekts.
3. Darstellung zeitlicher Abläufe.
4. Präsentation von Umsatzzahlen.
5. Planung logistischer Abläufe.

Übungsfrage 263: Kennzeichen eines Projekts

Aufgabe

Welches Merkmal trifft **nicht** auf ein Projekt zu?

1. Zeitliche Befristung.
2. Projekte sind mit besonders hohen Risiken verbunden.
3. Projekte erfordern ein Projektmanagement.
4. Projekte erhöhen in jeder Abteilung eines Unternehmens die Effektivität.
5. Projekte laufen in mehreren Phasen ab.

Übungsfrage 264: Projekt-Controlling

Aufgabe

Definieren Sie den Begriff Projekt-Controlling!

1. Das Projekt-Controlling wählt die Projektmethode gemäß den Anforderungen aus (zum Beispiel agiles Projektmanagement).
2. Das Projekt-Controlling erhebt Soll-Ist-Vergleiche und führt Maßnahmen zur Einhaltung des Projektplans durch.
3. Das Projekt-Controlling stellt das Erreichen der Projektziele sicher. Instrumente sind der Soll-Ist-Vergleich, die Analyse von Abweichungen und die Steuerung der Durchführung von Maßnahmen.
4. Das Projekt-Controlling erfasst die Anwesenheitszeit der Mitarbeiterinnen und Mitarbeiter. Dadurch wird das Erreichen des Projektziels sichergestellt.
5. Das Projekt-Controlling bestimmt über das Budget des Projekts.

Übungsfrage 265: Diagramme

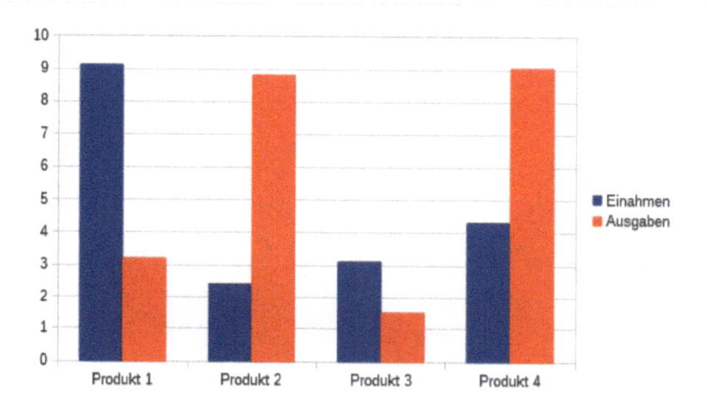

Aufgabe

Mit Diagrammen lassen sich Zahlen aus einer Tabelle, aber auch der Status eines Projekts nachvollziehbar visualisieren. Das obige Bild zeigt ein Säulendiagramm. Nennen Sie drei weitere geläufige Diagrammformen.

Übungsfrage 266: Gantt-Chart

Aufgabe

Was wird in einem Gantt-Chart abgebildet?

1. Die Kostenstruktur eines Projekts.
2. Der zeitliche Ablauf eines Projekts.
3. Der Netzplan eines Projekts.
4. Der ROI eines Projekts.
5. Die Zuständigkeiten innerhalb eines Projekts.

Übungsfrage 267: Magisches Dreieck

Zur Markteinführung eines neuen Modells startet die Bikestylers GmbH ein Projekt.

Aufgabe: Welche Größen müssen grundsätzlich für ein erfolgreiches Projekt in Einklang gebracht werden und bilden daher das „magische Dreieck" des Projektmanagements?

1. Leistung, Kosten und Planungszeit.
2. Projektdauer, Projektzeit und Personalkosten (Arbeitsstunden aller im Projekt Beteiligten).
3. Klassisches Projektmanagement, kollaboratives Projektmanagement (Slack) und agiles Projektmanagement (Kanban).
4. Zeit (Projektdauer), Kosten (Budget) und Leistung (Qualität).
5. Quantität (Menge), Qualität (Beschaffenheit) und Agilität (Flexibilität).

Übungsfrage 268: Agiles Projektmanagement

Manifest für Agile Softwareentwicklung

Wir erschließen bessere Wege, Software zu entwickeln, indem wir es selbst tun und anderen dabei helfen. Durch diese Tätigkeit haben wir diese Werte zu schätzen gelernt:

- *Individuen und Interaktionen mehr als Prozesse und Werkzeuge*
- *Funktionierende Software mehr als umfassende Dokumentation*
- *Zusammenarbeit mit dem Kunden mehr als Vertragsverhandlung*
- *Reagieren auf Veränderung mehr als das Befolgen eines Plans*

Das heißt, obwohl wir die Werte auf der rechten Seite wichtig finden, schätzen wir die Werte auf der linken Seite höher ein.

Kent Beck, Mike Beedle, Arie van Bennekum, Alistair Cockburn, Ward Cunningham, Martin Fowler, James Grenning, Jim Highsmith, Andrew Hunt, Ron Jeffries, Jon Kern, Brian Marick, Robert C. Martin, Steve Mellor, Ken Schwaber, Jeff Sutherland und Dave Thomas

Im Jahr 2001 wurde das „Manifest für Agile Softwareentwicklung" formuliert. Einer der vier Leitsätze lautet: „Das Reagieren auf Veränderung ist wichtiger als die Befolgung eines Plans." Dieses Grundprinzip gilt auch für das agile Projektmanagement.

Aufgabe
Welche Aussage über das agile Projektmanagement ist zutreffend?

1. Termine werden eingehalten, es wird „geliefert wie bestellt".
2. Kennzeichen ist die hohe Flexibilität bei der Steuerung des Projekts. Die Qualität des Ergebnisses ist schwer vorhersehbar. Zeitrahmen und Kosten des Projekts sind nur sehr grob vorgegeben.
3. Die Befolgung eines Plans ist nicht relevant. Alle Mitarbeiterinnen und Mitarbeiter entscheiden spontan über die Weiterentwicklung.
4. Der Projektplan ist starr, die Qualität des Projekts steht nicht zur Diskussion. Erlaubt ist allerdings die Aufsplittung des Zeitplans in Intensiv- und Ruhephasen.
5. Die Projektziele müssen zu 80 % eingehalten werden, der Zeitrahmen darf um 20 % überschritten werden.

Übungsfrage 269: Kollaboratives Projektmanagement

Aufgabe
Für das kollaborative Projektmanagement sind Onlinetools wie Slack, Trello oder Kanban unverzichtbar. Nennen Sie sechs Vorteile von Online-Kollaborations-Software!

Übungsfrage 270: Klassisches Projektmanagement

Aufgabe
Prüfen Sie, welche Aussage **nicht** für das klassische Projektmanagement zutrifft!

1. Das Projekt verläuft in drei Abschnitten: Projektdefinition, Durchführung und Abschluss.
2. Die einzelnen Phasen folgen aufeinander wie die Stufen einer Treppe.
3. Die Verantwortlichen sind klar festgelegt, die Aufgaben klar zugeordnet.
4. Ein wesentliches Element sind dezentrale Regelkreise.
5. Vorgaben und Ergebnisse werden miteinander verglichen (Soll-Ist-Vergleiche). Ein Projekt ist nur dann erfolgreich, wenn die Vorgaben erfüllt wurden.

Übungsfrage 271: Teamarbeit

Aufgabe
Nennen Sie jeweils vier Vor- und Nachteile der Teamarbeit!

Übungsfrage 272: Multiprofessionelle Teams

Aufgabe
Welche Aussage über multiprofessionelle Teams ist zutreffend?

1. In einem multiprofessionellen Team arbeiten verschiedene Altersgruppen zusammen, zum Beispiel Jugendliche, Erwachsene und Senioren.
2. Das multiprofessionelle Team vereint unterschiedliche Interessengruppen, zum Beispiel Auszubildende (JAV), Betriebsräte und die Geschäftsführung.
3. Im multiprofessionellen Team arbeiten Personen unterschiedlicher Berufe und Kenntnisse zusammen, zum Beispiel Kaufleute, Informatiker und Juristen.
4. Im multiprofessionellen Team arbeiten Vertreter konkurrierender Unternehmen zusammen.
5. Alle Mitglieder eines multiprofessionellen Teams verfügen zusätzlich zu ihrer Ausbildung über eine zertifizierte Weiterbildung.

Übungsfrage 273: Kommunikation im Unternehmen

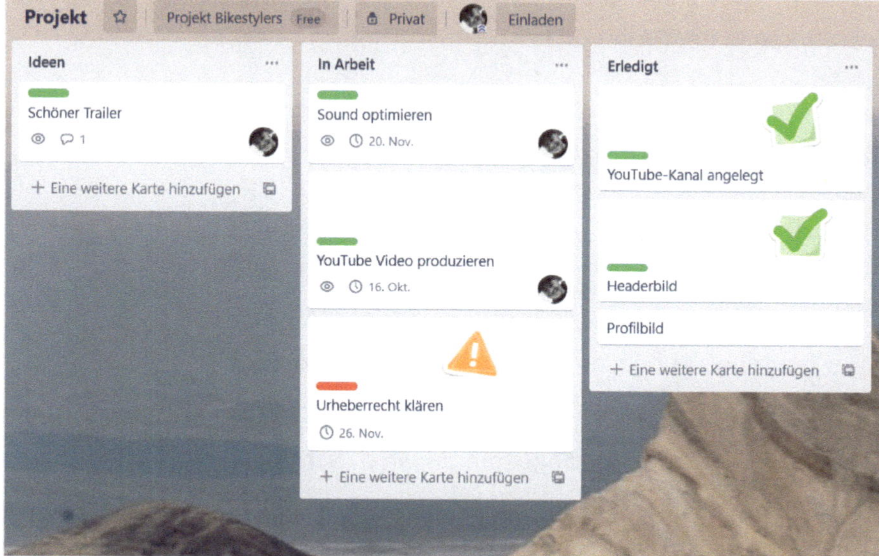

▲ *Das Kommunikationstool Trello.*

Aufgabe

Welche Kommunikationskanäle stehen einem Unternehmen zur Verfügung? Nennen Sie jeweils drei Möglichkeiten der mündlichen, schriftlichen und digitalen Kommunikation!

Übungsfrage 274: Konflikte lösen

Der Ökonom und Konfliktforscher Friedrich Glasl beschreibt Konflikte als eine Treppe nach unten. Dabei unterscheidet er drei Ebenen:

- Win-Win: Der Konflikt schwelt zwar schon, wird aber noch nicht in seiner Tiefe wahrgenommen.
- Win-Lose: Die Konfliktpartner bilden Fronten und Koalitionen.
- Lose-Lose: Die Konfliktparteien stürzen sich gegenseitig in den Abgrund.

Aufgabe
Nennen Sie jeweils drei Möglichkeiten zur Prävention und Lösung von Konflikten in der Projektarbeit.

Übungsfrage 275: Backlog

Aufgabe
Definieren Sie den Begriff Backlog im Zusammenhang mit dem Projektmanagement!

1. Rückschau auf ein abgeschlossenes Projekt.
2. Arbeiten, die noch zu erledigen sind. Verwendet wird der Begriff besonders im Projektmanagementsystem Scrum.
3. Erledigte Aufgaben eines Projekts werden im Projektmanagementsystem Trello auch als Backlog bezeichnet.
4. Neustart eines Projekts nach einer Unterbrechung.
5. Aufzeichnung der Zugriffszeiten von Teammitgliedern im Backend einer Projektplattform.

Übungsfrage 276: Projekte planen

Die Bikestylers GmbH startet ein Projekt zur Stärkung der Markenpräsenz. Dafür soll eine Produktionsfirma mit der Anfertigung eines Videoclips beauftragt werden. Die Länge beträgt etwa fünf Minuten. Der Clip ist für die Bikestylers-Website, den YouTube-Kanal und die firmeneigenen Präsenzen auf Facebook und Instagram bestimmt.

Aufgabe
Planen Sie dazu ein Projekt! Wählen Sie eine Methode und Projekt-Tools aus und begründen Sie jeweils Ihre Auswahl. Strukturieren Sie grob die Aufgaben der Projektteilnehmer. Entwerfen Sie einen Zeitplan und benennen Sie auch Risiken des Projekts.

Übungsfrage 277: Projektphasen

Aufgabe
Nennen Sie jeweils drei inhaltliche Aspekte zu den folgenden fünf Projektphasen:

1. Vorbereitung
2. Initiierung
3. Planung und Durchführung
4. Steuerung
5. Abschluss

Übungsfrage 278: Projekte steuern

Die Bikestylers GmbH hat ein Projekt zur Stärkung der Markenpräsenz gestartet. Dafür wurde eine Produktionsfirma mit der Anfertigung eines Videoclips beauftragt. Leider ist das Projekt ins Stocken geraten. Die Produktionsfirma hat den Clip zu 80 % fertiggestellt, doch das Projektteam ist sich über einige Szenen uneinig.

Aufgabe
Welche Maßnahmen schlagen Sie zur Rettung des Projekts vor? (4 Antworten)

Übungsfrage 279: Soll-Ist-Vergleich

Aufgabe
Definieren Sie den Begriff Soll-Ist-Vergleich und nennen Sie dazu zwei Beispiele!

Übungsfrage 280: Der Regelkreis im Projektmanagement

Aufgabe

Beschreiben Sie das Prinzip des Regelkreises für das Projektmanagement.

Übungsfrage 281: Projekt-Tools

Aufgabe

Welches Tool dient **nicht** primär zur Kommunikation in einem Projekt?

1. Scrum
2. Trello
3. Slack
4. Cubase
5. Jira

Übungsfrage 282: Kommunikationsregeln

Aufgabe

Die Hauptkommunikation eines Projekts findet über Slack statt. Entwickeln Sie dazu Kommunikationsregeln für das Team! (5 Aspekte)

Übungsfrage 283: Scrum

Aufgabe

Zählen Sie die wesentlichen Elemente der Scrum-Methode auf!

1. Stakeholder (Interessengruppen), Backlogs (Rückstände) und Ziele.
2. Rollen (Owner, Master, Team) und Events (Sprints).
3. Scrum-Plenum und Scrum-Workgroups.
4. Kanban (Board) und Regelkreis.
5. Starts, Spurts und Finishing.

2 Die Abschlussprüfung – schriftlicher Teil

Die Abschlussprüfung soll feststellen, ob die berufliche Handlungsfähigkeit einer Kauffrau bzw. eines Kaufmanns im E-Commerce erworben wurde.

Die Abschlussprüfung wird in der Form einer „gestreckten Prüfung" abgelegt. Sie besteht aus folgenden Teilen:

- **Teil 1 der Abschlussprüfung:** Dieser Teil soll in der Mitte des zweiten Ausbildungsjahres durchgeführt werden.
- **Teil 2 der Abschlussprüfung:** Dieser Teil soll am Ende der Berufsausbildung durchgeführt werden.

Teil 1

Prüfungsinhalt	Prüfungsart	Dauer	Gewichtung
Sortimentsbewirtschaftung und Vertragsanbahnung	schriftlich	90 Minuten	25 %

Teil 2

Prüfungsinhalt	Prüfungsart	Dauer	Gewichtung
Geschäftsprozesse im E-Commerce	schriftlich	120 Minuten	30 %
Kundenkommunikation im E-Commerce	schriftlich	60 Minuten	15 %
Fachgespräch zu einem projektbezogenen Prozess im E-Commerce	mündlich	20 Minuten	20 %
Wirtschafts- und Sozialkunde	schriftlich	60 Minuten	10 %

Notenschlüssel

In jedem Prüfungsfach können maximal 100 Punkte erreicht werden. Dabei gilt folgender Notenschlüssel:

Punkte	Note
100 bis 92	1 (sehr gut)
unter 92 bis 81	2 (gut)
unter 81 bis 67	3 (befriedigend)
unter 67 bis 50	4 (ausreichend)
unter 50 bis 30	5 (mangelhaft)
unter 30 bis 0	6 (ungenügend)

Bestehen der Prüfung

Die Abschlussprüfung ist bestanden, wenn die Prüfungsleistungen wie folgt bewertet worden sind:

1. im Gesamtergebnis von Teil 1 und Teil 2 mit mindestens „ausreichend“,
2. im Ergebnis von Teil 2 mit mindestens „ausreichend“,
3. in mindestens drei Prüfungsbereichen von Teil 2 mit mindestens „ausreichend“ und
4. in keinem Prüfungsbereich von Teil 2 mit „ungenügend“.

Mündliche Ergänzungsprüfung

Auf Antrag des Prüflings kann die Prüfung in einem der Prüfungsbereiche „Geschäftsprozesse im E-Commerce“, „Kundenkommunikation im E-Commerce“ oder „Wirtschafts- und Sozialkunde“ durch eine mündliche Prüfung von etwa 15 Minuten ergänzt werden, wenn

1. der Prüfungsbereich schlechter als mit „ausreichend“ bewertet worden ist und
2. die mündliche Ergänzungsprüfung für das Bestehen der Abschlussprüfung den Ausschlag geben kann.

Bei der Ermittlung des Ergebnisses in diesem Prüfungsbereich werden das bisherige Ergebnis und das Ergebnis der mündlichen Ergänzungsprüfung im Verhältnis 2:1 gewichtet.

2.1 Allgemeine Prüfungstipps

So gehen Sie gut vorbereitet in die Prüfung:

1. **Rechtzeitig mit dem Lernen beginnen**

   Beginnen Sie drei Monate vor den Prüfungen mit dem Lernen.

2. **Strukturiert lernen**

   Planen Sie auch Pausen- und Wiederholungszeiten ein.

3. **Schwachpunkte erkennen**

   Überprüfen Sie Ihr Vorwissen. Sind Sie mit dem kaufmännischen Rechnen vertraut oder geraten Sie dabei ins Schlingern? Sie können ein mathematisches Genie sein - trotzdem werden Sie, falls Ihnen das Verständnis für die Begriffe fehlt, auch an einfachen Rechenaufgaben scheitern. Üben Sie deshalb auch Prozent- und Dreisatzrechnungen anhand von Aufgaben, wie sie im kaufmännischen Umfeld üblich sind.

4. **Taschenrechner checken**

   Um sich damit vertraut zu machen: Nutzen Sie schon beim Üben den Taschenrechner, den Sie auch in der Prüfung verwenden. **Achtung:** Der Taschenrechner darf nicht programmiert sein und muss unabhängig vom Netz funktionieren. Checken Sie vor der Prüfung noch einmal die Batterie.

So meistern Sie die Prüfung selbst:

1. **Aufgabensatz checken**

   In jeder schriftlichen Prüfung erhalten Sie ein ganzes Bündel an Papier. Dieses Bündel enthält den Aufgabensatz (ein Heft mit den Prüfungsfragen und Platz für Antworten), ein darin eingeheftetes Konzeptpapier und den Lösungsbogen (einige, aber nicht alle Lösungen müssen auf diesem Bogen eingetragen werden). Falls Sie Unstimmigkeiten feststellen, wenden Sie sich sofort an die Prüfungsaufsicht.

2 **Bearbeitungshinweise lesen**

Lesen Sie die Bearbeitungshinweise auf der Frontseite des Aufgabensatzes genau durch.

3 **Konzeptpapier heraustrennen**

Trennen Sie das Konzeptpapier aus dem Aufgabensatz heraus.

4 **Lösungsbogen beiseitelegen**

Verwenden Sie den Lösungsbogen nicht als Schreibunterlage.

5 **Aufgabenstellung genau lesen**

Legen Sie nicht einfach los, sondern lesen Sie die Aufgabenstellung genau durch. In manchen Fällen ist gar keine komplizierte Rechnung nötig, das Problem besteht vielmehr darin, die richtigen Daten abzulesen.

6 **Textstellen markieren**

Markieren Sie die wichtigsten Angaben in der Aufgabenstellung.

7 **Leichte Aufgaben zuerst lösen**

Punkte erhalten Sie auch für einfache Aufgaben. Lösen Sie zuerst die einfachen Aufgaben, bevor Sie an die komplizierten herangehen.

8 **Rechenwege darlegen**

Legen Sie Rechenwege nicht nur auf dem Konzeptpapier, sondern auch auf dem Lösungsbogen dar.

Vermeiden Sie diese Fallen:

1 Die Konzeptpapierfalle

Innerhalb Ihres Aufgabensatzes finden Sie ein sogenanntes Konzeptpapier. Dieses ist für Ihre Nebenrechnungen und Skizzen gedacht.

Das Problem: Es sieht rein optisch so aus, als ob Sie dort Antworten eintragen könnten, die in irgendeiner Form für das Prüfungsergebnis relevant sind. Dies ist allerdings nicht der Fall. Das Konzeptpapier ist Schmierpapier und sonst gar nichts. Begehen Sie nicht den Fehler, Lösungen auf dem Konzeptpapier zu entwickeln und dann nicht auf den Prüfungsbogen zu übertragen.

Haben Sie Folgendes im Hinterkopf: Was auf dem Konzeptpapier steht, wird grundsätzlich nicht bewertet.

2 Die Lösungsbogenfalle

Bei manchen Aufgaben ist es notwendig, die Lösung in den zusätzlich beigelegten Lösungsbogen einzutragen. Achten Sie auf folgenden Hinweis in der Aufgabenstellung: **„Tragen Sie die Lösung in den Lösungsbogen ein“**.

Grund für diese Methode ist die Bequemlichkeit der Prüfer, denn der Lösungsbogen wird maschinell ausgewertet. Achten Sie deshalb auf eine ordentliche Schreibweise.

Am besten tragen Sie die Lösung zuerst in den Aufgabensatz ein, anschließend kontrollieren Sie das Ganze noch einmal und übertragen dann die Zahlen in die richtigen Kästchen des Lösungsbogens.

Haben Sie außerdem Folgendes im Hinterkopf: Lösungen, die sich in Zahlen ausdrücken lassen, müssen höchstwahrscheinlich im Lösungsbogen eingetragen werden. Auch Datumsangaben sind Zahlen.

3 Die Spezialaufgabenfalle

Eine besondere Form sind Zuordnungs- und Reihenfolgeaufgaben. Bei dieser Aufgabenform genügt es nicht, eine einzige Antwortmöglichkeit auszuwählen. Die Lösung besteht aus zwei oder mehr Antworten. Die Ziffern dieser Antworten müssen Sie in der richtigen Reihenfolge in den Lösungsbogen eintragen.
Auch hier gilt: Tragen Sie die Lösung zuerst in den Aufgabensatz ein, anschließend kontrollieren Sie das Ganze noch einmal und übertragen dann die Zahlen in die richtigen Kästchen des Lösungsbogens.

! Tipp

Nehmen Sie den Lösungsbogen zu Hilfe, falls Ihnen die Konstruktion einer Frage nicht klar ist. Anhand der Anzahl der Kästchen auf dem Lösungsbogen lässt sich die Konstruktion gegebenenfalls erschließen.

4 Die Antwortlimitfalle

Lesen Sie die Bearbeitungshinweise auf der Frontseite des Aufgabensatzes genau durch! Zumeist steht dort auch, dass Antworten nur bis zu einem bestimmten Limit gewertet werden.

Beispiel: In einer Frage sind drei Angaben gefordert. Auch wenn Sie fünf Angaben hinschreiben, werden trotzdem nur die ersten drei gewertet. Sie verschaffen sich also keine Vorteile, wenn Sie eine Masse an möglichen Lösungen abliefern.

5 Die Kopfleistenfalle

Vergessen Sie auf gar keinen Fall, die Kopfleiste auf dem Aufgabensatz und dem Lösungsbogen vollständig auszufüllen. Tragen Sie Ihren Familiennamen, Ihren Vornamen, die IHK-Nummer und die Prüflingsnummer ein.

! Tipp

Füllen Sie als Erstes alle Kopfleisten aus!

2.2 Teil 1 der Abschlussprüfung

Prüfungsinhalt	Prüfungsart	Dauer	Gewichtung
Sortimentsbewirtschaftung und Vertragsanbahnung	schriftlich	90 Minuten	25 %

Die Note des ersten Prüfungsteils fließt in die Abschlusswertung zu 25 % ein. Was Sie hier abgeliefert haben, ist später nicht mehr zu reparieren. Nehmen Sie diese erste Prüfung also nicht auf die leichte Schulter.

Die Anforderungen
Folgende Anforderungen werden im 1. Teil an die Prüflinge gestellt:

Der Prüfling soll nachweisen, dass er

1. das Waren- oder Dienstleistungssortiment im Onlinevertrieb kunden- und serviceorientiert mitgestalten und bewirtschaften,
2. die Beschaffung von Waren oder Dienstleistungen für den Onlinevertrieb unterstützen,
3. Vertragsanbahnungen im Onlinevertrieb gestalten und Vertragsabschlüsse herbeiführen sowie
4. rechtliche Regelungen einhalten kann.

Basiswissen zur Prüfung
Die genauen Inhalte der Prüfung lassen sich natürlich nicht vorhersagen, aber mit einigen Fragen aus diesen Bereichen ist zu rechnen:

- Usability
- Ansoff-Matrix
- AGB

Es folgt deshalb in diesem Prüfungstrainer nochmal ein Schnelldurchlauf.

Schnelldurchlauf Usability

Erfolgreiche Onlineshops zeichnen sich durch eine hohe Usability (Benutzerfreundlichkeit) aus. Kriterien für die Usability eines Onlineshops sind:

- Klarheit. Das Angebot des Shops wird sofort ersichtlich.
- Übersichtliche Navigation, klare Benennung der Menüs.
- Call-to-Action-Elemente, zum Beispiel ein Button „Jetzt Newsletter abonnieren“.
- Konsistente (einheitliche) und klare Bezeichnungen und Beschriftungen, insbesondere im Kaufprozess.
- Übersichtliche Warenkorbseite und schlanke Checkoutseite (Kassenseite) verhindern Kaufabbrüche.
- Responsivität (Anpassung an Endgeräte).
- Barrierefreiheit. Hohe Kontraste, einfache Schriftarten. Schriftgrößen sind angemessen und vom User änderbar. Für Bilder sind Beschreibungen in ALT-Tags hinterlegt.
- Gute Auffindbarkeit von Produkten durch Filter und Kategorien.
- Aussagekräftige Produktbeschreibungen, Anzeige von Produktrezensionen.
- Schnelle Ladezeit.
- Bereitstellung unterschiedlicher Zahlungsarten.

Bei einer weiten Auslegung des Begriffs zählen auch diese Elemente zur Usability:

- Technische Sicherheit durch SSL-Verschlüsselung der Website.
- Rechtliche Sicherheit (AGB, Widerruf, Datenschutz, Impressum).

Schnelldurchlauf Ansoff-Matrix

Die Ansoff-Matrix wird auch als Produkt-Markt-Matrix bezeichnet. Aus dieser Matrix ergeben sich vier Marktstrategien für ein Unternehmen, die jeweils mit unterschiedlichen Risiken verbunden sind.

1. **Strategie der Marktdurchdringung**

   Der vorhandene Markt wird mit aktuellen Produkten bedient, die Produkte intensiv beworben. Sehr geringes Risiko.

2. **Strategie der Marktentwicklung**

   Ein aktuelles Produkt wird auf einem neuen Markt platziert. Beispiel: Mountainbikes, die bisher von Jugendlichen nachgefragt wurden, werden für die Zielgruppe der Senioren angeboten. Geringes Risiko.

3. **Strategie der Produktentwicklung**

   Ein komplett neues und innovatives Produkt wird in einen vorhandenen Markt gebracht, zum Beispiel ein Tandem mit Elektroantrieb. Hohes Risiko.

4. **Strategie der Diversifikation**

   Erschließung eines neuen Markts mit einem neuen Produkt. Beispiel: Ein Fahrradhändler gründet eine Hotelkette und erschließt mit organisierten Radtouren eine neue Zielgruppe. Sehr hohes Risiko.

Schnelldurchlauf AGB

- AGB sind nützlich, aber nicht verpflichtend. Falls keine AGB vorhanden sind, greifen die anderen gesetzlichen Bestimmungen, zum Beispiel aus dem BGB.
- In den AGB kann z. B. der Eigentumsvorbehalt vereinbart werden.
- AGB-Bestimmungen dürfen andere gesetzliche Vorschriften nicht aushebeln, zum Beispiel das Widerrufsrecht.
- Kunden müssen ausdrücklich und vor Vertragsschluss auf die AGB hingewiesen werden. Üblich ist eine Checkbox, in der der Kunde mit dem Setzen eines Hakens bestätigt, dass er die AGB gelesen hat.
- AGB müssen transparent sein und dürfen keine überraschenden Klauseln enthalten.
- Sollten einzelne Klauseln der AGB ungültig sein, treten an ihrer Stelle die gesetzlichen Bestimmungen.

2.3 Teil 2 der Abschlussprüfung

Der zweite Teil besteht aus vier Einzelprüfungen:

- Geschäftsprozesse im E-Commerce
- Kundenkommunikation im E-Commerce
- Fachgespräch zu einem projektbezogenen Prozess im E-Commerce
- Wirtschafts- und Sozialkunde

Da sich das Fachgespräch in seiner Struktur von allen anderen Teilen unterscheidet, wird es in diesem Buch in einem Extrakapitel behandelt (siehe „3 Die Abschlussprüfung – das fallbezogene Fachgespräch“).

Geschäftsprozesse im E-Commerce

Prüfungsinhalt	Prüfungsart	Dauer	Gewichtung
Geschäftsprozesse im E-Commerce	schriftlich	120 Minuten	30 %

Die Anforderungen
Der Prüfling soll nachweisen, dass er in der Lage ist,

1. komplexe Arbeitsaufträge handlungsorientiert zu bearbeiten,
2. fachliche und wirtschaftliche Zusammenhänge zu analysieren, Lösungen für Aufgabenstellungen zu entwickeln und dabei Instrumente der kaufmännischen Steuerung und Kontrolle zu nutzen,
3. wirtschaftliche und technische Entwicklungen im Hinblick auf ihre Relevanz für den E-Commerce einzuschätzen,
4. englischsprachige Informationen und Fachbegriffe situationsbezogen zu nutzen und

5 rechtliche Regelungen bei den Geschäftsprozessen im E-Commerce einzuhalten.

Basiswissen zu dieser Prüfung
Die genauen Inhalte der Prüfung lassen sich natürlich nicht vorhersagen, aber mit einigen Fragen aus diesen Bereichen ist zu rechnen:

- Marketing-Mix
- Attribution
- Sortimentspyramide

Es folgt deshalb in diesem Prüfungstrainer nochmal ein Schnelldurchlauf.

Schnelldurchlauf Marketing-Mix
Beim Marketing-Mix werden die sogenannten „4 P" unterschieden:

- Product. Marketing über das Produkt. Hervorhebung einer besonderen Produkteigenschaft. Beispiel: Fahrrad mit einem besonders bequemen Sattel.
- Price. Marketing über den Preis. Beispiel: 20 % Rabatt in der Aktionswoche.
- Place. Marketing über den Ort. Im stationären Handel die Eröffnung einer neuen Filiale, im Onlinehandel die Ergänzung neuer Verkaufskanäle. Beispiel: Eröffnung eines eBay-Shops.
- Promotion. Marketing über die Kommunikation. Beispiel: Durchführung eines Gewinnspiels.

Die meisten Unternehmen setzen nicht auf eine einzige Methode, sondern eine Mischung. Daher der Begriff „Marketing-Mix".

Schnelldurchlauf Attribution
Bei der Attribution wird der Werbeerfolg nach verschiedenen Modellen zugeordnet. Gebräuchlich sind diese Attributionsmodelle:

- Wannenmodell (auch Badewannenmodell, U-Form-Modell oder positionsbasierte Attribution). Erster und letzter Touchpoint (Kontaktpunkt) sind höher als die Touchpoints dazwischen gewertet.
- First Click (erster Klick). Nur der erste Touchpoint wird gewertet.
- Last Click (letzter Klick). Nur der letzte Touchpoint wird gewertet.
- Lineare Attribution (gleichmäßige Zuordnung). Jeder Touchpoint ist gleichwertig.
- Time Decay (Zeitverlauf). Je näher ein Touchpoint an der Conversion liegt, desto höher wird er gewertet.

Bei entsprechendem Datenbestand ist es einem Unternehmen auch möglich, eine individuelle Attribution (Custom Attribution) zu erstellen oder ein Modell auf der Basis von typischen (häufigen) Customer Journeys zu entwickeln.

Schnelldurchlauf Sortimentspyramide

Das Sortiment, also das Gesamtangebot eines (Online-)Shops, ist üblicherweise nach dieser Ordnung aufgebaut:

- Fachbereich. Beispiel: Fahrräder.
- Warengruppe. Beispiel: Hollandräder.
- Warenart. Beispiel: Hollandräder für Damen.
- Artikel. Beispiel: Hollandrad Modell Amsterdam.
- Sorte (Variante). Beispiel: Hollandrad Modell Amsterdam, 26 Zoll Reifengröße, Farbe Grün.

Kundenkommunikation im E-Commerce

Prüfungsinhalt	Prüfungsart	Dauer	Gewichtung
Kundenkommunikation im E-Commerce	schriftlich	60 Minuten	15 %

Die Anforderungen
Der Prüfling soll nachweisen, dass er in der Lage ist,

1. Kundenanliegen lösungsorientiert zu bearbeiten,
2. bei der Vertragserfüllung entstehende Störungen zu bearbeiten,
3. Rückabwicklungsprozesse zu organisieren,
4. Kommunikationskanäle auszuwählen und zu steuern,
5. Schnittstellen von Kommunikationskanälen zu berücksichtigen,
6. Kommunikation mit Kunden und Kundinnen zielgruppenorientiert und situationsgerecht zu gestalten, auszuwerten und zu optimieren
7. rechtliche Regelungen bei der Kundenkommunikation im E-Commerce einzuhalten.

Basiswissen zu dieser Prüfung
Die genauen Inhalte der Prüfung lassen sich natürlich nicht vorhersagen, aber es ist mit Aufgaben zu rechnen, bei denen folgende Kenntnisse erforderlich sind:

- Zinsrechnungen
- Retourenmanagement
- Kommunikationstheorie

Es folgt deshalb in diesem Prüfungstrainer nochmal ein Schnelldurchlauf.

Schnelldurchlauf Zinsrechnungen

Zinsrechnungen können erforderlich sein, um beispielsweise Skonti, Verzugszinsen oder Kredite zu berechnen. Stellen Sie sich darauf ein, Zinsen tagesgenau berechnen zu müssen. Die Tageszinsformel lautet:

$$Z = \frac{K \times p \times t}{100 \times 365}$$

Dabei gelten:

- Z = Zinsen in €
- K = Kapital in €, also der Betrag, auf den sich die Zinsen beziehen
- p = Zinssatz in % pro Jahr
- t = Anzahl der Tage

! Achtung

Die Zahl 365 ist nur dann einzusetzen, wenn der Tageszins auf der Basis von 365 Tagen berechnet werden soll. Möglich ist auch eine Basis von 360 oder 366 Tagen. Beachten Sie dazu die Angaben in der Aufgabenstellung.

Gegebenenfalls ist eine Umformung der Tageszinsformel notwendig. Die Umformungen lauten:

$$K = \frac{Z \times 100 \times 365}{p \times t}$$

$$p = \frac{Z \times 100 \times 365}{K \times t}$$

$$t = \frac{Z \times 100 \times 365}{K \times p}$$

Achten Sie auch in den Umformungen darauf, welche Basis angegeben ist. Gegebenenfalls müssen Sie die Zahl 365 durch 360 oder 366 ersetzen.

Schnelldurchlauf Retourenmanagement

Beim Retourenmanagement sind zwei Bereiche zu unterscheiden, nämlich die Vermeidung und die problemlose Abwicklung von Retouren.

Maßnahmen zur Vermeidung von Retouren

- Lückenlose Produktinformationen (detaillierte Produktbeschreibungen und Produktbilder).
- Vergleichsmöglichkeiten ähnlicher Produkte (zum Beispiel in Tabellenform).
- Kundenberatung (persönlich und in Form von Tutorials).
- Zeitnahe Lieferung (Impulskäufer nicht warten lassen).
- Ordentliche Verpackung (Schäden vermeiden).
- Bonusprogramme (für Bestellungen ohne Retournierung).
- „Retourenfreundliche" Zahlungsarten (Kauf auf Rechnung, Kreditkarte) nicht in den Vordergrund stellen.
- Befragung der Kunden nach dem Grund von Retouren und entsprechende Optimierung.

Maßnahmen zur problemlosen Abwicklung

- Retourenschein im Paket.
- Retourenschein zum Ausdrucken.
- Retourenavisierung (Ankündigung). Das Unternehmen erhält eine automatisierte Nachricht, sobald der Kunde einen Retourenschein ausdruckt. Auf diese Weise können Retouren besser disponiert werden.

Die retournierten Waren müssen vom Unternehmen zunächst auf Schäden und Gebrauchsspuren geprüft werden. Anschließend stehen je nach Zustand folgende Möglichkeiten zur Verfügung:

- Entsorgung.
- Wiederaufbereitung und Verkauf als A-Ware.

- Wiederaufbereitung und Verkauf als B-Ware.
- Spenden, zum Beispiel an gemeinnützige Organisationen.

Schnelldurchlauf Kommunikationstheorie

Menschliche Kommunikation findet mehrdimensional statt. Das sogenannte 4-Ohren-Modell (auch Kommunikationsquadrat genannt) definiert vier Seiten einer Kommunikation:

- Sachinformation (inhaltliche Ebene).
- Selbstkundgabe (was der Absender über sich sagt).
- Beziehungshinweis (wie der Absender zum Empfänger steht).
- Appell (was der Absender erreichen möchte).

Wirtschafts- und Sozialkunde

Prüfungsinhalt	Prüfungsart	Dauer	Gewichtung
Wirtschafts- und Sozialkunde	schriftlich	60 Minuten	10 %

Anforderungen

Der Prüfling soll nachweisen, dass er in der Lage ist, allgemeine wirtschaftliche und gesellschaftliche Zusammenhänge der Berufs- und Arbeitswelt darzustellen und zu beurteilen.

Basiswissen zu dieser Prüfung

Die genauen Inhalte der Prüfung lassen sich natürlich nicht vorhersagen, aber es ist mit Aufgaben zu rechnen, bei denen folgende Kenntnisse erforderlich sind:

- Inhalte eines Ausbildungsvertrags
- Konjunkturphasen
- Unternehmensformen

Es folgt deshalb in diesem Prüfungstrainer noch mal ein Schnelldurchlauf.

Schnelldurchlauf Ausbildungsvertrag

Die Ausbildung erfolgt nach dem dualen System (Betrieb und Berufsschule). Spätestens bis zum Ausbildungsbeginn muss der Ausbildungsvertrag in Schriftform vorliegen. Die wesentlichen Inhalte des Ausbildungsvertrags sind im § 11 BBiG (Berufsbildungsgesetz) definiert:

- Art, sachliche und zeitliche Gliederung sowie Ziel der Berufsausbildung, insbesondere die Berufstätigkeit, für die ausgebildet werden soll.
- Beginn und Dauer der Berufsausbildung.
- Ausbildungsmaßnahmen außerhalb der Ausbildungsstätte.
- Dauer der regelmäßigen täglichen Ausbildungszeit.
- Dauer der Probezeit.
- Zahlung und Höhe der Vergütung.
- Dauer des Urlaubs.
- Voraussetzungen, unter denen der Berufsausbildungsvertrag gekündigt werden kann.
- Ein in allgemeiner Form gehaltener Hinweis auf die Tarifverträge, Betriebs- oder Dienstvereinbarungen, die auf das Berufsausbildungsverhältnis anzuwenden sind.
- Die Form des Ausbildungsnachweises.

Schnelldurchlauf Konjunkturphasen

Ein Konjunkturzyklus läuft in diesen vier Phasen ab:

- Aufschwung (Expansion)
- Boom (Hochkonjunktur)
- Abschwung (Rezession)
- Depression

Schnelldurchlauf Unternehmensformen
Die wichtigsten Unternehmensformen sind:

- Einzelunternehmung
- Gesellschaft bürgerlichen Rechts (GbR)
- Offene Handelsgesellschaft (OHG)
- Kommanditgesellschaft (KG)
- Aktiengesellschaft (AG)
- Gesellschaft mit beschränkter Haftung (GmbH)
- Unternehmergesellschaft (UG)
- GmbH & Co. KG

Häufig werden Fragen zur Haftung und zum Grundkapital gestellt. Hierzu einige typische Lösungen:

- Bei der Einzelunternehmung haftet der Inhaber mit seinem Privatvermögen.
- Bei der GbR haften alle Gesellschafter mit ihrem Privatvermögen.
- Bei der KG haftet der Komplementär sowohl mit dem Geschäfts-, wie mit seinem Privatvermögen, der Kommanditist nur mit seinem Geschäftsvermögen.
- Das Grundkapital einer AG muss mindestens 50.000 Euro betragen.
- Das Grundkapital einer GmbH muss mindestens 25.000 Euro betragen.
- Eine UG, die „kleine Schwester der GmbH“, kann bereits mit einem Grundkapital von einem Euro gegründet werden.

3 Die Abschlussprüfung – das fallbezogene Fachgespräch

Prüfungsinhalt	Prüfungsart	Dauer	Gewichtung
Fachgespräch zu einem projektbezogenen Prozess im E-Commerce	mündlich	20 Minuten	20 %

Anforderungen
Der Prüfling soll nachweisen, dass er in der Lage ist,

1. berufstypische Aufgabenstellungen zu erfassen,
2. Probleme und Vorgehensweisen zu erörtern,
3. Lösungswege zu entwickeln,
4. kunden- und serviceorientiert zu handeln,
5. praxisbezogene Aufgaben unter Berücksichtigung wirtschaftlicher, ökologischer und rechtlicher Zusammenhänge zu planen, durchzuführen und auszuwerten,
6. projektorientierte Arbeitsweisen im E-Commerce anzuwenden und
7. Kommunikations- und Kooperationsbedingungen zu berücksichtigen.

Dabei stehen vier Themengebiete zur Auswahl:

1. Auswahl und Einsetzen eines Onlinevertriebskanals.
2. Optimieren von Nutzungsprozessen im E-Commerce.
3. Entwickeln und Umsetzen von Onlinemarketing.
4. Nutzen der kaufmännischen Steuerung und Kontrolle.

3.1 Rahmenbedingungen für das Fachgespräch

Bitte beachten Sie folgende Rahmenbedingungen für das Fachgespräch:

- Das Themengebiet wird von Ihnen festgelegt.
- Zur Vorbereitung auf das fallbezogene Fachgespräch müssen Sie zum gewählten Themengebiet eigenständig im Ausbildungsbetrieb eine praxisbezogene Aufgabe durchführen. Die eigenständige Durchführung ist von Ihrer Ausbilderin bzw. Ihrem Ausbilder zu bestätigen.
- Zur praxisbezogenen Aufgabe müssen Sie einen schriftlichen Report erstellen. In diesem Report beschreiben Sie die Aufgabenstellung, die Zielsetzung, die Planung, das Vorgehen und das Ergebnis der praxisbezogenen Aufgabe. Außerdem reflektieren Sie den Prozess, der zum Ergebnis geführt hat.
- Der Report darf höchstens drei Seiten umfassen.
- Sie müssen den Report mit einer Anlage ergänzen. Die Anlage besteht aus Visualisierungen zur praxisbezogenen Aufgabe.
- Die Anlage darf höchstens fünf Seiten umfassen.
- Der Report und die Anlage sowie die Bestätigung über die eigenständige Durchführung müssen der zuständigen Stelle spätestens am ersten Tag von Teil 2 der Abschlussprüfung vorliegen.
- Das fallbezogene Fachgespräch beginnt mit der Darstellung der praxisbezogenen Aufgabe und der Darstellung des Lösungswegs.
- Das fallbezogene Fachgespräch dauert maximal 20 Minuten.
- Bewertet wird nur die Leistung, die Sie im fallbezogenen Fachgespräch erbringen.
- Die Durchführung der praxisbezogenen Aufgabe, der Report und die Anlage werden nicht bewertet.

3.2 Der Report

Der Report bezieht sich auf eine praxisbezogene Aufgabe in Ihrem gewählten Themengebiet, die Sie auch tatsächlich durchgeführt haben.

Damit Sie nicht unter Zeitdruck geraten, müssen Sie sich mit Ihrer Ausbilderin bzw. Ihrem Ausbilder rechtzeitig abstimmen, spätestens zu Beginn des dritten Ausbildungsjahres. Dabei gilt, dass der Report und die Durchführung der Aufgabe zeitnah erfolgen müssen. Sie können beispielsweise den Report nicht über eine Aufgabe verfassen, die Sie bereits im ersten Lehrjahr durchgeführt haben.

Formalien des Reports

Bitte beachten Sie die Formalien. Vorgegeben sind nicht nur die maximalen Seitenzahlen von Report (drei Seiten DIN A4 ohne Deckblatt) und Anlage (fünf Seiten DIN A4), sondern in der Regel auch weitere Formalien, wie beispielsweise:

- Schriftgrößen
- Namen auf jeder Seite
- Schriftarten
- Ich-Form
- Zeilenabstände
- Nummerierung
- Rand
- Dateiformat
- Sprache (in der Regel Deutsch, aktuell gültige Rechtschreibung)

Die genauen Vorgaben erhalten Sie von Ihrer zuständigen Stelle (in der Regel Ihre IHK), ebenso wie die Zugangsdaten zur Onlineeinreichung des Reports einschließlich Anhang.

! Achtung

Der Report, die Anlage sowie die Bestätigung über die eigenständige Durchführung müssen der zuständigen Stelle spätestens am ersten Tag von Teil 2 der Abschlussprüfung vorliegen.

Es ist allerdings nicht empfehlenswert, „bis auf den letzten Drücker“ zu warten. Denken Sie daran, dass Sie Ihre Unterlagen nicht in einen Briefkasten einwerfen können, sondern über ein Onlinesystem einreichen. Mit Störungen ist also zu rechnen.

Gliederung des Reports

Verwenden Sie zur Gliederung folgendes Schema:

Beschreibung der Ausgangssituation
Beispiel: Sie haben sich für den Bereich „Entwickeln und Umsetzen von Onlinemarketing“ entschieden. Ihre Aufgabe ist es, eine Strategie für ein effektives Social-Media-Marketing für Ihr Unternehmen zu entwickeln. Nennen Sie dabei auch die Ausgangssituation und beschreiben Sie, ob das Unternehmen bereits in diesem Bereich tätig geworden ist.

Schritt 1: Planung
Beispiel: Sie wählen Facebook, Twitter und YouTube als mögliche Social-Media-Plattformen aus. Sie planen die Schritte, die dafür notwendig sind. Sie vergleichen die Chancen, Risiken und Rahmenbedingungen der Plattformen.

Schritt 2: Durchführung
Beispiel: Sie haben sich für YouTube-Marketing entschieden und begründen diese Entscheidung: Die Zielgruppe ist auf YouTube aktiv und Videos eignen sich gut, um die Produkte des Unternehmens in Szene zu setzen. Ihr Unternehmen setzt die einzelnen Schritte konkret um: Anlegen eines YouTube-Channels, Produktion und Upload von Videos, Zuordnung der Clips in Playlists, Moderation von Kommentaren.

Schritt 3: Berücksichtigung von Rahmenbedingungen
Beispiel: Berücksichtigt wurden allgemeine rechtliche, plattformspezifische und betriebliche Rahmenbedingungen. Zur Moderation der Kommentare wurde eine Social-Media-Richtlinie unter Einbeziehung der Rechtsabteilung erstellt. Zur Unterstützung beim Videoschnitt und der Audio-Optimierung war externe Hilfe notwendig. Dazu wurden Angebote von drei Anbietern eingeholt, der Anbieter mit dem besten Preis-Leistungs-Verhältnis erhielt den Zuschlag.

Schritt 4: Kontrolle und Bewertung der Ergebnisse
Beispiel: Auswertung der Views (Anzahl der Betrachtungen), der Qualität der Kommentare und der Zahl der User, die von YouTube auf die verlinkte Shopseite des Unternehmens gewechselt haben.

Anhang
Im Anhang legen Sie visualisierende Grafiken bei.
Beispiele: Screenshots vom YouTube-Kanal. Statistiken und Diagramme zu den Views auf YouTube. Statistiken und Diagramme zu den Usern, die von YouTube auf die Shopseite des Unternehmens gewechselt haben.

3.3 Kriterien für das fallbezogene Fachgespräch

Anhand des Reports und der visualisierenden Anlage bereitet sich der Prüfungsausschuss auf das Fallgespräch vor. Im Fallgespräch ist es Ihnen zwar nicht gestattet, einen Beamer oder andere Präsentationsmedien einzusetzen, Sie dürfen aber ein Exemplar des Reports einschließlich Anhang in die Prüfung mitnehmen. Notizen sind auf diesem Exemplar aber nicht zugelassen.

Bewertungskriterien für das fallbezogene Fachgespräch
Die Prüfer bewerten das fallbezogene Fachgespräch nach folgenden Kriterien:

- Erfassung einer berufstypischen Aufgabenstellung unter Berücksichtigung wirtschaftlicher, kundenorientierter, ökologischer und rechtlicher Bedingungen.
- Methodisches Vorgehen und Lösungsweg.
- Herausforderungen auf dem Lösungsweg.
- Kommunikations- und Kooperationsbedingungen.

4 Glossar

A/B Test

Testmethode mit dem Ziel, die Reaktion von Usern oder Testpersonen auf unterschiedliche Varianten (Variante A / Variante B) zu ermitteln. Beispiel: Vergleich der Newsletter-Öffnungsrate mit den Betreffzeilen „20 Prozent auf alles" (Variante A) und „Jetzt satte Rabatte" (Variante B).

Abmahnung

Die Aufforderung, ein bestimmtes Verhalten zu unterlassen, das gegen ein Gesetz oder eine Verordnung verstößt. Beispiel: Eine Preisauszeichnung, die die Preisangabenverordnung verletzt. Für den Abgemahnten sind damit, sofern die Abmahnung rechtmäßig ist, Kosten und eine weitere Aufforderung verbunden: die Unterzeichnung einer Unterlassungserklärung.

Absprungrate

Im engen Sinn, siehe **Bounce-Rate.** Im weiten Sinn auch die Prozentzahl von Besuchern, die den Kaufvorgang an einer bestimmten Stelle unterbricht, zum Beispiel vor dem Klick auf den Bestellbutton.

Acquirer

Finanzdienstleister, der einem Händler den Zahlungsempfang per Kreditkarte ermöglicht.

Advertorial, siehe **Native Advertising**.

Affiliate Marketing

Partnerangebot eines Unternehmens, das sich an Website-Betreiber richtet. Die Website-Betreiber verlinken dabei auf die Website des Unternehmens und erhalten dafür Provisionen.

AGB (Allgemeine Geschäftsbedingungen)

AGB standardisieren die Geschäftsabläufe. Ein Unternehmen ist zwar nicht zur Ausgestaltung von AGB verpflichtet, empfehlenswert ist dies aber, um Geschäftsabläufe zu vereinfachen und transparent zu machen.

Der Spielraum für die Ausgestaltung der AGB wird durch andere Gesetze eingeschränkt, zum Beispiel durch das Wettbewerbs-, Datenschutz- und Urheberrecht. Die AGB dürfen andere Gesetze nicht aushebeln.

Allgemeine Geschäftsbedingungen, siehe **AGB.**

Anbieterkennzeichnung, siehe **Impressum**.

Annahmeverzug
Ein Annahmeverzug liegt vor, wenn eine Ware wie geschuldet am vereinbarten Ort und zur vereinbarten Zeit den Kunden erreicht, dieser jedoch die Annahme der Ware unberechtigterweise verweigert.
Synonym: Gläubigerverzug

Ansoff-Matrix, siehe **Marktfeldstrategie**.

ASP (Average Selling Price)
Durchschnittlicher Verkaufspreis einer bestimmten Ware oder Dienstleistung.

Attribuierung
Zuordnung von Attributen zu Produkten. Eine Attribuierung muss von Händlern vorgenommen werden, wenn Hersteller unvollständige Angaben liefern oder Inkonsistenten bereinigt werden müssen. Beispiel: Ein Shop bezieht Waren mit unterschiedlichen Maßeinheiten (Zoll und Zentimeter). Diese Maßeinheiten werden auf Zentimeter vereinheitlicht.

Attribut
Im engen Sinn eine Produkteigenschaft wie Größe, Farbe oder Beschaffenheit. Im weiten Sinn zählt auch der Preis zu den Produktattributen.

Attribution
Bei der Attribution wird der Werbeerfolg den verschiedenen Werbekanälen zugeordnet, mit denen die Kunden in ihrer Customer Journey in Kontakt gekommen sind. Gebräuchlich sind folgende Attributionsmodelle:

- Wannenmodell (auch Badewannenmodell, U-Form-Modell oder positionsbasierte Attribution). Erster und letzter Touchpoint (Kontaktpunkt) werden höher als die Touchpoints dazwischen gewertet.
- First-Click-Modell (erster Klick). Nur der erste Touchpoint wird gewertet.
- Last-Click-Modell (letzter Klick). Nur der letzte Touchpoint wird gewertet.
- Lineare Attribution (gleichmäßige Zuordnung oder Gleichverteilung). Jeder Touchpoint ist gleichwertig.

Auftragsdatenverarbeitung, siehe **AV.**

AV (Auftragsdatenverarbeitung)
Weitergabe der Besucherdaten einer Website an einen externen Dienstleister wie beispielsweise Google oder Facebook. Instrumente zur Datenerfassung und Datenweitergabe sind beispielsweise der Google-Tracking-Code und das Facebook-Pixel. Über die Auftragsdatenverarbeitung, und die damit verbundene Speicherung, Verarbeitung und Aufbereitung seiner Daten auf einem externen Server, muss der Besucher einer Website beim Betreten informiert werden und seine Zustimmung erteilen. In der Regel wird dazu ein Cookie-Banner eingesetzt.

B2B (Business to Business)
B2B bezeichnet den Handel zwischen zwei Geschäftspartnern, zum Beispiel einem Groß- und einem Einzelhändler, oder einem Hersteller und einem Händler.

B2C (Business to Customer)
Geschäftsbeziehungen zu Endkunden, also ganz gewöhnlichen Verbrauchern, werden als B2C bezeichnet.

Backend
Administrationsoberfläche, also der interne Bereich eines Webshops oder eines CMS. Gewöhnliche Besucher einer Website und Kunden eines Webshops haben keinen Zutritt zum Backend. Voraussetzung für den Zugang zu einem Backend sind:

- Kenntnis der Zugangs-URL
- Besitz eines Accounts für das CMS
- Eingabe der korrekten Zugangsdaten (Name und Passwort)

Backlink
Ein Link von einer fremden Webseite oder einem Social-Media-Netzwerk zu einer eigenen Webseite.

Backlog
Aufgaben in einem Projekt, die noch zu erledigen sind.

Bestellung
Der vom Händler bestätigte Kauf einer Ware oder Dienstleistung. **Achtung:** Mit dem Klick auf den Kaufbutton ist noch keine Bestellung ausgelöst, der Kunde hat damit nur eine Willenserklärung abgegeben. Ein Kaufvertrag kann erst mit der Bestellbestätigung des Händlers zustande kommen.

Bestellverwaltung
Übersicht aller Bestellungen in einem Onlineshop oder Warenwirtschaftssystem.

Betriebliche Mitbestimmung
Mitbestimmung der Arbeitnehmerinnen und Arbeitnehmer in betrieblichen Angelegenheiten. Die betriebliche Mitbestimmung ist im Betriebsverfassungsgesetz (BetrVG) geregelt.

Bezugskosten
Bezugskosten sind Kosten, die für die Beschaffung von Produkten entstehen. Beispiele: Transportgebühren, Transportversicherung, Zollgebühren, Kosten für Lagerung und Verpackung.

Blog
Der Begriff Blog ist eine Abkürzung für Web-Logbuch, also für eine Website, auf der regelmäßig neue Beiträge veröffentlicht werden. Der Autor eines Blogs wird Blogger genannt. Ursprünglich waren Blogs eher persön-

licher Natur, heute betreiben auch viele Firmen einen Blog. Je nach Gestaltung kann ein Firmenblog (Corporate Blog) diese Funktionen erfüllen:

- Kommunikation mit Kunden und potenziellen Kunden.
- In Kommentaren nennen Kundinnen und Kunden ihre Wünsche.
- Kundensupport.
- Präsentation von Trust-Signals.
- Imagepflege.
- Information zu neuen Produkten.
- Verlinkung von Blogbeiträgen auf Produkte im Shop.
- Wachstum der Website, falls der Blog auf derselben Domain betrieben wird.
- Suchmaschinenoptimierung.

Bounce-Rate
Die Prozentzahl von Besuchern, die lediglich eine einzelne Seite aufrufen, bevor sie eine Internetpräsenz wieder verlassen.

Brand Bidding
Gebot auf einen Markennamen als Keyword innerhalb des Suchmaschinenmarketings. Das Brand Bidding auf fremde Markennamen ist rechtlich umstritten. Unzulässig ist in jedem Fall die Verwendung eines fremden Markennamens im Anzeigentext.

Brute Force
Angriffsmethode, um in das Backend einer Website einzudringen. Die Angreifer arbeiten mit Bot-Netzen, die zum Beispiel diverse Passwörter durchprobieren, um bei Erfolg die Website mit Malware zu infizieren.

Businessplan
Eine Vorschau über die Art und Weise, wie sich ein neues Unternehmen am Markt präsentieren und Geld verdienen möchte.

CA (Certification Authority)

Die CA vergibt SSL-Zertifikate, also Zertifikate zur Verschlüsselung einer Website, nach bestimmten Prüfkriterien.

Call-to-Action, siehe **CTA**.

Checkout-Page

Die Kassenseite eines Onlineshops. Auf der Checkout-Page schließt der Kunde die Bestellung ab.

Churn-Rate

Die Churn-Rate ist ein Teil des Reportings. Sie gibt Auskunft zur Abwanderung von Kunden. Ermittlung der Churn-Rate in Prozent:

$$\text{Churn-Rate} = \frac{\text{Anzahl abgewanderter Kunden}}{\text{Durchschnittliche Anzahl der Kunden}} \times 100$$

Die Churn-Rate bezieht sich in der Regel auf die Anzahl der Kunden in einem bestimmten Zeitraum. Berechnung der durchschnittliche Anzahl der Kunden in diesem Zeitraum:

(Kundenbestand Anfang + Kundenbestand Ende) : 2

Synonyme: **Abwanderungsrate**, **Kundenverlustrate**

Click

Alle Aktionen, die ein User mit der Maus oder per Tippen auf einer Website tätig, werden als Click bezeichnet. Beispiele: Click auf ein Menü, einen Link oder einen Bestellbutton.

CMS (Content Management System)

Ein CMS dient der Einrichtung und Verwaltung einer Website. Voraussetzung zum Betrieb eines CMS sind in der Regel ein Webspace mit PHP und eine Datenbank. Ein CMS besteht aus einem Kern und Erweiterungen (Plug-ins oder Extensions genannt). Das Plug-in WooCommerce erweitert WordPress zu einem Shopsystem. Populäre CMS sind:

- Drupal
- Joomla
- Typo3
- WordPress (Marktführer)

Content
Sämtliche Inhalte einer Website, zum Beispiel Texte, Bilder, Video- und Audiodateien.

Conversion
Die Umwandlung vom passiven Besucher einer Website oder Social-Media-Präsenz zum aktiven Besucher. Beispiel: Ein Besucher nimmt an einem Gewinnspiel teil, vereinbart eine Probefahrt oder tätigt einen Kauf.

Conversion-Rate
Die Quote derjenigen User, die den Besuch einer Website oder Social-Media-Präsenz mit einer Conversion abschließen.

Cookie-Banner
Über die Auftragsdatenverarbeitung, und damit die Weitergabe, Speicherung, Verarbeitung und Aufbereitung seiner Daten auf einem externen Server, muss der Besucher einer Website beim Betreten informiert werden und seine Zustimmung erteilen. In der Regel wird dazu ein Cookie-Banner eingesetzt.

Copy-Strategie
Grundlegende und zielgruppengerechte Festlegung von Werbeinhalten (Bilder, Texte und Stil).

Corporate Design
Das einheitliche optische Erscheinungsbild eines Unternehmens.

COS (Cost-of-Sale)
Verhältnis zwischen Marketingausgaben und Umsatz für ein bestimmtes Produkt.

CPC (Cost-per-Click)

Achtung: Diese Abkürzung wird in unterschiedlicher Bedeutung verwendet! CPC bezeichnet entweder die Werbekosten pro Interaktion auf einer Website oder einen Abrechnungsmodus für eine Anzeige im Internet. Bei der zweiten Option, der CPC-Anzeige, bezahlt ein Unternehmen einem Betreiber einer Website nur dann einen Betrag, wenn ein User auf eine Anzeige klickt.

CPM (Cost-per-Mille)

Das CPM-Modell dient der Berechnung von Werbekosten. Die Abkürzung CPM steht für Cost-per-Mille, auf Deutsch Kosten pro Tausend. Bei diesem Modell wird der Preis einer Werbemaßnahme anhand von 1000 Sichtkontakten berechnet. Da die CPM-Abrechnung im Gegensatz zum CPC-Modell nicht nur im E-Commerce, sondern auch in der Print-, Radio- und TV-Werbung verbreitet ist, dient sie auch dem Vergleich unterschiedlicher Werbemedien.
Synonyme: **Tausender-Kontakt-Preis (TKP)**, **Thousand-Ad-Impression (TAI)**.

CPO (Cost-per-Order)

Das CPO-Modell dient der Berechnung von Werbekosten. Bei diesem Modell wird nach erfolgten Bestellungen (Orders) abgerechnet. Beispiel: Der Website-Betreiber A blendet ein Banner des Onlineshops B ein. A erhält eine Provision für diejenigen Kunden, die über das Banner auf den Onlineshop von B gelangt sind und einen Kauf getätigt haben.

Crawler

Automatisiertes Programm, das im Auftrag der Suchmaschinen das Internet permanent nach Inhalten durchstöbert.

CRM-System (Customer-Relationship-Management-System)

System zur Aufzeichnung von Interaktionen zwischen Unternehmen und Kunden, das auch zur Kontrolle und Automatisierung von Prozessen angewendet wird. Anwendungsbeispiel: Alle Kunden, die seit sechs Monaten nichts mehr gekauft haben, erhalten einen speziellen Newsletter. **Achtung:** Für den Newsletter-Versand ist eine Zustimmung der Kunden erforderlich.

CRO (Conversion-Rate-Optimization)

Maßnahmen zur Verbesserung der Conversion Rate (Konversionsrate).

Cross-Selling

Beim Cross-Selling empfiehlt der Händler dem Kunden zum ursprünglich gewählten Produkt noch passende Zusatzartikel. Technisch umgesetzt wird das Cross-Selling, in einfacher Form, über die Verknüpfung von Produkten durch Schlagwörter und Produktkategorien. Beim ausgefeilten Cross-Selling berechnet eine Software, welche Artikel sich am besten für einen Zusatzkauf eignen. Im Onlineshop erhält der Kunde dann beispielsweise eine der folgenden Einblendungen:

- Zubehör zu diesem Produkt ...
- Kunden, die diesen Artikel gekauft haben, kauften auch ...
- Meistverkaufte Produkte in dieser Kategorie ...
- Weitere Produkte dieses Herstellers ...
- Ähnliche Produkte ...

CTA (Call-to-Action)

Eine Aufforderung an einen Besucher einer Website, eine bestimmte Handlung zu tätigen. Diese Handlung wird über einen entsprechend beschrifteten Button oder über Eingabefelder ausgeführt. CTAs dienen dazu, einen Kauf anzubahnen oder abzuschließen. Typische Einsatzgebiete für diese Form der Kundengewinnung sind:

- Abonnieren eines Newsletters.
- Abonnieren eines firmeneigenen YouTube-Channels.
- Teilnahme an einem Gewinnspiel.
- Vereinbarung einer Probefahrt.
- Gratisprodukt anfordern.
- Gratismonat sichern.
- Bitte um Anruf.
- Angebot anfordern.

- E-Book oder PDF downloaden.
- Ein Produkt kaufen.

Customer Journey
Abfolge von Kontakten eines Kunden mit einem Unternehmen, die im Idealfall mit einem Kauf endet. Beispiel: Ein Kunde stößt zuerst über die organische Suche auf die Shopsite, anschließend folgt er dem Unternehmen auf Twitter und bestellt den Newsletter des Unternehmens. Beim vierten Kontakt tätigt er einen Kauf.

Customer-Lifetime-Value
Gesamtumsatz eines Kunden vom ersten bis zum letzten Kauf oder der völligen Inaktivität bei einem Unternehmen.

Customer-Relationship-Management, siehe **CRM-System**.

CVR, siehe **Conversion Rate**.

Dashboard
Die erste Seite eines Administrationsbereichs. Auf dem Dashboard werden die wesentlichen Einstellungen vorgenommen. Typischerweise verfügen CMS, Shopsysteme, umfangreiche Plug-ins, Trackingtools oder Zahlungsdienstleister über ein Dashboard. Beispiele:

- WordPress-Dashboard – für das CMS WordPress.
- WooCommerce-Dashboard – für das Shopsystem WooCommerce.
- Yoast-Dashboard – für das SEO-Plug-in-Yoast.
- Google Analytics Dashboard – für das Trackingtool Google Analytics.
- Stripe Dashboard – für den Zahlungsdienstleister Stripe.

Datenbank
Die Inhalte von Websites, Shop- und Warenwirtschaftssystemen werden in der Regel in einer Datenbank gespeichert.

Deckungsbeitrag
Der Deckungsbeitrag gibt an, welchen Betrag ein Unternehmen zur Deckung der Fixkosten aufwenden muss.
Berechnung: Umsatz - variable Kosten = Deckungsbeitrag.

Deep Link
Ein Link auf eine Unterseite einer Webpräsenz, aber nicht auf die Startseite.

Diensteanbieter
Der professionelle Betreiber eines Onlinedienstes. Beispiele:

- Hoster.
- Zahlungsdienstleister.
- Betreiber eines Onlineshops.
- Anbieter einer Social-Media-Plattform.

Dienstvertrag
Ein Dienstvertrag wird zwischen zwei Parteien geschlossen. Dabei verpflichtet sich die eine Partei zur Leistung bestimmter Dienste, die andere zur Zahlung der vereinbarten Vergütung. Im Unterschied zum Werkvertrag schuldet der Dienstpflichtige seinem Auftraggeber nur seine Bemühung, aber nicht den Erfolg. Beispiele für Tätigkeiten, die im unternehmerischen Umfeld typischerweise mit Dienstverträgen verbunden sind: Beauftragung eines Rechtsanwalts, Beauftragung einer Firma zur Bewachung des Werksgeländes, Buchung eines Dozenten für eine Fortbildung. Zum Dienstvertrag zählt aber auch ein ganz normaler Arbeitsvertrag.

Digitales Produkt
Produkte in Dateiform. Beispiele: E-Books, Musikdateien, Videos, Apps und Software.

Disagio (Abschlag)
Ein Abschlag auf einen Ausgangsbetrag. Beispiel: Ein Händler muss beim Zahlungsempfang per Kreditkarte zur Kostendeckung an einen Acquirer ein Disagio abführen.

Display Advertising

Grafische Werbung (Bilder, Animationen oder Videos) auf Websites und in Social-Media-Netzwerken, aber auch in Apps.

Domain

Die Domain steht für den Namen und die Adresse einer Website. Eine Domain setzt sich aus verschiedenen Elementen zusammen:

- Top-Level-Domain (TLD), zum Beispiel: .de / .net / .shop.
- Second-Level-Domain, zum Beispiel der Firmenname.

Beispiel: Die Domain *meinshop.de* besteht aus der Top-Level-Domain *.de* und der Second-Level-Domain *meinshop*.

Double Opt-in

Beim Anlegen eines Kundenkontos oder dem Abonnieren eines Newsletters schreibt der Gesetzgeber eine aktive und nachweisbare Zustimmung des Kunden vor. Realisiert wird diese Vorgabe in der Regel durch ein Double-Opt-in-Verfahren. Beispiel: Hat ein Interessent auf Newsletter bestellen geklickt (erster Opt-in), erhält er eine E-Mail mit einem Bestätigungslink. Mit einem Klick auf diesen Link (zweiter Opt-in) gilt die Zustimmung als erteilt.

DPMA (Deutsches Patent- und Markenamt)

Beim DPMA werden Patente und Markennamen gesichert. Alle gesicherten Patente und Markennamen können dort auch recherchiert werden.

Dropshipping

Beim Dropshipping oder Streckengeschäft verkauft ein Onlinehändler Waren, die er nicht selbst lagert, sondern direkt vom Hersteller oder Großhändler an den Endkunden liefern lässt.

Dynamic Pricing

Methode zur Preisbildung. Beim Dynamic Pricing werden dem Kunden zu verschiedenen Zeiten unterschiedliche Preise angezeigt. Beispiel: Der Preis für die Buchung eines Hotelzimmers steigt mit der Auslastung des Hotels.

EAN-Nummer

Abkürzung für European Article Number, also die in Europa einheitliche Artikelnummer. EAN-Nummern dienen der Identifizierung von Waren in Shops, Warenwirtschafts- und Logistiksystemen.

Editor

Werkzeug zum Erstellen von Inhalten. Ein Editor dient beispielsweise der Erstellung von Code oder Website-Inhalten. Beispiele:

- Gutenberg-Editor: In WordPress integriertes Werkzeug zum Erstellen und Bearbeiten von Beiträgen und Seiten.
- Notepad ++: Werkzeug zum Erstellen und Bearbeiten von Code. Code-Editoren werden, weil dort keine grafischen Funktionen zur Verfügung stehen, auch als Text-Editoren bezeichnet.

Einstandspreis

Der Einstandspreis dient einem Unternehmen nicht nur zur Preiskalkulation, sondern auch zum Vergleich verschiedener Lieferanten.
Der Einstandspreis ergibt sich aus dem Listenpreis minus verschiedener Abzüge (z. B. Rabatte und Skonto) plus Bezugskosten (z. B. Transportkosten). Da Umsatzsteuern für ein Unternehmen nur einen durchlaufenden Posten bilden, bleiben sie bei der Berechnung des Einstandspreises unberücksichtigt. Gegebenenfalls müssen sie herausgerechnet werden.
Synonyme: Bezugspreis, **Beschaffungspreis**.

Einzelkosten

Einzelkosten sind Kosten, die direkt einem bestimmten Kostenträger zugeordnet werden können. Beispiele: Verbrauch von Material für die Produktion von Gütern. Löhne, die ganz speziell für eine bestimmte Dienstleistung anfallen.

E-Mail-Marketing, siehe **Newsletter-Marketing**.

Emission

Als Emission (Aussendung) wird der Ausstoß von Schadstoffen bezeichnet, die Luft, Boden und Wasser verunreinigen. Beispiele für Emissionsquellen: Autos, Fabriken, Kraftwerke, Heizungen.

Ereignisse
Aktionen eines Besuchers auf einer Website. Beispiele:

- Klicks.
- Benutzung der seiteneigenen Suchmaschine.
- Abspielen von Mediendateien.
- Eingaben in ein Formularfeld.
- Abschluss einer Bestellung.

Extension, siehe **Plug-in**.

FAQ (Frequently Asked Questions)
Eine FAQ-Seite ist ein üblicher Teil einer Website. In den FAQ werden häufige Fragen der Kunden beantwortet, z. B. zu Zahlungsarten und Versand.

First-Click-Modell, siehe **Attribution**.

Fixkosten
Fixkosten entstehen unabhängig von der Nachfrage nach einem bestimmten Produkt. Beispiele: Mietkosten, Rechtskosten, Verwaltungskosten.

Follower
Leser einer Social-Media-Präsenz. Zum Ziel eines Unternehmens auf einem Social-Media-Netzwerk gehört der Aufbau einer großen und qualitativ hochwertigen Followerschaft. Hochwertige Follower zeichnen sich durch häufige Aktivitäten aus, hierzu gehört beispielweise das Liken, Teilen und Kommentieren von Beiträgen.
Je nach Social-Media-Netzwerk werden Follower unterschiedlich bezeichnet. Beispiele:

- Twitter: Follower.
- Pinterest: Follower.
- Facebook: Freunde (für private Profile) oder Fans (für Unternehmensseiten).
- Instagram: Abonnenten.
- TikTok: Follower.
- YouTube: Abonnenten eines YouTube-Channels.

Frequency Capping
Werbetechnik, die häufig in der Bannerwerbung eingesetzt wird. Beim Frequency Capping wechselt das Banner, sobald der User eine festgelegte Anzahl von Werbeeinblendungen erhalten hat.

Frontend
Die Besucheransicht oder Vordergrundansicht eines CMS. Konfiguriert wird das Frontend über das Backend, den internen Bereich einer Website. Sichtbarkeit von Frontend und Backend:

- Frontend = für Besucher sichtbar.
- Backend = für Besucher unsichtbar.

FTP (File Transfer Protocol)
Mit einen FTP-Programm werden Dateien von einem lokalen PC auf einen Server hoch- und zur Sicherung auch heruntergeladen. Benötigt wird ein FTP-Programm beispielsweise zur Installation von WordPress, TYPO3 oder einem anderen CMS.

Funnel-Analyse
Die Analyse des Kundenverhaltens vom ersten Kontakt zu einem Unternehmen bis zu einer gewünschten Conversion, zum Beispiel dem Abonnement eines Newsletters oder einem Kauf. Ziel der Funnel-Analyse ist die Offenlegung von Schwachstellen und die Verminderung von Absprüngen der Kunden vor der Conversion.

Garantie
Die freiwillige Zusage eines Herstellers oder Händlers für einen bestimmten Service, zusätzlich zur gesetzlich vorgeschriebenen Gewährleistung.

Gemeinkosten
Gemeinkosten sind Kosten eines Unternehmens, die keinem Kostenträger oder keiner Kostenstelle direkt zugerechnet werden können. Beispiele: Verwaltungskosten, Mietkosten und Abschreibung von Maschinen. Löhne und Gehälter zählen nur dann zu den Gemeinkosten, wenn sie keinem Produkt direkt zugewiesen werden können. Dies trifft bei-

spielsweise auf die Betriebs- und die Lagerverwaltung zu. Nicht zu den Gemeinkosten zählen dagegen die Lohnkosten für Lagerarbeiter, falls diese nur für ein bestimmtes Produkt zuständig sind.

Gesetz
Eine Rechtsnorm, die von einem Parlament beschlossen wurde.

Gewährleistung
Gesetzlich vorgeschriebene Pflichten, die ein Händler oder Hersteller gegenüber seinen Kunden zu erfüllen hat. Beispiel: Nacherfüllung eines Vertrags nach dem Verkauf eines mangelhaften Produkts.

Gewerbe
Eine regelmäßige wirtschaftliche Tätigkeit mit der Absicht, einen Gewinn zu erzielen.

Gewinnschwelle
Die Gewinnschwelle bezeichnet den Punkt, an dem Gesamteinnahmen (Erlöse) und Gesamtkosten eines Produktes gleich hoch sind. Es werden also weder Verlust noch Gewinn erwirtschaftet.
Synonyme: Kostendeckungspunkt, **break-even point**

Gläubiger-ID
Eine von der Deutschen Bundesbank an Unternehmen vergebene Identifikationsnummer. Händler müssen dazu einen Antrag stellen. Die Gläubiger-ID wird zum Einzug von SEPA-Lastschriften benötigt.

Gleichverteilung, siehe **Attribution**.

Handelsspanne, siehe **Rohertrag**.

Hashtag
Wörter, die innerhalb eines Postings auf einem Social-Media-Netzwerk mit dem Zeichen # versehen sind, dienen der Navigation durch thematisch ähnliche Beiträge. Populär wurden die Hashtags durch Twitter, eine große Bedeutung haben sie inzwischen auf allen Social-Media-Netzwerken, insbesondere auf Instagram.

Hoster
Unternehmen, das Webspace zur Verfügung stellt, also einen Speicherplatz im Internet. Die Kunden eines Hosters, Privatpersonen, Unternehmen und Organisationen, mieten diesen Webspace für den Betrieb ihrer Websites. **Synonyme: Provider**, **Webhoster**.

HTTPS (Hypertext Transfer Protocol Secure)
Protokoll zur verschlüsselten Auslieferung von Websites mithilfe eines SSL-Zertifikats.

Immission
Als Immission (Empfang) wird die Einwirkung von Schadstoffen, Lärm und Strahlung auf Menschen, Tiere, Pflanzen und Gebäude bezeichnet. Beispiele: Verkehrslärm beeinträchtigt den Schlaf, die Verunreinigung der Luft beeinträchtigt die Funktion der Lungen.

Impressum
Grundlage für die Impressumspflicht von Websites ist das Telemediengesetz. Demnach ist jeder Betreiber einer kommerziell ausgerichteten Website zu bestimmten Angaben (zum Beispiel Name, Adresse und Umsatzsteueridentifikationsnummer) verpflichtet. Das Impressum muss dauerhaft verfügbar, leicht erreichbar und klar gekennzeichnet sein. Üblich ist eine Verlinkung mit dem Linktext „Impressum“. Der Linktext „Info“ genügt den rechtlichen Anforderungen dagegen nicht.

Inklusion
Teilhabe aller Menschen in einer Gesellschaft: Menschen mit und ohne Behinderungen.

Interkulturelle Kompetenz
Die Fähigkeit, mit Personen und Gruppen aus anderen Kulturkreisen angemessen zu interagieren.

IP-Adresse
Die Einwahlnummer in das Internet. Die IP-Adresse besteht aus vier durch einen Punkt getrennte Zahlen. Beispiel: 234.145.65.191.

Keywords
Begriffe, die für eine Website oder ein Produkt besonders relevant sind. User geben Keywords häufig in Suchmaschinen ein. Zur Suchmaschinenoptimierung ist es hilfreich, Keywords in Texten, Überschriften und Bildbeschreibungen zu platzieren.

Kleinunternehmerregelung
Eine steuerliche Sonderregelung für Unternehmer, deren Jahresumsatz nicht mehr als 22.000 Euro beträgt.

Klick, siehe **Click**.

Kommentar (1)
Antwort eines Users auf einen Wortbeitrag oder ein Video. Die Quantität und Qualität von Kommentaren sind wichtige Indizien für den Erfolg eines Blogs oder einer Social-Media-Präsenz.

Kommentar (2)
Anmerkung im Quellcode, die bei der Interpretation des Codes nicht gelesen wird. Kommentare strukturieren einen Code und erleichtern die spätere Nachbearbeitung. Besonders wichtig sind sie, wenn ein Projekt von verschiedenen Personen bearbeitet oder übergeben wird.

Kommerzielle Kommunikation
Internetangebote, die über den privaten Bereich hinausgehen, wie beispielsweise Webshops, aber auch geschäftliche Mails, Faxe, Briefe und Telefonate.

Konfigurationsdatei
Eine Datei, in der bestimmte Informationen hinterlegt sind, die für die Einstellungen eines Systems notwendig sind. Beispiele:

- Konfigurationsdatei eines CMS.
- Konfigurationsdatei eines Servers.

Konversion, siehe **Conversion**.

Konversionsrate, siehe **Conversion-Rate**.

Kreditkarten-Akzeptanzvertrag
Die Voraussetzung für ein Unternehmen, um die Zahlung per Kreditkarte ohne Einschaltung eines Payment-Service-Providers (PSP) zu realisieren. Vertragspartner ist eine Acquirer.

Kundenbindung
Maßnahmen eines Unternehmens zur Umwandlung von Neukunden in Stammkunden und zum Erhalt von Stammkunden.

Kundencenter
Backend einer Website. Kunden loggen sich dort ein, um Einstellungen vorzunehmen und Produkte zu kaufen.

KUR (Kosten-Umsatz-Relation)
Verhältnis zwischen den eingesetzten Werbekosten und dem daraus resultierenden Umsatz.

Landingpage
Eine Webseite, die Besuchern nur eine einzige Aktionsmöglichkeit bietet. Beispiel für Aktionen auf einer Landingpage:

- Ein Produkt kaufen.
- Einen Newsletter abonnieren.
- Eine Probefahrt vereinbaren.
- An einem Gewinnspiel teilnehmen.
- An einem Quiz teilnehmen.
- Ein Video betrachten.

Zur Platzierung einer Landingpage stehen zwei Möglichkeiten zur Verfügung:

- Landingpage als Teil einer umfangreichen Website.
- Landingpage als alleinstehende One-Page-Website.

Last-Click-Modell, siehe **Attribution**.

Lead
Eine Aktion, die ein Besucher im Sinne des Onlinehändlers tätigt. Beispiele:

- Ein Klick auf ein Banner.
- Ein Klick auf einen Button.
- Ein Newsletter-Abo.
- Der Kauf eines Produkts.

Lieferung ab Werk
Lieferart im B2B-Bereich. Der Verkäufer übergibt die Ware schon auf seinem Gelände, also beispielsweise an einer Verladerampe, an den Käufer. Der Käufer trägt das Transportrisiko und die Transportkosten.

Lieferung frei Haus
Lieferart im B2B-Bereich. Der Verkäufer liefert die Ware an den Käufer und trägt die Transportkosten, in der Regel auch das Transportrisiko.

Lieferverzug
Ein Unternehmen kann in Lieferverzug geraten, wenn die im Kaufvertrag bestimmte Ware nicht termingerecht und mangelfrei ausgeliefert wurde. Für einen Lieferverzug sind prinzipiell ein Verschulden des Verkäufers und eine Mahnung des Kunden erforderlich.
Bei einem fest vereinbarten Liefertermin (Fixkauf) liegt Lieferverzug hingegen automatisch vor, sobald dieser Termin überschritten wurde.
Beispiel: Als Lieferdatum wurde der 20. Juni angegeben. Ab dem 21. Juni befindet sich das Unternehmen automatisch im Lieferverzug.

Listenpreis
Der vom Hersteller oder Lieferanten angegebene Listenpreis dient einem Händler als Basis für die Kalkulation des Einstandspreises. Vom Listenpreis abzuziehen sind noch Abschläge wie beispielsweise Skonti und Rabatte, hinzuzurechnen sind noch Aufschläge, beispielsweise für Zölle und Transportkosten.
Synonym: Listeneinkaufspreis.

Listenverkaufspreis

Als Listenverkaufspreis wird der Preis für den Endverbraucher bezeichnet. Aufgeschlagen wird auf diesen noch die Umsatzsteuer.

Logfile

Ein Logfile, auf Deutsch Logdatei, wird von einem Webserver aufgezeichnet. Es enthält u. a. Informationen über die IP-Adresse, die URLs, die Zeitpunkte und den Browsertyp eines Besuchers. Logfiles dienen der Analyse des Benutzers und seines Verhaltens auf einer Website.

Marktfeldstrategie

Strategie eines Unternehmens zur Positionierung auf dem Markt. Ein populäres Modell zur Sortierung von Marktfeldstrategien ist die Ansoff-Matrix. Der Erfinder Harry Igor Ansoff (1918-2002) unterschied dabei diese Strategien: Marktdurchdringung, Marktentwicklung, Produktentwicklung und Diversifikation.

Mediathek

Speicherort für unterschiedliche Medien. Beispiele für Internetmediatheken:

- ARD-Mediathek.
- Wikipedia-Mediathek.
- Mediathek für eine Website oder einen Onlineshop.

Typische Inhalte einer Mediathek:

- Bilder und Animationen – häufig verwendete Formate: JPG, JPEG, PNG und GIF.
- Textdateien und Präsentationen – häufig verwendete Formate: PDF und DOC.
- Audiodateien – häufig verwendetes Format: MP3.
- Videodateien – häufig verwendetes Format: MP4.

Mischkalkulation
Die Mischkalkulation zählt zu den Strategien der Preiskalkulation. Dabei werden unterschiedlich hohe, sich gegenseitig ausgleichende Gewinnspannen für Warengruppen oder einzelne Produkte festgelegt. Beispiel: Ein Fahrradhändler kalkuliert nicht mit einer generellen Gewinnspanne von 38 %, sondern einer Gewinnspanne von 28 % für Fahrräder und 48 % für Ersatzteile.

MITM (Man in the Middle)
Angriffsmethode gegen Websites. Der Angreifer versucht, sich zwischen dem Webserver und dem Besucher einzuklinken. Wenn die Methode gelingt, kommuniziert der Besucher nicht mit der Website, sondern dem Angreifer. Schutz bietet eine Verschlüsselung der Kommunikation über SSL.

Multi-Channel-Handel
Der Vertrieb von Waren und Dienstleistungen über mehrere Kanäle. Um die Übersicht zu behalten, ist die Integration der einzelnen Kanäle an ein gemeinsames Warenwirtschaftssystem empfehlenswert. Wichtige Handelskanäle für den Multi-Channel-Handel:

- Eigener Webshop.
- Amazon Marketplace.
- OTTO Marketplace.
- eBay.
- Stationärer Handel.

MySQL
Ein populäres Datenbanksystem für Websites. WordPress, TYPO3, Drupal und andere CMS benötigen ein Datenbanksystem, um Inhalte einer Website zu speichern. Als Verwaltungsoberfläche für MySQL wird häufig phpmyAdmin eingesetzt.

Native Advertising
Werbeanzeigen im Stil der redaktionellen Beiträge eines Mediums. Das Presserecht schreibt vor, dass Anzeigen in redaktioneller Aufmachung gekennzeichnet werden müssen. Üblich sind ergänzende Hinweise wie „Anzeige“, „Werbung“ oder „Sponsored“.
Synonym: Advertorial.

Newsletter-Marketing

Rundmails, die regelmäßig von einem Absender an mehrere Empfänger versendet werden. Das Newsletter-Marketing gehört zu den etablierten Maßnahmen im E-Commerce. Häufig werden neue Produkte, Events und Gewinnspiele beworben. Außerdem dienen Newsletter der Information, zum Beispiel über Änderungen der AGB, und der internen Kommunikation in einem Unternehmen. **Synonym: E-Mail-Marketing**.

Null-Treffer-Anzeige

Ausgabe einer Suche, bei der kein passendes Ergebnis vorliegt. Für Onlineshops bietet die Auswertung der eingegebenen Suchbegriffe von Null-Treffer-Anzeigen einen Hinweis auf fehlende Artikel im Sortiment. Beispiel: Eine Analyse ergibt, dass Kunden eines Fahrradhändlers häufig „Kettenfett“ in die Suchmaschine des Onlineshops eingeben, aber kein entsprechendes Produkt angezeigt bekommen. Der Fahrradhändler sollte dieses Produkt in das Sortiment nehmen.

Nutzungsbedingungen

Die **AGB** einer Website.

Omni-Channel-Strategie

Parallele Nutzung mehrerer Verkaufskanäle. Im Idealfall kann der Kunde zwischen verschiedenen Kanälen wechseln, ohne seine Handlung zu unterbrechen. Beispiel: Ein Kunde hat über den Shop des Unternehmens ein Produkt eingekauft. Als Supportkanal zu diesem Produkt wählt er Twitter, beim nächsten Kauf entscheidet er sich für ein Click-and-Collect-Modell (Einkauf im Internet, Abholung der Ware im stationären Handel).

Page Impressions

Summe der angezeigten Seiten einer Website innerhalb eines festgelegten Zeitraums. Beispiel: Besucher A hat elf Seiten innerhalb eines Tages angeklickt, Besucher B 24 Seiten. Die Website hat von den Besuchern A und B damit insgesamt 35 Page Impressions erhalten.

PayPal

Der **PSP** (**Payment Service Provider**) mit der größten Reichweite. Voraussetzung zur Nutzung als Händler ist ein PayPal-Geschäftskonto. Spezielle Funktionen bieten die Programme PayPal Plus und PayPal Express.

Permission Marketing

Marketing mit der ausdrücklichen Erlaubnis des Kunden. Beispiel: Versand von Werbe-E-Mails, nachdem der Kunde dazu über ein Opt-in seine Erlaubnis (Permission) gegeben hat.

PHP (PHP: Hypertext Preprocessor)

Eine Programmiersprache, mit der dynamische Websites erstellt werden. Mit der Sprache HTML können nur statische Webseiten erstellt werden. PHP wird verwendet, um Informationen von Website-Besuchern zu erfassen und zu verarbeiten. Die meisten Content-Management-Systeme (CMS) arbeiten auf der Basis von PHP. PHP-Anwendungsbeispiele:

- Webshop.
- Kontaktformular.
- Quiz auf einer Website.
- Anmeldemöglichkeit für einen Newsletter.

phpMyAdmin

Populäre Verwaltungsoberfläche für das Datenbanksystem mySQL. Beim Shared Hosting wird phpmyAdmin in der Regel vom Hoster zur Verfügung gestellt und ist über das Kundencenter des Hosters erreichbar.

PIM-System (Product-Information-Management-System)

Eine Datenbank, die sämtliche Beschreibungen (z. B. Texte, Bilder und Videos) und Attribute (z. B. Größen und Farben) von Produkten enthält.

Plug-in

Funktionserweiterung eines CMS oder einer anderen Software. Beispiele für Plug-ins:

- WooCommerce erweitert WordPress zu einem Shop.
- Zahlungs-Plug-ins fügen neue Zahlungsarten hinzu.

- Marketing-Plug-ins erweitern die Möglichkeiten zur Preisgestaltung.
- Social-Media-Plug-ins verknüpfen eine Website mit Social-Media-Netzwerken und erleichtern das Teilen von Inhalten.
- Newsletter-Plug-ins erweitern eine Website mit einer Newsletter-Funktion.
- Ein Caching-Plug-in dient der Suchmaschinenoptimierung.

Synonyme: **Modul**, **Extension**.

POS (Point of Sale)

Verkaufs- aber auch Einkaufsstelle von Produkten, also die Schnittstelle von Unternehmen und ihren Kunden. Beispiel: Ladengeschäft und Onlineshop.

Post-Click-Tracking

Messung des Clickpfads eines Users, nachdem dieser einen bestimmten Click getätigt hat. Beispiel: Ein User ist über einen Newsletter auf eine bestimmte Produktseite gelangt. Beim Post-Click-Tracking wird das anschließende User-Verhalten aufgezeichnet.

Produkt

Eine Ware oder Dienstleistung.

Produktbild

Das Hauptbild zu einer Ware oder Dienstleistung. Das Produktbild erscheint in der Regel auf der Katalogseite eines Shops.

Produktdaten

Artikelnummer, Preis, Lagerbestand, Verfügbarkeit, Versandklasse und andere Daten eines Produkts. Produktdaten sind wichtig für den Verkauf, den Versand, die Lagerverwaltung und die Warenwirtschaft.

Produktdaten-Feed
Strukturierte Produktdaten, die von einem Händler an externe Dienstleister weitergegeben werden, zum Beispiel an Produktsuchmaschinen, Preisvergleichsportale oder Marktplätze.

Produktgalerie
Bilderserie zu einer Ware oder Dienstleistung. Die Produktgalerie erscheint in der Regel auf der Produktseite eines Shops.

Produktverwaltung
Übersicht aller Produkte im Backend eines Shops oder eines Warenwirtschaftssystems.

Protokoll
Standardisiertes Verfahren zur Übertragung von Daten. Beispiele: HTTP und FTP.

Provider, siehe **Hoster**.

PSP (Payment-Service-Provider)
Ein auf Onlineshops spezialisierter Zahlungsdienstleister, der den Zahlungsprozess vereinfacht, und zumeist auch als Acquirer auftritt. Bekannte internationale PSP sind PayPal und Stripe. Von deutschen Kreditinstituten wurde Paydirekt als Alternative ins Leben gerufen.

Push-Nachricht
Benachrichtigung, die ohne das Öffnen einer App auf einem Endgerät erscheint.

Rabatt
Ein Nachlass auf den Preis.

Radar-Ereignisse
Auffällige positive oder negative Veränderung im Traffic einer Website oder innerhalb eines Zahlungssystem. Beispiele:

- Extremer Besucheranstieg an einem einzelnen Tag auf einer Website.
- Plötzlicher Einbruch der Zahlungseingänge über PayPal.

Rechteverwaltung

Abgestufte Rechte dienen der Sicherheit eines Webservers. Unterschieden wird zwischen Lese-, Schreib- und Ausführungsrechten für eine Datei oder ein Verzeichnis. Administratoren können Rechte über ein FTP-Programm einsehen und verändern.

Reingewinn

Als Reingewinn wird die Differenz zwischen den Erträgen und den Aufwendungen eines Unternehmens in einem Geschäftsjahr bezeichnet. Liegen die Aufwendungen über den Erträgen, so wird nicht von einem Reingewinn, sondern einem Jahresfehlbetrag oder Reinverlust gesprochen. Berechnung: Erträge - Aufwendungen = Reingewinn.
Synonym: Reinertrag.

Reporting

Das Reporting zählt zum Berichtswesen eines Unternehmens. Beim Reporting werden Unternehmensdaten (zum Beispiel Umsätze, Anzahl der Newsletter-Abonnenten, Followerzahlen auf Social-Media-Plattformen oder die Churn-Rate) gesammelt. Die Daten werden dabei auf das Wesentliche reduziert, damit sie schnell erfasst werden können. Geeignete Darstellungsformen sind Tabellen und Grafiken.

Reseller

Ein Reseller verkauft Waren oder Dienstleistungen eines anderen Anbieters in unverändertem Zustand weiter.

Retangle

Standardformat für die Bannerwerbung (Rechteck).

Retargeting

Verfolgung eines Users mit dem Ziel, ihm gezielte Werbung auf verschiedenen Websites anzuzeigen. Beispiel: Ein User hat bei Google nach dem Begriff „Hollandrad“ gesucht und sich zunächst bei der Wikipedia informiert. Später besucht er ein Fahrradblog, wo ihm gezielte Werbung für Hollandräder eingespielt wird. Von dort wechselt er auf Facebook und sieht die gezielte Werbung erneut.

Retourenquote

Verhältnis zwischen versendeten und retournierten Waren.

RFM-Analyse (Recency-, Frequency- und Monetary-Value-Analyse)

Vergleich der Recency (Datum des letzten Einkaufs), Frequency (Anzahl der Käufe in einem bestimmten Zeitraum) und des Monetary Value (Umsatz in einem bestimmten Zeitraum) der Kunden. Die RFM-Analyse dient als Grundlage zur Bildung von Kundensegmenten.

Rohertrag

Der Rohertrag ist eine betriebswirtschaftliche Kennzahl. Bei einem Handelsunternehmen wird er aus der Differenz zwischen den Umsätzen (netto) und den Einstandskosten (netto) berechnet. Der Rohertrag wird auch als Handelsspanne bezeichnet, wobei diese in der Regel in Prozent angegeben wird.

Berechnung der Handelsspanne in Prozent:

$$Handelsspanne\ [in\ \%] = \frac{Rohertrag}{Nettoumsätze} \times 100$$

ROI (Return on Investment)

Prozentuales Verhältnis zwischen Investition und Gewinn.

Rückwärtskalkulation

Die Rückwärtskalkulation dient wie die Vorwärtskalkulation der Preisbildung eines Artikels, allerdings auf dem umgekehrten Weg. Bei der Rückwärtskalkulation wird vom Listenverkaufspreis ausgegangen, um den maximalen Listeneinkaufspreis zu ermitteln, den ein Unternehmen zu zahlen bereit ist.

Sandbox
Eine Testumgebung, zum Beispiel zum Prüfen von Zahlungstransaktionen mit PayPal oder Stripe.

Schlüssel
Im Internet in der Regel ein Paar aus Zahlencodes. Beispiel: Für ein SSL-Zertifikat wird immer ein Paar aus einem privaten und einem öffentlichen Schlüssel ausgegeben. Der private Schlüssel befindet sich auf dem Webserver und bleibt geheim, der öffentliche wird über das Zertifikat an den Browser weitergegeben.

SEA (Search Engine Advertising)
Die Anzeigenschaltung bei Google, Bing oder einem anderen Suchmaschinenanbieter.

Seite, siehe **Webseite**.

Seitenaufrufe, siehe **Page Impressions**.

SEO (Search Engine Optimization)
Maßnahmen zur Suchmaschinenoptimierung, um die Position einer Website in der organischen Suche zu verbessern.

SEPA (Single Euro Payments Area)
Einheitlicher europäischer Zahlungsraum. In den SEPA-Ländern gelten standardisierte Verfahren für Überweisungen und Lastschriften. Nicht zu verwechseln ist der SEPA-Raum mit dem Euro-Raum.

SERP (Search Engine Result Page)
Auf der Suchmaschinenergebnisseite listen Google, Bing und andere Suchmaschinen die Ergebnisse für den Suchbegriff auf.

Server
Rechner zur Auslieferung von Websites. Zwischen einem gewöhnlichen Rechner und einem Server besteht in der Hardware kein Unterschied. Kennzeichen eines Servers:

- Ein Rechner wird zum Server, wenn Serverdienste auf ihm eingerichtet sind.
- Auf einen Server greifen andere Computer zu, die sogenannten Clients.

Solche Clients sind zum Beispiel die Besucher einer Webseite. Der passende Dienst nennt sich Webserver. Ein Webserver befindet sich in der Regel in einem Serverzentrum und ist 24 Stunden am Tag in Betrieb. Die meisten Hoster bieten nicht nur gewöhnlichen Webspace (Shared Webspace) zur Miete an, sondern auch verschiedene Server-Modelle. Die wichtigsten Typen:

- Managed Server - eigener Server, wobei der Hoster die Wartung übernimmt.
- V-Server - geteilter Server, wobei der Website-Betreiber die Wartung übernimmt.
- Root-Server - eigener Server, wobei der Website-Betreiber die Wartung übernimmt.

Session

Der Zeitraum, in dem ein User eine Website besucht und dort verschiedene einzelne Seiten aufruft. Die Session beginnt mit dem Betreten und endet mit dem Verlassen der Website.

Shortcode

Platzhalter im Code eines CMS. Beispiel für eine Anwendung: Auf der Produktseite eines Onlineshops befindet sich ein Shortcode für das Produkt. Die Pflege der Produktdaten wird nicht auf der Produktseite, sondern an zentraler Stelle vorgenommen.

Skonto

Vereinbarter Preisnachlass bei Bezahlung innerhalb einer bestimmten Frist. Beispiel: Bei Zahlung innerhalb von 14 Tagen 2 Prozent Skonto. Unterschieden wird zwischen dem Lieferantenskonto (**B2B**) und dem Kundenskonto (**B2C**). Wesentlich gebräuchlicher ist der Lieferantenskonto.

Skyscraper
Standardformat für die Bannerwerbung (Hochformat). Der Skyscraper wird üblicherweise neben dem Content platziert.

SMM (Social-Media-Marketing)
Das Marketing für ein Unternehmen oder bestimmte Produkte über Facebook, Instagram, YouTube, Twitter und andere Social-Media-Netzwerke.

Social Engineering
Bei dieser Angriffsmethode gegen E-Commerce-Unternehmen tarnen sich Betrüger mit einer falschen Identität, um an vertrauliche Informationen wie Zugangsdaten oder Unternehmensgeheimnisse zu gelangen. Beispiel: Ein Anrufer gibt vor, als „Mitarbeiter des Serverzentrums" das Passwort zum Backend des Onlineshops zu benötigen.

Social-Media-Netzwerk
Facebook, Instagram, YouTube, Twitter und andere Plattformen, auf denen User nach bestimmten Regeln Inhalte platzieren und interagieren.

Social-Media-Präsenz
Der Auftritt eines Unternehmens auf einem Social-Media-Netzwerk.

SSL (Secure Sockets Layer)
Ein Verschlüsselungsverfahren für Websites. SSL wurde 1994 von der Firma Netscape entwickelt und 1999 durch TLS (Transport Layer Security) ersetzt. In der Umgangssprache wird zumeist die Bezeichnung SSL anstatt TLS verwendet.

SSL-Zertifikat
Ein Zertifikat zur geschützten Verbindung zwischen Browser und Server. Das SSL-Zertifikat verhindert eine Manipulation der Daten durch Dritte.

Stationärer Handel
Ladengeschäfte, in denen Kundinnen und Kunden persönlich erscheinen.

Stockfoto
Ein Bild aus der Datenbank einer Bildagentur. Zur Verwendung eines Stockfotos muss eine in der Regel kostenpflichtige Lizenz erworben werden.

Stornoquote
Verhältnis zwischen Bestellungen und stornierten Bestellungen in Prozent.

Streckengeschäft, siehe **Dropshipping**.

Stream
Der für jeden Teilnehmer unterschiedliche Nachrichtenstrom in einem Social-Media-Netzwerk. Postings eines Unternehmens erscheinen auf zwei Arten im Stream eines Teilnehmers:

- Der Teilnehmer ist zum Follower geworden.
- Das Posting ist beworben.

Suchbegriffe, siehe **Keywords**.

Suchmaschinenergebnisseite, siehe **SERP**.

Systemvoraussetzungen
Das Minimum, damit ein System (z. B. Betriebssystem, CMS oder Shopsystem) auf einem Rechner ohne Probleme installiert und betrieben werden kann. Unterschieden werden diese beiden Gruppen von Systemvoraussetzungen:

- Hardware, z. B. Kapazität des Arbeitsspeichers eines Servers.
- Software, z. B. die PHP-Version auf einem Webspace.

TAI (Thousand-Ad-Impression), siehe **CPM**.

Telemedien
Ortsunabhängige, elektronische Medien wie beispielsweise Websites, E-Mails und Newsletter. Auch Social-Media-Plattformen, Foren und Blogs zählen zu den Telemedien.

Theme
Ein Theme ist innerhalb eines CMS, zum Beispiel WordPress, primär für die Optik einer Website verantwortlich. Besondere Themes greifen aber auch in die Funktionalität eines CMS ein.

TKP (Tausender-Kontakt-Preis), siehe **CPM**.

Touchpoint
Ein Punkt, an dem ein Kunde mit einem E-Commerce-Anbieter in Berührung kommt. Beispiel: Klick auf einen Link oder Öffnen eines Newsletters. Aber auch reine Sichtkontakte, wie etwa das Betrachten eines Werbebanners, werden zu den Touchpoints (Berührungspunkten) gezählt.

Tracking
Aufzeichnung des Verhaltens eines Nutzers auf einer Website oder einem Social-Media-Netzwerk.

Tracking-Code
Code zum Aufzeichnen des Nutzerverhaltens. Beispiel: das sogenannte Facebook-Pixel. Dabei handelt es sich nicht, wie der Name vermuten lässt, um ein Bildelement, sondern um einen Code. Diesen Code stellt Facebook den Betreibern von Websites zum Einbau zur Verfügung, um ein plattformübergreifendes Tracking (zwischen der Website und Facebook) zu ermöglichen. Da der Websitebetreiber die Daten seiner User damit an Facebook übergibt, findet eine sogenannte Auftragsdatenverarbeitung statt. Aus datenschutzrechtlichen Gründen muss der Besucher vor dem Betreten der Website sein Einverständnis für die Auftragsdatenverarbeitung erklären.

Traffic
Der Begriff Traffic steht für sämtliche Zugriffe von Besuchern auf einer Website.

Trust Signals
Bilder und Texte, mit denen Unternehmen Vertrauen gewinnen. Beispiele:

- Markenlogos.
- Markennamen.
- Shop-Siegel von Händlerorganisationen.
- Positive Rezensionen.

UI (User Interface)

Benutzeroberfläche, zum Beispiel einer Website oder eines Onlineshops.

Umsatz

Der Umsatz eines Unternehmens berechnet sich aus der Formel *Absatzmenge x Preis*, ganz unabhängig von den Kosten. Nicht zu verwechseln ist der Umsatz mit dem Gewinn.

Umsatzrentabilität

Die Umsatzrentabilität ist eine Kennzahl zur Ermittlung des Erfolgs eines Unternehmens. Sie gibt das prozentuale Verhältnis des Jahresüberschusses (Gewinn) zum erzielten Umsatz an.
Berechnung:

$$\text{Umsatzrentabilität [in \%]} = \frac{\text{Jahresüberschuss}}{\text{Umsatz}} \times 100$$

Synonym: Umsatzrendite.

Unique Visitors

Besucher einer Website innerhalb eines bestimmten Zeitraums, unabhängig ihrer dort getätigten Interaktionen. Beispiel: Besucher A hat im März einen Onlineshop fünfmal besucht und dabei 21 Seiten aufgerufen. Besucher B hat im selben Zeitraum den Onlineshop dreimal besucht und acht Seiten aufgerufen. Die Besuche von A und B werden als zwei Unique Visitors gezählt.

Up-Selling

Dem Kunden wird ein im Vergleich zu seiner Suche höherwertiges Produkt angeboten. Beispiel: Ein Hotel schlägt dem Gast vor, statt eines Zimmers eine Suite zu buchen.

URL (Uniform Resource Locator)

Als URL wird die Adresse einer einzelnen Webseite bezeichnet. Eine URL, die in die Adressleiste eines Browser eingegeben wird, führt genau zu dieser Webseite. Oft verwechselt wird die URL mit der Domain. Die Domain ist aber nur ein Teil der URL. Beispiele für URLs:

- *https://shopname.de* – URL entspricht der Domain.
- *https://shopname.shop* – URL entspricht der Domain.
- *https://shopname.de/service* – Domain ist Teil der URL.
- *https://facebook.com/shopnam*e – Domain ist Teil der URL.

USP (Unique Selling Proposition)

Als USP wird das Alleinstellungsmerkmal einer Ware oder Dienstleistung bezeichnet. Beispiele: Ein Produkt mit einer besonderen Qualität, oder eine besonders individuelle Dienstleistung.

UX (User Experience)

Erfahrung eines Besuchers beim Aufruf einer Website, eines Webshops oder einer anderen Anwendung.

Variable Kosten

Variable Kosten entstehen einem Unternehmen, im Gegensatz zu den Fixkosten, in Abhängigkeit von der Nachfrage. Beispiele: Transportkosten, Kosten für Überstunden, die in der umsatzstarken Vorweihnachtszeit anfallen, Kosten für Verkaufsprovisionen.

Variables Produkt

Ein Produkt, für das bestimmte Varianten (Attribute) ausgewählt werden können. Typisch sind unterschiedliche Größen und Farben.

Verordnung

Der Unterschied zum Gesetz ist formal. Gesetze werden von einem Parlament beschlossen, Verordnungen von einer Behörde erlassen. Für Bürger und Unternehmen ist der Unterschied wenig relevant. Halten müssen sie sich an beides.

Versandzone
Ein bestimmtes Gebiet, für das Versandkosten festgelegt wurden. Beispiel: Innerhalb der Versandzone Deutschland gilt eine Versandkostenpauschale von 3,00 Euro.

Verweildauer
Die Zeit, die ein Besucher während einer Session auf einer Website verbringt.

Vorwärtskalkulation
Verfahren zur Preisbildung. Bei der Vorwärtskalkulation geht ein Händler vom Listenpreis des Herstellers oder Lieferanten aus, um den Endpreis zu ermitteln. Er rechnet also vom fixen Einkaufspreis zum flexiblen Verkaufspreis. Modifiziert wird der Preis dabei durch Abschläge (z. B. Rabatte und Skonti beim Einkauf) und Zuschläge (z. B. Bezugskosten, Gemeinkosten, Gewinnzuschlag, Rabatte und Skonti beim Verkauf). Am Ende der Vorwärtskalkulation wird die Umsatzsteuer aufgeschlagen. Das Gegenmodell zur Vorwärtskalkulation ist die Rückwärtskalkulation.

Wannenmodell, siehe **Attribution**.

Warenkorb
Element eines Onlineshops. Im Warenkorb sind alle Produkte aufgelistet, die ein Kunde während seines Einkaufs ausgewählt hat.

Warenwirtschaftssystem
Ein Warenwirtschaftssystem bildet die Warenströme (Beschaffung, Lagerung, Verkauf und Versand) in einem Unternehmen ab.

Webhoster, siehe **Hoster**.

Webseite
Eine einzelne Seite einer Website. Jede Webseite verfügt über eine eigene URL. Im allgemeinen Sprachgebrauch werden Webseite, Website und Homepage gerne verwechselt. Eine Website besteht in der Regel aus vielen einzelnen Webseiten. Beispiele für Webseiten:

- Startseite, auch Homepage genannt.
- Über-uns-Seite – mit Informationen zum Zweck der Website.
- Blogbeiträge.
- Portfolio-Seiten.
- Übersichtsseite eines Onlineshops.
- Produktseiten eines Onlineshops.
- Die Impressumsseite (Pflichtseite).
- Die Datenschutzerklärung (Pflichtseite).
- Eine Landingpage für ein bestimmtes Produkt.

Im Sonderfall der One-Page-Website gilt: Website = Webseite.

Werbekosten-Umsatz-Relation, siehe **KUR.**

Werkvertrag
Ein Werkvertrag wird zwischen einem Auftraggeber (Besteller) und einem Auftragnehmer (Unternehmer) geschlossen. Der Auftragnehmer erstellt gegen Bezahlung das Werk. Das Werk muss dabei erfolgreich erbracht werden. Beispiele für Werkverträge: Transporte, Reparaturen, künstlerische Leistungen, Übersetzungen, Erstellung eines Onlineshops. Das Werkvertragsrecht ist in den §§ 631 bis 651 BGB geregelt.

Wettbewerbsrecht
Der Oberbegriff für alle Gesetze und Verordnungen, die die Präsentation und den Verkauf von Waren und Dienstleistungen betreffen. Besonders wichtig sind das UWG (Gesetz gegen den unlauteren Wettbewerb), das BGB (Bürgerliches Gesetzbuch) und das HGB (Handelsgesetzbuch).

WooCommerce
Das Plug-in WooCommerce erweiterte das CMS WordPress zu einem Onlineshop. WooCommerce kann nicht ohne WordPress betrieben werden. WooCommerce wird direkt über das Backend von WordPress installiert.

Wurzelverzeichnis

Die unterste Ebene in einem Verzeichnisbaum. Das Wurzelverzeichnis kann sowohl Dateien wie auch weitere Verzeichnisse enthalten. Beispiel: Im Wurzelverzeichnis einer WordPress-Installation befinden sich sowohl einzelne Dateien wie auch die Verzeichnisse wp-admin, wp-content und wp-includes.

XSS (Cross-Site-Scripting)

Bei dieser Angriffsmethode wird Schad-Code über die Eingabefelder einer Website eingeschleust. Beliebt sind die Suchfunktion, Formulare und Kommentarfelder. Die Angreifer versuchen sich auch im Abgreifen von Cookies oder dem Einpflanzen von Phishing-Formularen auf Websites. Das Wort Phishing setzt sich aus "Passwort" und "Fishing" zusammen. Ziel ist es, über eingepflanzte Formulare die Passwörter von Usern "herauszufischen".

Zivilrecht

Akteure des Zivilrechts (auch Privatrecht genannt) sind Einzelpersonen, Unternehmen und Vereine. Im Zivilrecht fechten alle Beteiligten ihre Streitigkeiten auf Augenhöhe aus. Im Gegensatz dazu steht das öffentliche Recht. Hier stehen der Staat und seine Organe auf der einen, Personen, Unternehmen und Vereine auf der anderen Seite. Die stärkere Position nimmt dabei der Staat ein.

5 Antworten zu den zwölf Lernfeldern der Berufsschule

LF 1 Das Unternehmen präsentieren und die eigene Rolle mitgestalten

Übungsfrage 1: Der Ausbildungsvertrag

Lösung

Antwort 3. Der mündliche Berufsausbildungsvertrag ist gültig, muss aber spätestens vor Beginn der Berufsausbildung schriftlich vorliegen.

> **! Vorsicht Falle**
>
> Eine Falle ist in Antwort 1 verborgen. Mündliche Ausbildungsverträge sind zwar nicht üblich, aber dennoch nicht grundsätzlich ungültig.

Übungsfrage 2: Die Sozialversicherungen

Lösung

- KV-Beitrag: Arbeitnehmer-Anteil an der Krankenversicherung.
- RV-Beitrag: Arbeitnehmer-Anteil an der Rentenversicherung.
- AV-Beitrag: Arbeitnehmer-Anteil an der Arbeitslosenversicherung.
- PV-Beitrag: Arbeitnehmer-Anteil an der Pflegeversicherung.

Übungsfrage 3: Gesetzliche Unfallversicherungen

Lösung
Die übrigen Sozialversicherungen (Krankenversicherung, Rentenversicherung, Arbeitslosenversicherung und Pflegeversicherung) werden anteilig von Arbeitgeber und Arbeitnehmer bezahlt. Die Unfallversicherung wird zu 100 % von den Arbeitgebern finanziert. Da die Arbeitnehmer keine Beiträge bezahlen, ist diese Sozialversicherung nicht in der Entgeltabrechnung enthalten.

Übungsfrage 4: Der Mutterschutz

Lösung
Antwort 3. Auch Auszubildende im Mutterschutz müssen die Prüfung vor Ort ablegen. Sie können aber eine Verlängerung Ihrer Ausbildungszeit beantragen. Der Antrag ist an die Stelle zu richten, die die Ausbildung überwacht, in kaufmännischen Berufen ist dies in der Regel die IHK.

Übungsfrage 5: Die Entgeltabrechnung

Lösung
Antwort 4. Die Sozialversicherungsbeiträge des Arbeitgebers.

Erklärung
Die Sozialversicherungsbeiträge werden von Arbeitgeber und Arbeitnehmer abgeführt. In der Entgeltabrechnung sind aber nur diejenigen Anteile enthalten, die vom Lohn bzw. Gehalt des Arbeitnehmers abgezogen werden.

Übungsfrage 6: Duales System

Lösung

Antwort 5. Die Duales System Deutschland GmbH ist im Bereich des Recyclings tätig.

Erklärung

Der Punkt Nummer 3 ist korrekt. Der erste Prüfungsteil, der spätestens am Ende des 2. Ausbildungsjahrs durchgeführt wird, ist nicht eigenständig.

Übungsfrage 7: Rechtsformen von Unternehmen

Lösung

Antwort 2. Personen- und Kapitalgesellschaften.

> **! Vorsicht Falle**
>
> Die Antwort 4 lässt vermuten, dass eine GmbH nur von einer Personengruppe gegründet werden kann. Dies ist nicht der Fall, auch Einzelpersonen können eine GmbH gründen und betreiben.

Übungsfrage 8: Haftungsverhältnisse in einer KG

Lösung

Antwort 1. Nur der Komplementär haftet auch mit seinem Privatvermögen.

> **! Vorsicht Falle**
>
> In Antwort 2 sind die Haftungsverhältnisse vertauscht.

Übungsfrage 9: Rechtsformen von Unternehmen

Lösung

Antwort 2. Nachdem die Probezeit nicht vertraglich vereinbart wurde, greift die gesetzliche Mindestfrist von einem Monat.

! Vorsicht Falle

Die Antwort 4 lässt vermuten, dass in diesem Fall die maximale Frist gilt. Dies ist jedoch nicht der Fall und wäre zum Nachteil der Auszubildenden. Das Berufsausbildungsverhältnis kann nämlich während der Probezeit ohne Einhalten einer Kündigungsfrist gekündigt werden.

Übungsfrage 10: Recht auf Urlaub

Lösung

Antwort 3. Herr Specht hat, bedingt durch seine Erkrankung, von 10 Urlaubstagen nur 6 verbraucht. Es bleiben von den 28 vertraglich vereinbarten Tagen noch 22 übrig.

! Vorsicht Falle

Die Falle ist in Antwort 1 verborgen. Zieht man die 6 Tage, an denen Herr Specht nicht krankgeschrieben war, vom gesetzlichen Mindesturlaub von 24 Tagen ab, so würde noch ein Anspruch von 18 Tagen bestehen. Basis der Berechnung ist jedoch nicht der Mindesturlaub von 24, sondern der vertraglich vereinbarte Urlaub von 28 Tagen.

Übungsfrage 11: Kündigungsschutz

Lösung

Antwort 4. In der Probezeit gilt eine Frist von zwei Wochen bei ordentlicher Kündigung. Für eine außerordentliche Kündigung gilt keine Kündigungsfrist, allerdings müssen dazu schwerwiegende Gründe vorliegen. Beispiele: Regelmäßige Unpünktlichkeit trotz mehrfacher Abmahnung oder sexuelle Belästigung.

! Vorsicht Falle

Die Falle ist in Antwort 5 verborgen. Eine Kündigung kann, muss aber nicht zum Monatsende, zum 1. oder zum 15. Tag eines Monats erfolgen.

Übungsfrage 12: Jugend- und Auszubildendenvertretung

Lösung

Antwort 4. Die Altersgrenze liegt bei Auszubildenden nicht bei 18, sondern bei 25 Jahren. Frau Jahn darf aber nicht gleichzeitig Mitglied des Betriebsrats sein.

! Vorsicht Falle

Die Falle ist in Antwort 3 verborgen. Frau Jahn kann nicht ohne weitere Bedingung gewählt werden. Ist sie ein Mitglied des Betriebsrats, so darf sie sich nicht aufstellen lassen.

Übungsfrage 13: Mitwirkung der JAV

Lösung

Antwort 1. Die JAV kann keine Beschlüsse fassen, die unmittelbar gegenüber dem Arbeitgeber wirksam sind.

! Vorsicht Falle

Die Falle ist in Antwort 3 verborgen. Es zählt zu den Aufgaben der JAV, die Einhaltung der Gesetze und Verordnungen zu überwachen.

Übungsfrage 14: Jugendarbeitsschutzgesetz

Lösung

Antwort 4. Der Arbeitgeber muss Frau Schuster vor Beginn ihrer Beschäftigung und bei wesentlichen Änderungen über Unfall- und Gesundheitsgefahren unterweisen. Die Unterweisungen müssen mindestens halbjährlich wiederholt werden.

! Vorsicht Falle

Die Falle ist in Antwort 5 verborgen. Frau Schuster darf nach einer qualifizierten Einweisung auch an Maschinen eingesetzt werden.

Übungsfrage 15: Der Betriebsrat

Lösung

Antwort 2. Die Aufgaben des Betriebsrats sind im Betriebsverfassungsgesetz verankert.

! Vorsicht Falle

Die Falle ist in Antwort 1 verborgen. Das Mitbestimmungsgesetz (MitbestG) gilt nur für sehr große Unternehmen und betrifft nicht den Betriebsrat, sondern die Aufnahme von Arbeitnehmervertretern in den Aufsichtsrat. Aufsichtsräte sind zudem nur für bestimmte Unternehmensformen (z. B. AG) und ab einer großen Zahl von Mitarbeiterinnen und Mitarbeitern vorgesehen. In einem Unternehmen mit nur fünf Mitarbeiterinnen und Mitarbeitern existiert kein Aufsichtsrat.

Übungsfrage 16: Erkrankung

Lösung

Antwort 3. Eine Krankmeldung ist verpflichtend. Auf Verlangen muss eine ärztliche Bescheinigung vorgelegt werden.

! Vorsicht Falle

Die Falle ist in Antwort 2 verborgen. Ein ärztliches Attest genügt.

Übungsfrage 17: Organisation von Unternehmen

Lösung

Antwort 1. Spartenorganisation (Aufteilung eines Unternehmens in Sparten und Verknüpfung von Abteilungen mit einfachen Linien), funktionale Organisation (Aufteilung nach Aufgaben und Verknüpfung von Abteilungen mit einfachen Linien) und Matrixorganisation (Mehrlinienmodell, horizontale und vertikale Linien).

! Vorsicht Falle

Eine Falle ist in Antwort 3 verborgen. Die Anwendung einer bestimmten Projektmethode bildet noch keine Struktur eines Unternehmens ab.

Übungsfrage 18: Das Leitbild eines Unternehmens

Mögliche Lösungen

- Ökonomische Ziele: Marktführerschaft, Wachstum, Innovation.
- Ökologische Ziele: Umweltfreundliche Rohstoffe, umweltfreundliche Fertigung, umweltfreundliche Mobilität.
- Soziale Ziele: Sicherung von Arbeitsplätzen, Einhaltung sozialer Standards in der Produktion, Einhaltung sozialer Standards in der Lieferkette.

Übungsfrage 19: Soziale Ziele eines Unternehmens

Mögliche Lösungen

- Gerechte Löhne.
- Beteiligung der Mitarbeiterinnen und Mitarbeiter am Unternehmensgewinn.
- Sicherheit der Arbeitsplätze.
- Sicherstellung guter Arbeitsbedingungen, Einhaltung von Umwelt- und Arbeitsstandards.
- Zusammenarbeit mit Zulieferern, die soziale Standards einhalten und die Menschenrechte beachten.
- Gemeinnütziges Engagement, Spenden und Sponsoring.
- Corporate Social Responsibility (CSR). Übernahme unternehmerischer Verantwortung auf unterschiedlichen Ebenen.
- Ehrbarer Kaufmann. Ethisches Verhalten gegenüber Partnern und der Konkurrenz.

Übungsfrage 20: Betrieblicher Datenschutz

Lösung

Antwort 5. Für Daten, die zwingend für die Abwicklung einer Bestellung notwendig sind, ist keine gesonderte Zustimmung der Kundinnen und Kunden notwendig.

> **! Vorsicht Falle**
>
> Eine kleine Falle ist in Antwort 1 verborgen. Die Zahl von mindestens 20 regelmäßig mit der Verarbeitung von personenbezogenen Daten beschäftigten Personen könnte zu Irritationen führen. Sie ist aber korrekt, da die Mindestschwelle für die Verpflichtung zur Ernennung eines Datenschutzbeauftragten im November 2019 von 9 auf 20 angehoben wurde.

Übungsfrage 21: Kommunikationsarten

Lösung

Antwort 4. Die Argumentation zählt zur verbalen, aber nicht zur nonverbalen Kommunikation.

> **! Vorsicht Falle**
>
> Eine Falle ist in Antwort 3 verborgen. Auch Stimme, Tonlage und Sprechpausen werden eher zur nonverbalen als zur verbalen Kommunikation gezählt.

Übungsfrage 22: Lebenslanges Lernen

Lösung

Antwort 2. Konkurrenzfähige Unternehmen sind auf aktuelles Know-how angewiesen. Dieses wird durch lebenslanges Lernen auf dem aktuellen Stand gehalten.

> **! Vorsicht Falle**
>
> Eine Falle ist in Antwort 4 verborgen. Das lebenslange Lernen beginnt nicht erst ab einer bestimmten Altersschwelle.

Übungsfrage 23: Marktstruktur im E-Commerce

Lösung

- Amazon dominiert den Markt, ist aber nicht der einzige Anbieter, also kein echter Monopolist. Der Abstand zum zweitstärksten Anbieter (Otto) ist allerdings extrem. Es kann daher von einem Beinahe-Monopol gesprochen werden.
- Ein Oligopol, also ein geschlossener Kreis mehrerer Anbieter, liegt nicht vor.
- Auch der Begriff Polypol ist unzutreffend. Dazu müsste der Markt von sehr vielen etwa gleich starken Anbietern beherrscht werden.

LF 2 Onlinesortimente gestalten und die Beschaffung unterstützen

Übungsfrage 24: Produktgrößen vereinheitlichen

! Vorsicht Falle

Lesen Sie die Aufgabenstellung genau durch, bevor Sie mit dem Rechnen beginnen! Prüfen Sie, ob darin Werte enthalten sind, die Sie zur Lösung gar nicht benötigen. In der Aufgabe sind die Angaben der Körpergrößen für die Lösung irrelevant. Die Rechnung besteht nur aus einfachen Multiplikationen.

Kaufmännisches Runden

In der Aufgabenstellung wird das kaufmännische Runden gefordert. Hierzu gelten folgende Regeln:

- Die Zahl an der ersten wegfallenden Dezimalstelle ist eine 0, 1, 2, 3 oder 4 ▶ Es wird abgerundet.
- Die Zahl an der ersten wegfallenden Dezimalstelle ist eine 5, 6, 7, 8 oder 9 ▶ Es wird aufgerundet.

Lösung

Reifengröße in Zoll	Reifengröße in Zentimeter (ca.)	Körpergröße
12 Zoll	ca. 30 cm	70 - 90 cm
16 Zoll	ca. 41 cm	90 - 120 cm
20 Zoll	ca. 51 cm	120 - 140 cm
24 Zoll	ca. 61 cm	140 - 160 cm
26 Zoll	ca. 66 cm	160 - 180 cm
28 Zoll	ca. 71 cm	über 180 cm

Rechenweg

Reifengröße in Zoll * 2,54 = Reifengröße in Zentimeter.

Übungsfrage 25: Auffindbarkeit von Produkten

Mögliche Lösungen

- Preisfilter. Beispiel: Nur Produkte ab 500 Euro anzeigen.
- Attributfilter. Beispiel: Nur Fahrräder ab Reifengröße 26 anzeigen.
- Bewertungsfilter. Beispiel: Nur Produkte mit 5-Sterne-Bewertung anzeigen.
- Nach Beliebtheit filtern. Beispiel: Die am meisten verkauften Produkte anzeigen.
- Nach Sonderangebote filtern. Beispiel: Nur reduzierten Produkte anzeigen.
- Nach Verfügbarkeit filtern. Beispiel: Nur Produkte auf Lager anzeigen.
- Nach Produktkategorien filtern. Beispiel: Nur Kinderräder anzeigen.

Übungsfrage 26: Rechtskonforme Produktbeschreibungen

Lösung

Antwort 5. Es gilt die Liste der EU-Textilkennzeichnungsverordnung. Diese enthält 50 zulässige Bezeichnungen mit den entsprechenden Kriterien, zum Beispiel für Wolle, Seide, Baumwolle, Viskose oder Polyester. Nicht gestattet ist die Verwendung der Wortschöpfung eines Herstellers. Dies gilt auch dann, wenn diese Wortschöpfung als Marke in einem Markenregister wie dem DPMA eingetragen ist.

! Vorsicht Falle

Die Falle ist in Antwort 3 verborgen. Es ist zwar korrekt, dass die Preisangabenverordnung nur für den B2C-Bereich gilt. Sie enthält aber keine Bezeichnungslisten für Textilfasern.

Übungsfrage 27: Preiswahrnehmung

Lösung Preisschwelle

Bestimmte Schwellen wie beispielsweise 10,00 Euro oder 100,00 Euro haben eine psychologische Wirkung. Sie lassen ein Produkt im Vergleich zu Preisen wie 9,90 Euro oder 99,00 Euro wesentlich teurer erscheinen.

Lösung Preisfigur

Preisfiguren sind sogenannte "Schnapszahlen" wie 333,00 Euro oder 777,00 Euro. Sie sorgen bei den Kundinnen und Kunden für eine gesteigerte Aufmerksamkeit für das Produkt und den Preis.

Lösung Sortimentseffekt

Kunden vergleichen häufig Produkte aus dem gleichen Sortiment, um dann das in ihren Augen günstigere zu wählen.
Beispiel: Produkt A kostet 398,00 Euro, Produkt B 498,00 Euro. Viele Kunden entscheiden sich bei dieser Auswahl für das billigere Produkt A. Mit dem Hinzufügen des wesentlich teureren Produkts C für 698,00 Euro steigt der Anteil der Kunden, die das Produkt B wählen.

Übungsfrage 28: Preisvergleich in Pricing Tables

Mögliche Lösungen

- Die Preise bewegen sich jeweils unter einem Schwellenwert, nämlich 20,00 €, 30,00 € und 50,00 €. Dadurch erscheinen Sie günstiger als bei Erreichung des glatten Werts.
- Zur Beeinflussung der Kunden wurde der Preis in der Mitte mit der Preisfärbung „Top-Preis !“ gekennzeichnet.
- Durch eine Staffelung in drei Preise entsteht ein Ankereffekt. Kunden können sich an Anhaltspunkten (Ankern) orientieren und empfinden die Preise als angemessen.

- Durch den hohen Abstand zwischen Standard- und Premiumprodukt erscheint das Standardprodukt besonders preisgünstig.
- Der Premiumpreis von 49,00 € pro Monat sollte, um keine Unregelmäßigkeiten zu erzeugen, auf 49,90 € angepasst werden.

Übungsfrage 29: Verknappung

Mögliche Antworten

- Auslaufmodell.
- Nur noch bis 14.6.
- Schnapp zu, solange es noch erhältlich ist.
- Nur noch wenige Exemplare.
- Nur noch 3 Stück erhältlich.
- Restposten.
- Nur bei uns erhältlich.
- Nur noch heute und morgen.

Übungsfrage 30: Konkurrenzorientierte Preisgestaltung

Lösung

Antwort 1. Es droht ein Preiskampf, bei dem die Gewinnmarge für alle Unternehmen sinkt. Günstig ist diese Situation allerdings für die Verbraucher. Sie können zu günstigen Preisen einkaufen.

> **! Vorsicht Falle**
>
> Eine Falle ist in Antwort 3 verborgen. Die Orientierung an den Preisen der Konkurrenz kann zwar im Fall der gegenseitigen Unterbietung zu häufigen Änderungen führen, sie ist aber eine relativ simple Methode zur Preisbestimmung.

Übungsfrage 31: Dynamic Pricing

Lösung

Antwort 2. Beim Dynamic Pricing, der beweglichen Preisgestaltung, werden zu unterschiedlichen Zeiten unterschiedliche Preise erhoben.

> **! Vorsicht Falle**
>
> Die Falle liegt in Antwort 3 verborgen. Auch die Preisbildung nach Saison kann bei großzügiger Auslegung zu den Methoden des Dynamic Pricing gezählt werden. Antwort 2 beschreibt das Dynamic Pricing aber wesentlich genauer.

Übungsfrage 32: Nischenprodukte

Mögliche Antworten

- Hohe Gewinnmarge.
- Liebhaber sind bereit, einen höheren Preis zu akzeptieren.
- Hochpreisige Produkte lassen andere Produkte des Sortiments günstiger erscheinen.
- Ein hochwertiges Nischenprodukt wirft ein gutes Licht auf das gesamte Sortiment.
- Hochwertige Nischenprodukte werfen ein gutes Licht auf das Unternehmen.
- Über Nischenprodukte grenzt sich das Unternehmen von der Konkurrenz ab.
- Die Zahl der Liegeradhändler ist überschaubar. Es ist davon auszugehen, dass die Liegerad-Community den neuen Händler wahrnimmt und den Namen der Bikestylers GmbH auf den Social-Media-Netzwerken verbreitet.

- Medien berichten lieber von besonderen als von gewöhnlichen Produkten. Mit dem neuen Angebot steigt die mediale Präsenz im redaktionellen Teil von Fachzeitschriften, aber auch von Publikationen, die sich an eine breitere Öffentlichkeit richten.
- Mit dem neuen Nischenprodukt gelangt zusätzliches Know-how in das Unternehmen.

Übungsfrage 33: Briefwerbung

Lösung
Antwort 4. Es darf kein ausdrücklicher Widerspruch des Empfängers vorliegen.

! Vorsicht Falle
Die Falle ist in Antwort 2 verborgen. Die Bestimmungen sind für den Versand per Post weniger streng als für das E-Mail-Marketing. Eine ausdrückliche Erlaubnis ist nicht erforderlich.

Übungsfrage 34: Unlauterer Wettbewerb

Lösung
Antwort 3. Die Verknappung stellt, falls die Ware tatsächlich verfügbar ist, eine Irreführung nach § 5 Abs. 1 Satz 1 UWG dar.

! Vorsicht Falle
Die Falle liegt in Antwort 4 verborgen. Eine künstliche Verknappung ist in bestimmten Grenzen erlaubt. Der Händler darf beispielsweise ganz bewusst nur eine begrenzte Menge vom Großhändler beziehen, um das Angebot knapp zu halten.

Übungsfrage 35: Markenrecht

Lösung

Antwort 5. Der Inhaber der Marke hat die Ware innerhalb der EU in den Verkehr gebracht, damit darf der Markenname auch verwendet werden – allerdings auch nur für das entsprechende Produkt, die Luftpumpe Airpower 500.

> **! Vorsicht Falle**
>
> Die Falle ist in Antwort 1 verborgen. Das Markenrecht schützt vor Plagiaten, umfasst aber nicht sämtliche Verwendungen.

Übungsfrage 36: Persönlichkeitsrechte

Lösung

Antwort 2. Eine Verwendung ist nur mit der Einwilligung der abgebildeten Personen zulässig.

> **! Vorsicht Falle**
>
> Die Antwort 4 lässt vermuten, dass die Abbildung der Mitarbeiterinnen und Mitarbeiter wegen der im Arbeitsvertrag festgelegten Entlohnung keiner besonderen Einwilligung bedarf. Dies ist jedoch nicht der Fall.

Übungsfrage 37: Produktkategorien

Lösung

Die Strategie der Bikestylers GmbH ist erfolgreicher.

- Möglicher Aspekt 1: Produktkategorien dienen der Auffindbarkeit von Produkten. Die meisten Kunden suchen zuerst nach einem bestimmten Fahrradtyp und nicht nach einer bestimmten Farbe.

- Möglicher Aspekt 2: Farben zählen zu den Attributen eines Produkts und sollten daher, um die Usability des Shops nicht zu behindern, generell nicht als Produktkategorie eingesetzt werden.
- Möglicher Aspekt 3: Produktkategorien werden auch von den Suchmaschinen gecrawlt. Die Begriffe der Bikestylers GmbH sind aussagekräftiger als die der Sattelmann AG und beeinflussen das Ranking in den Suchmaschinen positiv.

Übungsfrage 38: Analyse

Lösung

Gefragt wurde nach der SWOT-Analyse: Strengths, Weaknesses, Opportunities, Threats:
Strengths (1)
Opportunities (3)
Threats (4)
Weaknesses (2)

Übungsfrage 39: Urheberrecht und Nutzerrecht

Aufgabe 34a

Lösung

Antwort 2. Das Urheberrecht. Die Fotografin ist und bleibt die Urheberin der Bilderserie.

> **! Vorsicht Falle**
>
> Die Falle ist in Antwort 4 verborgen. Das Nutzungsrecht des Bilds kann für die Fotografin eingeschränkt sein.

Beispiel: Die Fotografin hat die Bilderserie zum Downhill-Rennen exklusiv im Auftrag der Bikestylers GmbH angefertigt. Sie bleibt zwar die Urheberin, darf aber die Nutzungsrechte nicht an ein anderes Unternehmen verkaufen.

Aufgabe 34b

Lösung

Antwort 4. Das Urheberrecht ist nicht übertragbar.

> **! Vorsicht Falle**
>
> In Antwort 3 wird das Urheberrecht mit dem Nutzungsrecht verbunden. Dies ist unzulässig. Nach § 31 kann der Urheber einem anderen, zum Beispiel einem Unternehmen, das Recht einräumen, sein Werk zu nutzen. Damit wird der Nutzer aber niemals selbst zum Urheber.

Übungsfrage 40: Nutzungsrecht

Lösung

Antwort 5. Die Bikestylers GmbH benötigt Bilder, die das tatsächliche Produkt zeigen. Für diese Bilder muss sie über die Nutzungsrechte verfügen. Ein Produktbild, das nur ein ähnliches Produkt zeigt, ist für Waren, die ausschließlich im stationären Handel erhältlich sind, noch teilweise üblich. Für den Onlinehandel gelten allerdings strengere Maßstäbe. Der Gesetzgeber begründet dies damit, dass die Kunden im Fernhandel keine Möglichkeit haben, die Eigenschaften eines Produkts vor dem Kauf noch einmal genau zu prüfen.

> **! Vorsicht Falle**
>
> Eine Falle ist in Antwort 2 verborgen. Die Bikestylers GmbH hat zwar mit der Lizenzierung das Nutzungsrecht erworben, das Problem liegt aber bei der Abbildung selbst.

Übungsfrage 41: Barrierefreiheit

Lösung
Antwort 2. Ein möglichst hoher Kontrast zwischen Vorder- und Hintergrund erleichtert sehbehinderten Usern die Texterkennung.

> **! Vorsicht Falle**
> Die Falle ist in Antwort 3 verborgen. Die Verwendung von Komplementärfarben garantiert noch keine gute Lesbarkeit.

Übungsfrage 42: Die Preisangabenverordnung

Lösung
Antwort 1. Die Preisangabenverordnung gilt ausschließlich zwischen Unternehmen und Endverbrauchern (B2C).

> **! Vorsicht Falle**
> Die Antwort 5 beinhaltet eine Falle. Die PAngV gilt nur für den Bereich B2C, Kleinunternehmen sind dabei aber nicht ausgenommen.

Übungsfrage 43: Preisangaben

Lösung
Antwort 2. In einem B2B-Shop werden in der Regel Netto-Preise angezeigt. Weil Käufer die Umsatzsteuer erstattet bekommen, spielt sie beim Preisvergleich B2B-Geschäft keine Rolle.

> **! Vorsicht Falle**
> Die Falle ist in Antwort 3 verborgen. Die Darstellung beider Preise ist im reinen B2B-Handel nicht üblich.

Übungsfrage 44: Cross-Selling

Lösung

- Käuferinnen und Käufern eines Hollandrads wird ein Fahrradkorb als Zubehör empfohlen.
- Käuferinnen und Käufern eines Rennrads wird ein Trikot als Zubehör empfohlen.
- Käuferinnen und Käufern eines Mountainbikes wird eine Lenkerhalterung für eine Action-Cam empfohlen.

! Vorsicht Falle

Mit Cross-Selling sind Zusatzverkäufe gemeint. Dieser Begriff sollte nicht mit Up-Selling verwechselt werden, also dem Verkauf eines höherwertigen Produkts anstelle des vom Kunden ursprünglich gewünschten.

Übungsfrage 45: Einkaufspreis und Rohgewinn berechnen

Aufgabe 39a

Lösung

120 * 420 € = 50.400 €.

Erklärung

Im Großhandel sind Preise üblicherweise als Nettopreise angegeben, also ohne Umsatzsteuer. In dieser Form werden sie beispielsweise auch für Erfolgsrechnungen in einem Unternehmen verwendet.
Weitere Angaben, beispielsweise zu Transportkosten, Einkaufsrabatt oder Skonto sind in dieser Aufgabe nicht enthalten.
Für die Berechnung gilt also:

- Die Umsatzsteuer bleibt unberücksichtigt.
- Der Einkaufspreis entspricht dem Warenbezugspreis (auch Bezugspreis, Einstandspreis).

Rechenweg
Der Rechenweg ist sehr einfach. 1 Fahrrad kostet 420,00 € im Einkauf, folglich kosten 120 Fahrräder $120 \times 420\ € = 50.400{,}00\ €$ im Einkauf.

Aufgabe 39b

Lösung

$$\frac{44.800\ € \times 100}{119} = 37.647{,}06\ €$$

$$38 \times 420\ € = 15.960{,}00\ €$$

$$37.647{,}06 - 15.960{,}00 = 21.687{,}06\ €$$

Der Rohgewinn beträgt 21.687,06 €.

Erklärung
Der Bruttoumsatz setzt sich aus dem Erlös (Umsatz) und der Umsatzsteuer (19 %) zusammen. Mit der Umsatzsteuer, die wieder an das Finanzamt abgeführt werden muss, macht das Unternehmen aber keinen Gewinn. Die Umsatzsteuer von 19 % muss also herausgerechnet werden, für die Berechnung des Rohgewinns wird der Nettoumsatz benötigt. Vom Nettoumsatz (38 Fahrräder wurden im Januar verkauft) wird schließlich der Einkaufspreis für die 38 Fahrräder abgezogen. Das Ergebnis ist der Rohgewinn.

Rechenweg Schritt 1
Die Umsatzsteuer von 19 % wird herausgerechnet:

$$\frac{44.800\ € \times 100}{119}$$

Der Nettoumsatz beträgt 37.647.06 €.

Rechenweg Schritt 2
Der Einkaufspreis für die 38 Fahrräder wird berechnet. Im Einkaufspreis ist keine Umsatzsteuer enthalten. Hier genügt also eine einfache Multiplikation:

$$38 \times 420\ €$$

Der Einkaufspreis beträgt 15.960 €.

Rechenweg Schritt 3
Zur Berechnung des Rohgewinns wird der Einkaufspreis vom Nettoumsatz abgezogen:

$$37.647{,}06\ € - 15.960{,}00\ €$$

Endergebnis
Der Rohgewinn beträgt 21.687,06 €.

Übungsfrage 46: Lieferzeitangabe

Lösung
Antwort 3. Diese Lösung ist rechtskonform, weil sie einen konkreten Termin enthält. Der Händler ist zur Lieferung in maximal 5 Tagen verpflichtet.

> **! Vorsicht Falle**
> In Antwort 2 ist das Wort „voraussichtlich" enthalten, womit die Lieferbedingungen nicht hinreichend benannt sind. Diese Angabe ist nicht rechtskonform.

LF 3 Verträge im Onlinevertrieb anbahnen und bearbeiten

Übungsfrage 47: Pflichten vor Vertragsschluss

Lösung

Antwort 3. Der Erwerb eines Prüfsiegels ist freiwillig. Zudem unterliegen Organisationen, die ein Prüfsiegel vergeben, keiner Zertifizierung.

! Vorsicht Falle

Eine Falle ist in Antwort 5 versteckt. Es ist tatsächlich unerheblich, ob ein Unternehmen an der EU-Streitschlichtung teilnimmt. Der Link muss trotzdem gesetzt werden.

Übungsfrage 48: Der Checkout

Lösung

Antwort 5. Die Darstellung der Widerrufsbelehrung würde die Checkoutseite völlig überfrachten. Die Widerrufsbelehrung muss von allen Seiten gut erreichbar, also eindeutig verlinkt sein. Eine Wiedergabe ist aber weder auf den Produktseiten, noch im Warenkorb oder auf der Checkoutseite notwendig. Ebenfalls rechtlich nicht notwendig ist eine Checkbox, in der ein Kunde bestätigen muss, über das Widerrufsrecht belehrt worden zu sein.

! Vorsicht Falle

Eine Falle ist in Antwort 3 verborgen. Auch auf der Checkoutseite müssen die wesentlichen Eigenschaften bestellter Waren oder Dienstleistungen aufgeführt sein.

Übungsfrage 49: Bestellbestätigung und Auftragsbestätigung

Aufgabe 3a

Lösung

Antwort 1. Die Bestellbestätigung muss unmittelbar nach dem Kauf versendet werden.

> ! **Vorsicht Falle**
>
> Die Falle ist in Antwort 3 verborgen. Auch im B2B-Geschäft ist eine Bestellbestätigung vorgeschrieben.

Aufgabe 3b

Lösung

Das Unternehmen muss den Auftrag gemäß dem zugrundeliegenden Angebot erfüllen.

Übungsfrage 50: Die Anfechtung eines Vertrags

Lösung

Antwort 1. Die Bikestylers GmbH kann eine Forderung nach Schadensersatz für Aufwand und Kosten erheben.

> ! **Vorsicht Falle**
>
> Die Falle ist in Antwort 3 verborgen. Mit der Stornierung des Kaufvertrags wäre das Problem zwar aus der Welt geschafft, allerdings zu Lasten der Bikestylers GmbH. Ihr bliebe der Schaden, nicht nur in Form von Aufwand und Kosten für den Versand. Je nach Gebrauchsspuren kann das Fahrrad möglicherweise nicht mehr als Neuware verkauft werden.

Übungsfrage 51: Der Widerruf

Lösung
Antwort 1. Die Widerrufsfrist beträgt 14 Tage.

> **! Vorsicht Falle**
> Die Falle ist in Antwort 2 verborgen. Der Hinweis auf einen möglichen Mangel führt in die Irre. Im Fall eines Mangels greift das Gewährleistungsrecht. Widerrufsrecht und Gewährleistungsrecht sollten nicht verwechselt werden.

Übungsfrage 52: Widerrufsfrist berechnen

Lösung
Am 16. Oktober 2020 kann Herr Martin zuletzt von seinem Widerrufsrecht Gebrauch machen.

Erklärung
Die Widerrufsfrist beginnt mit dem Erhalt der Ware, bei Teillieferungen mit dem Erhalt der letzten Teillieferung. In der Aufgabe ist dies der 2. Oktober 2020. Alle anderen Datumsangaben sind für die Lösung dieser Aufgabe völlig irrelevant!

Berechnung
Zum 2. Oktober werden 14 Tage hinzuaddiert. 2 + 14 = 16. Die Frist endet am 16. Oktober.

> **! Vorsicht Falle**
> Der 2. Oktober wird noch nicht in die Frist eingerechnet, die Zählung beginnt mit dem Tag danach.
>
> Achten Sie bei Überschreiten einer Monatsgrenze darauf, ob der Monat 30 oder 31 Tage hat.

Beispiel: Bei Erhalt der letzten Ware am 20. Juni 2021 endet die Frist am 4. Juli 2021. Bei Erhalt der letzten Ware am 20. Juli 2021 endet die Frist am 3. August 2021.

Übungsfrage 53: Abfrage von Kundendaten

Lösung

Antwort 5. Die Staatsangehörigkeit darf aus Gründen des Datenschutzes nicht erhoben werden.

! Vorsicht Falle

Die Falle ist in Antwort 1 verborgen. Für die Durchführung des Bestellvorgangs ist die Abfrage der E-Mail-Adresse ebenso notwendig wie Name und Anschrift.

Übungsfrage 54: Besitz und Eigentum

Lösung

Antwort 4. Eigentümerin ist und bleibt, da es sich um einen Mietvertrag handelt, die Bikestylers GmbH. Sobald sich die Fahrräder aber in der Gewalt des Hotels befinden, haben sie den Besitzer gewechselt. Das Hotel Panorama ist also der Besitzer. Das im Vertrag angegebene Datum ist für die Klärung der Besitzverhältnisse nicht relevant.

! Vorsicht Falle

Die Falle ist in Antwort 5 verborgen. Nach § 854 Abs. 1 BGB wird der Besitz einer Sache durch die Erlangung der tatsächlichen Gewalt über die Sache erworben. Es ist dabei sogar unerheblich, ob hierzu ein Vertrag vorliegt. Auch ein Fahrraddieb ist deshalb ein Fahrradbesitzer, wenn auch kein rechtmäßiger.

Übungsfrage 55: Der Eigentumsvorbehalt

Lösung

Antwort 1. Falls ein Händler vom Instrument des Eigentumsvorbehalts Gebrauch macht, wird der Käufer erst mit der vollständigen Zahlung des Kaufpreises zum Eigentümer.

! Vorsicht Falle

Die Falle ist in Antwort 5 verborgen. Dieser Zeitpunkt der Bezahlung muss nämlich nicht mit der Übergabe der Ware zusammenfallen.

Übungsfrage 56: Rechtsfähigkeit

Lösung

Antwort 1. Die Rechtsfähigkeit beginnt mit der Vollendung der Geburt.

! Vorsicht Falle

Die Falle ist in Antwort 2 verborgen. Mit Vollendung des 7. Lebensjahres beginnt die eingeschränkte Geschäftsfähigkeit, die Rechtsfähigkeit beginnt aber schon früher.

Beispiel: Ein 3-jähriges Kind kann bereits Vermögen oder Schulden haben, oder einen Rechtsanspruch auf einen Betreuungsplatz.

Übungsfrage 57: Geschäftsfähigkeit

Lösung

- Geschäftsunfähigkeit: Vor der Vollendung des 7. Lebensjahres.
- Beschränkte Geschäftsfähigkeit: Von der Vollendung des 7. bis zur Vollendung des 18. Lebensjahres.
- Volle Geschäftsfähigkeit: Ab der Vollendung des 18. Lebensjahres.

Übungsfrage 58: Nichtigkeit

Lösung
Antwort 2. Jonas hat das 7. Lebensjahr noch nicht vollendet. Er ist nicht geschäftsfähig und der Vertrag daher nichtig.

> **! Vorsicht Falle**
> Die Falle ist in Antwort 3 verborgen. Die Zustimmung des gesetzlichen Vertreters ist nur für die eingeschränkte Geschäftsfähigkeit relevant.

Übungsfrage 59: B2B und B2C

Lösung Definition B2B
B2B = Business to Business. B2B bezeichnet Geschäftsbeziehungen zwischen Unternehmen.

Beispiel B2B
Ein Einzelhändler kauft 100 Fahrräder bei einem Großhändler.

Lösung Definition B2C
B2C = Business to Customer. B2C bezeichnet Geschäftsbeziehungen zwischen Unternehmen und privaten Kunden. Diese werden auch Verbraucher oder Endkunden genannt.

Beispiel B2C
Eine Kundin kauft ein Fahrrad bei einem Einzelhändler.

Übungsfrage 60: Ratenkauf und Zielkauf

Lösung Definition Ratenkauf
Zahlungsart, bei der der Preis in Teilbeiträgen (Raten) bezahlt wird. Die Ware erhält der Käufer sofort.

Beispiel Ratenkauf
Bezahlung in 12 Monatsraten zu je 48,00 Euro.

Lösung Definition Zielkauf
Zahlungsart, bei der der Preis innerhalb einer festgelegten Zeitspanne bezahlt wird. Der letzte Tag dieser Zeitspanne wird als Zahlungsziel bezeichnet. Die Ware erhält der Kunde sofort.

Beispiel Zielkauf
Zahlung innerhalb von 30 Tagen.

Übungsfrage 61: Voraussetzungen zur Gültigkeit eines Kaufvertrags

Lösung
Antwort 1. Notwendig sind zwei übereinstimmende Willenserklärungen nach den §§ 145 ff. BGB.

> **! Vorsicht Falle**
> Die Falle ist in Antwort 3 verborgen. Auch durch konkludentes (schlüssiges) Handeln kann ein Kaufvertrag geschlossen werden. Beispiel: Das wortlose Platzieren von Waren auf dem Kassenband eines Supermarkts.

Hinweis: Diese Antwort lässt sich nicht aus § 433 herleiten. Grundwissen über die beiden Willenserklärungen wird vorausgesetzt.

Übungsfrage 62: Der Werkvertrag

Lösung
Nein, zur Erfüllung fehlt der in Absatz 2 geforderte „herbeizuführende Erfolg“. Da die Gangschaltung nicht repariert wurde, hat die Bikestylers GmbH den Werkvertrag nicht erfüllt.

Übungsfrage 63: Der Dienstvertrag

Lösung
Im Dienstvertrag wird nur die Erbringung einer bestimmten Leistung festgeschrieben. Zur Erfüllung eines Werkvertrags muss ein Erfolg eingetreten sein.

Beispiele Werkvertrag
Erfolgreiche Reparatur einer Gangschaltung, Programmierung einer Website.

Beispiele Dienstvertrag
Weiterbildung von Mitarbeitern der Bikestylers GmbH durch einen externen Bildungsdienstleister, Bewachung der Lagerhalle der Bikestylers GmbH.

Übungsfrage 64: Vertrag über eine Reise

Lösung
Antwort 4. Der Reisevertrag ist ein im BGB verzeichneter Vertragstyp und eine spezielle Form des Werkvertrags.

! Vorsicht Falle
Die Falle ist in Antwort 1 verborgen. Ein Dienstvertrag würde beispielsweise vorliegen, wenn Herr S. lediglich einen Tauchkurs gebucht hätte. Beim Abschluss einer Pauschalreise handelt es sich aber eindeutig um einen Reisevertrag.

Übungsfrage 65: Lieferantenkredit und Skonto

Lösung Lieferantenkredit
Ein Lieferantenkredit (auch Warenkredit, Händlerkredit) ist ein Kredit, den ein Lieferant (z. B. ein Großhändler) seinem Kunden (z. B. einem Einzelhändler) gewährt. Der Kunde muss die Ware also nicht sofort bezahlen, sondern erst zu einem bestimmten Termin.

Lösung Skonto
Für eine Zahlung innerhalb einer bestimmten Frist gewährt der Lieferant dem Kunden einen Preisnachlass. Dieser Preisnachlass wird Skonto genannt.

Beispiel Lieferantenkredit in Verbindung mit Skonto
Bei Zahlung des Rechnungsbetrags innerhalb von 14 Tagen 3 % Skonto, bei Zahlung innerhalb von 30 Tagen netto (ohne Abzug).

Erklärung

- Skontofrist: 14 Tage.
- Skontosatz: 3 %.
- Zahlungsziel: 30 Tage ab Ausstellung der Rechnung.

Sollte die Zahlung erst zwischen dem 15. und dem 30. Tag nach der Rechnungsstellung erfolgen, so ist die Skontofrist überzogen und das Skonto kann nicht mehr in Anspruch genommen werden. Der Rechnungsbetrag ist dann ohne Abzug fällig.

Übungsfrage 66: Die AGB

Lösung
Antwort 5. AGB sind rechtlich nicht vorgeschrieben.

! Vorsicht Falle

Antwort 1 ist eine Falle. Die Ausgestaltung von AGB ist zwar sinnvoll, aber rechtlich nicht vorgeschrieben. Wo die AGB fehlen, greifen automatisch andere rechtliche Vorschriften, z. B. aus dem BGB (Bürgerliches Gesetzbuch).

Übungsfrage 67: Die Anfrage aus der Sicht des Vertragsrechts

Lösung

Antwort 2. Eine Anfrage ist rechtlich nicht bindend.

! Vorsicht Falle

Die Falle ist in Antwort 3 verborgen. Auch im E-Commerce werden Verträge über zwei Willenserklärung geschlossen, allerdings stellt eine Anfrage keine Willenserklärung dar.

Übungsfrage 68: Kaufabbrüche

Mögliche Lösungen Usability

- Usability: Kunden verlieren die Geduld, weil sie zu viele Informationen im Checkout eingeben müssen.
- Usability: Überladene Seiten lenken Kunden ab, Kunden verlieren sich auf der Website.
- Usability: Es fehlt die Möglichkeit der Gastbestellung. Nicht alle Kunden möchten ein Konto anlegen.
- Usability: Buttons sind nicht eindeutig beschriftet, Farben haben zu wenig Kontrast.

- Usability: Fehlende Responsibility frustriert mobile User.

Mögliche Lösungen sonstige Gründe:

- Zahlungsarten: Die vom Kunden bevorzugte Zahlungsart steht nicht zur Verfügung.
- Technische Gründe: Die Shopseiten sind falsch konfiguriert. Die Strecke vom Warenkorb bis zum Checkout ist unterbrochen, die User landen auf Fehlerseiten.
- Technische Gründe: Die Ladezeiten des Onlineshops sind zu lang, die User verlieren die Geduld.

Übungsfrage 69: Zahlungsarten und Ausfallrisiko

Lösung Zahlungsausfälle in Euro

- Vorkasse: 0,00 €
- PayPal: 304,00 €
- Kreditkarte: 849,00 €
- Bankeinzug: 95,00 €

Erklärung

Berechnung durch einfachen Subtraktionen:

Zahlungsausfälle = Forderungen – Zahlungseingänge

Rechenweg am Beispiel PayPal

22.314,00 € - 22.010,00 € = 304,00 €

Höhe der Zahlungsausfälle für die Zahlungsart PayPal: 304,00 €.

Lösung Zahlungsausfälle in Prozent

- Vorkasse: 0 %
- PayPal: 1,36 %
- Kreditkarte: 4,46 %
- Bankeinzug: 1,12 %

Erklärung

Diese Aufgabe lässt sich lösen, indem der Prozentsatz mit der Prozentformel berechnet wird. Zunächst ist es wichtig, die angegebenen Werte richtig zuzuordnen:

- Grundwert G: Die Bezugsgröße entspricht 100 Prozent und ist im Beispiel in Euro angegeben (Forderungen).
- Prozentwert PW: Der Prozentwert hat die gleiche Einheit wie der Grundwert, also ebenfalls Euro. Auch dieser Wert (Zahlungsausfälle) ist angegeben.
- Prozentsatz p: Dieser gibt das Verhältnis zwischen Prozentwert und Grundwert an. Der Prozentsatz wird gesucht.

Formel

$$Prozentwert\ (PW) = \frac{Prozentsatz\ (p) \times Grundwert\ (G)}{100}$$

Einsatz der Werte in die Formel (am Beispiel PayPal)

- Grundwert G = 22.314,00 €
- Prozentwert PW = 304,00 €

Rechnung

$$p = \frac{100}{22.314{,}00} \times 304{,}00$$

Lösung

Die Zahlungsausfälle bei der Zahlungsart PayPal betragen 1,36 %.

LF 4 Werteströme erfassen, auswerten und beurteilen

Übungsfrage 70: Liquidität

Lösung
Antwort 3. Die Liquidität beschreibt die Fähigkeit, den Zahlungsverpflichtungen nachzukommen. Der Begriff stammt aus dem Lateinischen und bedeutet wörtlich Flüssigkeit.

> **! Vorsicht Falle**
> Die Falle ist in Antwort 2 verborgen. Die Höhe der kurzfristig zur Verfügung stehenden Mittel darf nicht alleine betrachtet werden. Sie muss mit der Höhe der kurzfristigen Verbindlichkeiten in ein Verhältnis gesetzt werden.

Übungsfrage 71: Liquidität 1. und 2. Grades berechnen

Lösung Berechnung Liquidität 1. Grades

$$Liquidität\ 1.\,Grades = \frac{flüssige\ Mittel}{kurzfristige\ Verbindlichkeiten}$$

$$= \frac{23.000\ €}{67.000\ €}$$

Die Liquidität 1. Grades beträgt 0,34.

> **! Vorsicht Falle**
> Überprüfen Sie zunächst, welche Kennzahlen für die Liquidität 1. und 2. Grades relevant sind. Für die Berechnung der Liquidität 1. Grades werden nur zwei der drei Kennzahlen benötigt.

Lösung Berechnung Liquidität 2. Grades

$$Liquidit\ddot{a}t\ 2.Grades = \frac{fl\ddot{u}ssige\ Mittel + kurzfristige\ Forderungen}{kurzfristige\ Verbindlichkeiten}$$

$$= \frac{(23.000\ € + 26.000€)}{67.000\ €}$$

Die Liquidität 2. Grades beträgt 0,73.

Lösung der Beurteilung, ob Zahlungsengpässe vorliegen

- Die Liquidität 1. Grades gibt Aufschluss darüber, ob die kurzfristigen Zahlungsverpflichtungen alleine aus sofort verfügbaren Mitteln erfüllt werden können. Kurzfristige Forderungen werden dabei nicht berücksichtigt.
- Ein Wert von 0,2 oder höher deutet darauf hin, dass die kurzfristigen Zahlungsverpflichtungen erfüllt werden können. Der Wert der Bikestylers GmbH beträgt 0,34. Anhand der Betrachtung der Liquidität 1. Grades kann nicht auf Zahlungsengpässe geschlossen werden.
- Die Liquidität 2. Grades bezieht auch die kurzfristigen Forderungen in die Berechnung ein und ist daher aussagekräftiger als die Liquidität 1. Grades.
- Ein Wert unterhalb von 1,0 deutet auf Zahlungsschwierigkeiten hin. Der Wert der Bikestylers GmbH beträgt 0,73. Anhand der Betrachtung der Liquidität 2. Grades wird deutlich, dass Zahlungsengpässe vorliegen.

Tipp zu Liquiditätsgraden: In der Regel beschränkt sich die Fragestellung auf die ersten beiden Grade. Die Liquidität 3. Grades ist nicht explizit im Themenspektrum erwähnt.

Übungsfrage 72: Die Umsatzsteuer

Lösung

Antwort Nummer 2. Die Umsatzsteuer ist nur ein durchlaufender Posten. Getragen wird die Umsatzsteuer von den Endverbrauchern. Für die Beurteilung der finanziellen Lage eines Unternehmens ist die Umsatzsteuer von geringer Bedeutung. Sie gibt lediglich einen Hinweis darauf, ob viele Umsätze getätigt wurden.

! Vorsicht Falle

Die Falle ist in Antwort 3 verborgen. Die Begriffe Verbindlichkeiten und Forderung sind darin vertauscht.

Übungsfrage 73: Der Einstandspreis

Lösung

Antwort 2. Der Einstandspreis enthält auch Warenbezugskosten wie Zölle und Transportkosten.

! Vorsicht Falle

Teilweise werden die Begriffe Einstandspreis und Einkaufspreis auch synonym verwendet. Achten Sie deshalb bei Rechenaufgaben genau auf die zur Verfügung gestellten Angaben. Sind dort z. B. Zölle, Transportkosten, Transportversicherungen, Skonti, Boni oder Rabatte angegeben, so unterscheiden sich Einkaufspreis und Einstandspreis.

Übungsfrage 74: Der Rohertrag

Lösung

Antwort 1. Der Rohertrag (Rohgewinn) berechnet sich aus der Formel Umsätze (netto) - Einstandspreis (netto). Beide Größen können der GuV (Gewinn- und Verlustrechnung) eines Unternehmens entnommen werden.

! Vorsicht Falle

Die Falle ist in den Antworten 2 bis 4 verborgen. Da die Umsatzsteuer für ein Unternehmen nur einen durchlaufenden Posten darstellt, wird der Rohertrag aus den Nettowerten berechnet, also ohne Umsatzsteuer.

Übungsfrage 75: Rohertrag und Handelsspanne berechnen

Lösung Rohertrag

$$\begin{aligned} Rohertrag &= Nettoumsätze - Einstandskosten \\ &= 1.167.432\ € - 922.300\ € \end{aligned}$$

Der Rohertrag beträgt **245.132 €**.

! Vorsicht Falle

Beide Werte sind netto angegeben. Bei den Umsätzen ist dies in der Klammer erwähnt, aber nicht bei den Einstandskosten. Auch hier sind aber, da das Unternehmen die Umsatzsteuer vom Finanzamt wieder zurückerhält, in der Regel Nettopreise angegeben. Die Rechnung besteht also nur in einer einfachen Subtraktion.

Lösung Handelsspanne

$$Handelsspanne\ [in\ \%] = \frac{Rohertrag}{Nettoumsätze} \times 100$$

$$= \frac{245.132\ €}{1.167.432\ €} \times 100$$

Die Handelsspanne beträgt gerundet **21 %**.
Die Handelsspanne wird in der Regel in Prozent angegeben.

> **! Vorsicht Falle**
> Falls Sie unsicher sind, ob Sie die vorherige Aufgabe zum Rohgewinn gelöst haben: Achten Sie besonders darauf, in der Folgeaufgabe zur Handelsspanne den Rechenweg korrekt darzustellen. Möglicherweise können Sie noch Punkte erhalten, wenn Sie alle Einzelschritte dieser Aufgabe korrekt darstellen.

Übungsfrage 76: Handelsspanne erhöhen

Lösung

- Möglichkeit 1: Erhöhung der Verkaufspreise.
- Möglichkeit 2: Verringerung der Bezugspreise. Beispiele: Wechsel von Lieferanten oder Nachverhandlung mit Lieferanten über Rabatte, Boni und Skonti.

> **! Vorsicht Falle**
> Wäre nur nach der Summe des Rohgewinns gefragt, käme möglicherweise auch eine Erhöhung der Umsätze in Betracht. Die Frage bezieht sich aber auf die Handelsspanne, die üblicherweise in Prozent angegeben wird. Alle Maßnahmen zur Umsatzsteigerung fallen also weg!

Übungsfrage 77: Listenpreis

Lösung

Antwort 1. Bei großzügiger Auslegung ist jeder Preis, der in einer Liste steht, ein Listenpreis. Auch die Speisekarte eines Restaurants enthält demnach Listenpreise. Im Handel ist damit aber der angegebene Preis eines Herstellers oder Großhändlers gemeint. Von diesem sind für den Händler zumeist noch Skonti und Rabatte abzuziehen, sowie Kosten (z. B. für Zölle oder Transporte) hinzuzufügen. Der Listenpreis dient als Basis für die Preiskalkulation.

! Vorsicht Falle

Antwort 5 enthält die Falle. Der Listenpreis darf zwar nicht dauerhaft unterschritten werden, eine kurzfristige Unterschreitung im Rahmen einer aggressiven Preispolitik ist aber vom Wettbewerbsrecht noch geduldet.

Übungsfrage 78: Branchenvergleich

Lösung Analyse

- Das Produkt A, ein Massenprodukt, wird von der Bikestylers GmbH relativ teuer angeboten. Mit dem etwas günstigeren Preis setzt die Sattelmann AG wesentlich mehr Produkte ab.
- Das Produkt B, ein hochpreisiges Produkt, wird von der Sattelmann AG etwas teurer angeboten. Trotzdem setzt die Sattelmann AG fast ebenso viele Produkte ab – bei einer wesentlich höheren Handelsspanne.

Lösung der Empfehlungen zur Preispolitik

- Produkt A: Durch die hohen Verkaufszahlen erzielt das Massenprodukt A auch bei einer relativ geringen Handelsspanne noch Gewinne. Für die Bikestylers GmbH empfiehlt sich eine Preissenkung.
- Produkt B: Beim hochwertigen Produkt B ist die Kundschaft auch bereit, einen höheren Preis zu bezahlen. Für die Bikestylers GmbH empfiehlt sich eine Preiserhöhung.

Übungsfrage 79: Funktion eines Warenwirtschaftssystems

Lösung

Antwort 4. Die Beobachtung des Marktes und der Konkurrenz zählt zwar zu den Aufgaben eines Unternehmens, wird aber nicht von einem Warenwirtschaftssystem abgebildet.

! Vorsicht Falle

Die Falle ist in Antwort 5 verborgen. Auch die Abbildung der Logistik zählt zu den Aufgaben eines Warenwirtschaftssystems.

Übungsfrage 80: Die Mischkalkulation

Lösung

Antwort 3. Das Sortiment setzt sich aus Produkten mit unterschiedlich hohen Handelsspannen zusammen. Die niedrigen Handelsspannen für einen Teil der Produkte werden durch die hohen Handelsspannen für einen anderen Teil wieder ausgeglichen.

! Vorsicht Falle

Die Falle ist in Antwort 2 verborgen. Die Handelsspannen lassen sich zwar durch Senkung der Einkaufspreise erhöhen, die Aufgabenstellung betraf aber die Mischkalkulation.

Übungsfrage 81: Gemeinkosten

Lösung

Antwort 5. Kosten, die keinem Kostenträger direkt zugerechnet werden können, werden als Gemeinkosten bezeichnet. Gemeinkosten entstehen für mehrere oder alle Produkte, zum Beispiel für Mieten, Energie und die Gehälter innerhalb der Rechts- oder Personalabteilung.

! Vorsicht Falle

Die Falle ist in Antwort 3 verborgen. Die Gesamtkosten für ein Lager zählen zwar zu den Gemeinkosten, aber nicht eine spezielle Lagerfläche, die für ein bestimmtes Produkt zusätzlich angemietet wurde.

Übungsfrage 82: Die Absatzplanung

Mögliche Lösungen

- Bestimmung der wahrscheinlichen Verkaufsmenge.
- Sicherstellung der Lieferbarkeit von Produkten.
- Planung der Auslastung des Lagers.
- Unterstützung bei der Preiskalkulation.

Übungsfrage 83: Der Reingewinn eines Unternehmens

Lösung

Antwort 1. Der Reingewinn berechnet sich aus dem Überschuss der Erträge über die Aufwendungen, nach dem Abzug von Abschreibungen, Rückstellungen und Rücklagen.

! Vorsicht Falle

Die Falle ist in Antwort 2 verborgen. Die Formel trifft auf die Berechnung des Rohgewinns zu, gefragt war aber nach dem Reingewinn.

Übungsfrage 84: Die Umsatzrentabilität

Lösung

Antwort 2. Die Umsatzrentabilität, auch Umsatzrendite oder ROS (Return on Sales), gibt Auskunft über die Effizienz eines Unternehmens. Je höher die Umsatzrendite, desto höher die Effizienz.

Übungsfrage 85: Die Umsatzrentabilität berechnen

Lösung Umsatzrentabilität

$$Umsatzrentabilität\ [in\ \%] = \frac{Jahresüberschuss}{Umsatz} \times 100$$

$$= \frac{67.250\ €}{468.210\ €} \times 100$$

Die Umsatzrentabilität beträgt 14,36 %.

Übungsfrage 86: Die Eigenkapitalrentabilität

Lösung

Die Eigenkapitalrentabilität gehört zu den Kennzahlen eines Unternehmens. Sie gibt Aufschluss über die Rendite des eingesetzten Eigenkapitals. Die Eigenkapitalrentabilität wird aus dem Verhältnis zwischen Gewinn (Jahresüberschuss) und Eigenkapital berechnet und zumeist in Prozent angegeben. Eine gute Eigenkapitalrentabilität ist gegeben, wenn die Rentabilität die Zinsen am langfristigen Kapitalmarkt übersteigt.

Übungsfrage 87: Die Eigenkapitalrentabilität berechnen

Lösung

$$Eigenkapitalrentabilität\ [in\ \%] = \frac{Gewinn}{Eigenkapital} \times 100$$

Übungsfrage 88: Die Finanzbuchhaltung

Lösung

Antwort 1. Die Finanzbuchhaltung (FiBu) stellt sicher, dass Steuerbehörden oder andere berechtigte externe Anspruchsgruppen den Zahlungsverkehr überprüfen können.

> **! Vorsicht Falle**
>
> Die Falle ist in Antwort 3 verborgen. Die Dokumentation der Finanzströme als Grundlage zur Optimierung der betrieblichen Abläufe gehört zwar zu den Aufgaben der Finanzbuchhaltung. Die Frage bezog sich aber nur auf externe Gruppen, die Ansprüche an die Finanzbuchhaltung stellen.

Übungsfrage 89: Die Vermögenslage eines Unternehmens

Lösung

Antwort 2. Die Aktiva-Seite einer Bilanz dient der Beurteilung der Vermögenslage eines Unternehmens.

> **! Vorsicht Falle**
>
> Antwort 3 ist die Falle. Die Passiva schlüsseln das Vermögen nicht auf, sie stellen nur dar, woher die Vermögenswerte stammen.

Übungsfrage 90: Die Finanzlage eines Unternehmens

Lösung

Antwort 3. Die Passiva-Seite einer Bilanz gibt Auskunft darüber, wie sich das Vermögen finanziert. Entweder mit Eigenkapital oder mit Fremdkapital.

> **! Vorsicht Falle**
>
> Die Falle ist in Antwort 2 verborgen. Die Aktiva-Seite ist zur Beurteilung der Finanzlage weniger relevant als die Passiva-Seite.

Übungsfrage 91: Dokumentation von Geschäftsvorfällen

Lösung

Antwort 4. Belege dürfen auch in elektronischer Form ausgestellt und archiviert werden. Näheres bestimmen die GoBD (Grundsätze zur ordnungsmäßigen Führung und Aufbewahrung von Büchern, Aufzeichnungen und Unterlagen in elektronischer Form sowie zum Datenzugriff).

! Vorsicht Falle

Die Falle ist in Antwort 5 verborgen. Die Aussage ist zutreffend. Es ist Pflicht des Unternehmens, für eine Lesbarkeit der Dokumente zu sorgen.

Übungsfrage 92: ABC-Analyse

Lösung

Antwort 2. Produkte, die den höchsten Umsatz einspielen, fallen unter die Kategorie A, da diese für das Unternehmen besonders wichtig sind.

! Vorsicht Falle

Die Falle ist in Antwort 5 verborgen. Eine ABC-Analyse kann auch für die Kunden eines Unternehmens durchgeführt werden. Beide Formen der ABC-Analyse sollten aber nicht miteinander vermengt werden.

LF 5 Rückabwicklungsprozesse und Leistungsstörungen bearbeiten

Übungsfrage 93: Das Widerrufsrecht

Lösung

Antwort 2. Der § 355 BGB bezieht sich ausdrücklich auf Verträge zwischen Unternehmen und Verbrauchern. Für Verträge im B2B-Bereich findet das Widerrufsrecht keine Anwendung.

! Vorsicht Falle

Die Falle ist in Antwort 5 verborgen. Es ist richtig, dass bestimmte Produkte vom Widerrufsrecht ausgenommen sind. Trotzdem gilt das Widerrufsrecht nicht für sämtliche Verträge, sondern ausschließlich für B2C-Verträge.

Übungsfrage 94: Der Widerruf in der Praxis

Lösung

Antwort 3. Der Kunde hätte eine Widerrufserklärung abgeben müssen. Dies ist nicht der Fall, wenn er die Sendung einfach nur zurückschickt. Die Bedingungen für einen Widerruf sind deshalb nicht erfüllt.

! Vorsicht Falle

Die Falle ist in Antwort 1 verborgen. Die Einhaltung der Frist ist nicht ausreichend. Für einen rechtskonformen Widerruf ist eine Widerrufserklärung erforderlich.

Übungsfrage 95: Die Gewährleistung

Lösung

Antwort 2. Das Gewährleistungsrecht kann ein Kunde nach dem Erhalt einer mangelhaften Sache geltend machen. Weil dabei verschiedene Möglichkeiten zur Verfügung stehen, kann auch von Gewährleistungsrechten gesprochen werden.

> **! Vorsicht Falle**
>
> Die Falle ist in Antwort 1 verborgen. Das Widerrufsrecht darf nicht durch die AGB beschränkt werden.

Übungsfrage 96: Die Rechte des Käufers bei Mängeln

Lösung

Antwort 2. Der Kunde ist an bestimmte Vorgaben gebunden.

- Beispiel 1: Nach § 323 Abs. 1 BGB kann der Käufer erst dann vom Vertrag zurücktreten, wenn er dem Verkäufer erfolglos eine angemessene Frist zur Nacherfüllung bestimmt hat. Dem Verkäufer wird mit der Nachfrist also noch eine letzte Möglichkeit gegeben, seinen Pflichten zur Erfüllung eines Vertrags nachzukommen.
- Beispiel 2: Ein Anspruch auf völlige Kaufpreiserstattung besteht nur bei wesentlichen Mängeln.
- Beispiel 3: Schadensersatz und Aufwendungsersatz (Ersatz vergeblicher Aufwendungen) sind nur bei Verschulden des Verkäufers möglich.

> **! Vorsicht Falle**
>
> Die Falle ist in Antwort 1 verborgen. Die aufgezählten Anspruchsarten stehen dem Kunden nicht ohne weitere Bedingungen zur Verfügung.

Übungsfrage 97: Die Nacherfüllung

Lösung
Antwort 1. Reparatur und Ersatzlieferung eines mängelfreien Produkts. Dabei hat Herr Kaminsky grundsätzlich ein Wahlrecht. Der Verkäufer kann allerdings, falls die gewählte Art der Nacherfüllung unzumutbar ist, den Wunsch von Herrn Kaminsky ablehnen und die andere Form wählen. Unzumutbar kann beispielsweise eine aufwendige Reparatur sein. Die Kosten für eine Reparatur oder Nachlieferung trägt der Verkäufer.

! Vorsicht Falle
Die Falle ist in Antwort 4 verborgen. Mit einem Rücktritt würde der Vertrag rückabgewickelt, aber nicht nacherfüllt.

Übungsfrage 98: Die Stornierung

Lösung
Antwort 3. Eine Stornierung, kurz Storno, bezeichnet das Rückgängigmachen einer Buchung, umgangssprachlich auch die Rückabwicklung eines Vertrags. Das Wort Storno leitet sich aus dem Italienischen ab: „stornare” kann mit „rückgängig machen“ übersetzt werden.

! Achtung
Falls der Buchhaltung eine Fehlbuchung unterlaufen ist, darf diese aufgrund des Prinzips der Bilanzwahrheit nicht einfach gelöscht werden. Notwendig ist eine Gegenbuchung nach § 239 Abs. 3 HGB.

! Vorsicht Falle
Die Falle ist in Antwort 4 verborgen. Das in § 355 BGB geregelte Widerrufsrecht darf vom Kaufmann nicht mit der Stornierung verwechselt werden.

Übungsfrage 99: Die Stornoquoten-Formel

Rechenweg Schritt 1

Neue Verträge wurden gemäß der Angabe zur Aufgabe nicht abgeschlossen. Zur Berechnung der Anzahl der stornierten Verträge genügt daher eine einfache Subtraktion:

Stornierte Verträge = 117 – 109
= 8

8 von 117 Verträgen wurden im Jahr 2019 gekündigt.

Rechenweg Schritt 2

Die Stornoquote wird in Prozent angegeben und berechnet sich folgendermaßen:

$$Stornoquote\ [in\ \%] = \frac{stornierte\ Verträge}{gesamte\ Verträge} \times 100$$

$$= \frac{8}{117} \times 100$$

Die Stornoquote beträgt 6,84 % und wurde auf 2 Stellen nach dem Komma gerundet.

Übungsfrage 100: Die Stornoquote berechnen

Rechenweg

Bei dieser Aufgabe sind alle für die Formel benötigten Werte bereits angegeben.
Stornierte Verträge: 8
Gesamte Verträge: 30
Es ist daher nur ein einziger Rechenschritt erforderlich.

Lösung

$$Stornoquote\ [in\ \%] = \frac{stornierte\ Verträge}{gesamte\ Verträge} \times 100$$

$$= \frac{8}{30} \times 100$$

Die Stornoquote beträgt 26,67 % und wurde auf 2 Stellen nach dem Komma gerundet.

Übungsfrage 101: Der Umtausch

Lösung
Antwort 2. Ein generelles Umtauschrecht existiert nicht. Verträge müssen prinzipiell eingehalten werden.

! Vorsicht Falle

Die Antwort 1 suggeriert das Vorhandensein eines gesetzlich verankerten Umtauschrechts. Dies ist nicht zutreffend. Zwar werben zahlreiche stationäre Händler mit der Möglichkeit zum Umtausch. Hierbei handelt es sich aber um freiwillige Leistungen.

Übungsfrage 102: Der Lieferungsverzug

Lösung
Einer Mahnung bedarf es nicht, wenn für die Leistung eine Zeit nach dem Kalender bestimmt ist. Mit Ablauf des 12. Augusts 2020 ist der Hersteller Superbike in Lieferungsverzug geraten.

Übungsfrage 103: Die Nichtlieferung

Lösung

Antwort 5. Wegen Nachschubschwierigkeiten kann ein Händler nicht liefern.

> **! Vorsicht Falle**
> Der in Antwort 2 geschilderte Fall führt zwar ebenfalls dazu, dass der Kunde seine Ware nicht erhält. Weil diese aber vorrätig war und vom Händler an den Versanddienstleister übergeben wurde, liegt keine Nichtlieferung vor.

Übungsfrage 104: Die Nachlieferung

Lösung

Antwort 4. Falls eine Bestellung nicht komplett versendet werden kann, muss ein Teil nachgeliefert werden. Nachlieferungen erzeugen zusätzliche Kosten, die vom Händler getragen werden müssen.

> **! Vorsicht Falle**
> Die Falle liegt in Antwort 5 verborgen. Auch der Ersatz retournierter Ware kann bei weiter Auslegung des Begriffs als Nachlieferung bezeichnet werden.

Übungsfrage 105: Leistungsstörung einordnen

Lösung

Antwort 3. Herr Metternich ist in Annahmeverzug geraten.

! Vorsicht Falle

Die Falle ist in Antwort 5 verborgen. Natürlich kann Herr Metternich von seinem Widerrufsrecht Gebrauch machen. Dazu genügt die Erklärung gegenüber dem Paketboten allerdings nicht.

Übungsfrage 106: Die Schlechtleistung

Lösung

Antwort 1. Die Bikestylers GmbH ist dazu verpflichtet, die Satteltasche wie vereinbart zu liefern. Falls ein Produkt nicht die vereinbarte Beschaffenheit hat, beispielsweise in Farbe, Größe oder Qualität, liegt eine mangelhafte Lieferung vor. Diese wird auch Schlechtleistung genannt.

! Vorsicht Falle

Die Falle ist in Antwort 2 verborgen. Die Bikestylers GmbH hat zwar ihre vertraglichen Pflichten nicht erfüllt und demnach liegt auch eine Nichterfüllung vor. Da die Aufgabenstellung aber keine weitere Antwort zulässt, sollte der präzisere Begriff gewählt werden.

Übungsfrage 107: Die Beschwerde

Mögliche Lösungen

- Beschwerden weisen auf Schwachstellen und Verbesserungspotenziale im Unternehmen hin.
- Beschwerden weisen auf Mängel und Verbesserungspotenziale bei bestimmten Produkten hin.
- Beschwerden zeigen die Erwartungen von Kundinnen und Kunden.
- Beschwerden zeigen das Nutzerverhalten von Kundinnen und Kunden.

- Beschwerden zeigen typische Probleme bei der Handhabung von Produkten. Ein Unternehmen kann die Beschreibung von Problemen zur Optimierung des FAQ-Bereichs oder zur Erstellung von Tutorials nutzen.
- Kunden, die sich beschweren, zeigen ein besonderes Interesse am Unternehmen oder bestimmten Produkten.
- Durch eine sachgerechte Bearbeitung der Beschwerde und eine kulante Regelung bei Leistungsstörungen kann die Beziehung mit unzufriedenen Kunden verbessert werden.

Übungsfrage 108: Das kaufmännische Mahnverfahren

Lösung

Antwort 1. Erst die dritte Mahnung enthält die Androhung eines gerichtlichen Mahnbescheids. Gerichtliche Schritte selbst werden aber noch nicht eingeleitet. Aus diesem Grund wir das kaufmännische Mahnverfahren auch als außergerichtliches Mahnverfahren bezeichnet.

! Vorsicht Falle

Die Falle ist in Antwort 5 verborgen. Telefonate bieten keine Beweismöglichkeiten und sind daher kein geeignetes Instrument innerhalb eines Mahnverfahrens.

Übungsfrage 109: Das gerichtliche Mahnverfahren

Lösung

Antwort 4. Die Bikestylers GmbH kann einen Antrag auf Erlass eines Mahnbescheids stellen. Die Antragstellung ist online möglich, und zwar über die Website https://www.mahngerichte.de/.

! Vorsicht Falle

Die Falle ist in Antwort 5 verborgen. Die darin enthaltenen Schritte sind zwar Teil des gerichtlichen Mahnverfahrens, leiten dieses aber nicht ein.

Übungsfrage 110: Mahnverfahren

Lösung

Antwort 1. Zu den Voraussetzungen für die Eröffnung eines gerichtlichen Mahnverfahrens zählen die Erbringung einer Gegenleistung und die Fälligkeit des Anspruchs.

! Vorsicht Falle

Die Falle ist in Antwort 2 verborgen. Ein Mahnverfahren ist billiger und weniger aufwendig als eine Zivilklage.

Übungsfrage 111: Zahlungsfähigkeit

Lösung

Lösung: Antwort 3. Beauftragung einer Wirtschaftsauskunftei. Dabei ist zu beachten, dass einige Auskunfteien nur Auskünfte zu Unternehmen erteilen.

! Vorsicht Falle

Die Falle ist in Antwort 1 verborgen. Zahlungsdienstleister wie PayPal nehmen Auskunfteien in Anspruch, bieten aber nicht selbst einen Auskunftsservice an.

Übungsfrage 112: Verjährungsfristen

Lösung
Herr Kron kann Gewährleistungsrechte geltend machen. Begründung: Bei arglistigem Verschweigen eines Mangels der Kaufsache durch den Verkäufer beträgt die Verjährungsfrist nicht 2, sondern 3 Jahre.

Übungsfrage 113: Belastung durch Retouren

Mögliche Lösungen Unternehmen

- Zusätzliche Kosten für den Versand.
- Zusätzlicher Aufwand.
- Die retournierte Ware muss wieder für den Verkauf aufbereitet werden.

Mögliche Lösungen Umwelt

- Umweltbelastung durch zusätzliche Fahrten.
- Weiteres Verpackungsmaterial wird benötigt.
- Teilweise wird die Ware nicht wiederaufbereitet, sondern weggeworfen. Die Müllberge wachsen und die Ware muss neu produziert werden.

Übungsfrage 114: Verringerung von Retouren

Mögliche Lösungen

- Überprüfung auf Fehler in der Auftragsabwicklung und beim Versand. Möglicherweise erhalten Kunden falsche Produkte oder falsche Produktvarianten (Größen und Farben).
- Verbesserung der Produktbeschreibungen, um Fehlkäufe zu vermeiden.
- Ausbau von FAQ-Bereichen.

- Erstellung von Tutorials zu häufig retournierten Produkten.
- Herausnahme von häufig retournierten Produkten aus dem Sortiment.
- Präferieren von Zahlungsmethoden, die mit weniger Retouren verbunden sind.
- Belohnung von Kunden, die weniger Retouren verursachen, z. B. mit Coupons.

Übungsfrage 115: Nachrangige Rechte

Lösung

Antwort 3. Das Recht auf Nacherfüllung zählt nicht zu den nachrangigen, sondern zu den vorrangigen Rechten eines Kunden.

! Vorsicht Falle

Die Falle ist in Antwort 2 verborgen. Auch der Rücktritt vom Kaufvertrag ist möglich. Voraussetzung zur Inanspruchnahme dieses oder eines anderen nachrangigen Rechts ist allerdings, dass die Nacherfüllung nicht möglich ist oder erfolglos war.

Übungsfrage 116: Nichtannahme einer Ware

Lösung

Antwort 2. Mit der Nichtannahme ist Herr K in den Annahmeverzug geraten.

! Vorsicht Falle

Die Falle ist in Antwort 1 verborgen. Ein Widerruf bedarf der ausdrücklichen Erklärung des Kunden, z. B. telefonisch, über eine E-Mail oder über ein Widerrufsformular. Liegt eine solche ausdrückliche Erklärung nicht vor, so gilt der Kaufvertrag weiterhin.

Übungsfrage 117: Konventionalstrafen

Lösung

Antwort 4. Konventionalstrafen sind zulässig, wenn sie vertraglich vereinbart wurden. Unangemessen hohe Konventionalstrafen sind allerdings unwirksam.

! Vorsicht Falle

Die Falle ist in Antwort 2 verborgen. Das BGB legt keine bestimmte Obergrenze für die Höhe von Konventionalstrafen fest.

Übungsfrage 118: Unterbrochene Lieferkette

Lösung

Die Abhängigkeit von einem einzigen Lieferanten kann Probleme bei der Beschaffung verursachen. Die Diversifizierung, also Ausweitung auf mehrere Lieferanten, ist eine geeignete Methode zur Vermeidung von Lieferengpässen.

Übungsfrage 119: Pflichtangaben in einer Rechnung

Lösung

Antworten 4 und 6. Die E-Mail-Adressen und Unterschriften sind auf einer Rechnung nicht erforderlich.

! Vorsicht Falle

Die Falle ist in Antwort 6 verborgen. Eine Unterschrift ist auf einer Rechnung nicht erforderlich.

Übungsfrage 120: Nachfrageprognose

Lösung

Mit einer Nachfrageprognosen versuchen Unternehmen, die zukünftige Nachfrage nach seinen Produkten oder Dienstleistungen abzuschätzen. Wichtig ist die Nachfrageprognose zur Vermeidung von Lieferengpässen.

LF 6 Servicekommunikation kundenorientiert gestalten

Übungsfrage 121: Kommunikation auf öffentlichen Plattformen

Lösung rechtliche Situation

- Herr Hobel hat mit seinem Posting mehrere juristisch relevante Delikte begangen.
- Mit Sicherheit liegt eine Beleidigung nach § 185 StGB vor („total versoffener Asi-Nachbar"), möglicherweise auch das Delikt der üblen Nachrede § 186 StGB oder der Verleumdung nach § 187 StGB.
- Zudem verstößt Herr Hobel gegen die Persönlichkeitsrechte von Herrn Müller, mit der Veröffentlichung von Bildmaterial verletzt er insbesondere das Recht am eigenen Bild. Dieses besagt, dass jeder Mensch selbst bestimmen darf, ob Bildmaterial (Fotos oder Videos) von ihm veröffentlicht werden.
- Um Schaden für die Bikestylers GmbH als Betreiber des Kundenforums abzuwenden, ist eine frühzeitige Reaktion erforderlich.

Lösungsmöglichkeiten geeignete Reaktion

- Sofortige Löschung des Postings von Herrn Hobel, einschließlich des Videos.
- Hinweis an Herrn Hobel auf die Kommunikationsregeln des Kundenforums.
- Hinweis an Herrn Hobel auf die gesetzlichen Regelungen zu Beleidigung, übler Nachrede und Persönlichkeitsrechten.
- Ermahnung an Hr. Hobel, rechtlich relevante Postings zu unterlassen.
- Drohung mit der Schließung des Accounts von Herrn Hobel.

Übungsfrage 122: Umgang mit Kundenbewertungen

Hinweis: Bei dieser Aufgabe sind verschiedene Lösungsansätze möglich. Die folgende Lösung ist als eine von mehreren zu verstehen.

Antworttext der Bikestylers GmbH

Hallo Jackster99,
danke für Ihr Feedback. Es tut uns wirklich leid, dass wir Ihre Erwartungen dieses Mal nicht erfüllen konnten.

Wir würden das Problem gerne so schnell wie möglich persönlich klären und eine Lösung finden, die Sie zufriedenstellt. Bitte kontaktieren Sie unseren Service unter 555-12345678 oder schreiben Sie uns direkt an diese E-Mail: kundenservice@bikestylers-gmbh.de

Mit freundlichen Grüßen,
Martin Helfer
Kundenservice Bikestylers GmbH

Erklärung der drei Aspekte

- Die wertschätzende Einleitung dient der Deeskalation:

  Hallo Jackster99,
  danke für Ihr Feedback. Es tut uns wirklich leid, dass wir Ihre Erwartungen dieses Mal nicht erfüllen konnten.

- Der Mittelteil dient der Lösung des Problems des Kunden, aber auch der Abwendung von Schaden für die Bikestylers GmbH. Mit der Verlagerung auf den E-Mail-Support (oder den telefonischen Service) kann das Problem direkt behandelt werden. Dies dient der Prävention vor weiteren negativen Kommentaren des Kunden auf öffentlichen Plattformen:

  Wir würden das Problem gerne so schnell wie möglich persönlich klären und eine Lösung finden, die Sie zufriedenstellt. Bitte kontaktieren Sie unseren Service unter 555-12345678 oder schreiben Sie uns direkt an diese E-Mail:
  kundenservice@bikestylers-gmbh.de

- Der Schlussteil dient noch einmal der Deeskalation und der Abwendung von Schaden für die Bikestylers GmbH. Da sich ein persönlicher Ansprechpartner um das Anliegen kümmert, wird der Kunde wertgeschätzt und noch einmal darauf hingewiesen, dass sich das Problem auf direktem Weg besser lösen lässt als über öffentliche Plattformen:

Mit freundlichen Grüßen
Martin Helfer
Kundenservice Bikestylers GmbH

Übungsfrage 123: Kundenanliegen verstehen

Mögliche Lösungen

- Angabe der Akku-Reichweite in der Produktbeschreibung.
- Angabe der Akku-Reichweite in den FAQ der Website.
- Angabe der Akku-Reichweite in Werbespots und Tutorialvideos.
- Hinweis auf unterschiedliche Akku-Reichweiten im Newsletter.
- Ergänzung der Website mit einer Reichweitentabelle.
- Kommunikation der Reichweite auf den Social-Media-Netzwerken.

Übungsfrage 124: Ziele der Kundenkommunikation

Mögliche Lösungen

- Kundenbindung.
- Informationen über die Wünsche der Kundinnen und Kunden erfassen.
- Informationen über die Zielgruppe des Unternehmens erfassen.
- Aufbau von Vertrauen.
- Beeinflussung der Kaufentscheidung des Kunden.
- Beeinflussung der Kaufentscheidung potenzieller Kunden, beispielsweise über Empfehlungsmarketing.

- Gewinnung von Kunden für das Marketing, z. B. als Markenbotschafter.
- Lösung von Problemen zu Produkten.
- Lösung von Konflikten.

Übungsfrage 125: Offene und geschlossene Fragen

Lösung
Antwort 5. Durch eine offene Frage soll der Befragte angeregt werden das Thema ausführlicher zu erörtern.

! Vorsicht Falle
Die Falle ist in Antwort 4 verborgen. In der Auswertung sind offene Fragen tatsächlich mit einem sehr viel höherem Aufwand verbunden als Fragen mit vorgegebenen Antwortmöglichkeiten.

Übungsfrage 126: Die Kommunikationstheorie von Paul Watzlawick

Lösung
Antwort 4. Die Aussage über starke Gefühle stammt nicht von Paul Watzlawick, sondern vom griechischen Philosophen Aristoteles. Sie bezieht sich auf die Darstellung von heftigen Emotionen, wie sie in den griechischen Dramen dargestellt wurden.

! Vorsicht Falle
Die Falle ist in Antwort 3 verborgen. Auch Paul Watzlawick verwendete bereits die Begriffe „digital" und „analog", wenn auch in anderer Bedeutung als es heute üblich ist. Watzlawick unterschied dabei die Übermittlung von Fakten (digitale Ebene) von der nonverbalen Kommunikation (analoge Ebene). Der Beziehungsaspekt wird nach Watzlawick auf der analogen Ebene kommuniziert.

Übungsfrage 127: Das Kommunikationsquadrat (4-Ohren-Modell)

Lösung

Erster Aspekt	Sachinformation (worüber ich informiere)
Zweiter Aspekt	Selbstkundgabe (was ich von mir zu erkennen gebe)
Dritter Aspekt	Beziehungshinweis (was ich von dir halte und wie ich zu dir stehe)
Vierter Aspekt	Appell (was ich bei dir erreichen möchte)

Übungsfrage 128: Motivation zu Folgekäufen

Lösung

Antwort 2. Durch den After-Sales-Service bleiben Unternehmen und Kunden in Kontakt. Kunden können damit leichter zu Folgekäufen motiviert werden.

! Vorsicht Falle

Die Falle ist in Antwort 3 verborgen. Eine Keyword-Optimierung ist zwar hilfreich, um neue oder wiederkehrende Besucher zu erhalten. Speziell für die Generierung von Folgekäufen ist jedoch der After-Sales-Service, der Service nach dem Kauf, das geeignetere Instrument.

Übungsfrage 129: Kommunikationskanal Newsletter

Lösung

Antwort 1. Mit einer leeren Checkbox, in der der Kunde aktiv einen Haken für das Newsletter-Abo setzen kann, aber nicht muss, ist die rechtskonforme Entkoppelung gewährleistet.

! Vorsicht Falle

Die Falle ist in Antwort 4 verborgen. Der Hinweis auf die Allgemeinen Geschäftsbedingungen suggeriert, dass gesetzliche Bestimmungen über die AGB ausgehebelt werden können. Dies ist allerdings nicht der Fall. Die Ausgestaltung der AGB muss sich im gesetzlichen Rahmen bewegen.

Übungsfrage 130: Kulturelle Besonderheiten beachten

Lösung

Antwort 2. Kenntnisse und Beachtung der landes- und kulturspezifischen Besonderheiten. Beispiele: Begrüßungsformen, Essgewohnheiten, Umgang mit Regeln und Hierarchien, typische Verhaltensweisen, Grundkenntnisse der Sprache.

! Vorsicht Falle

Die Falle ist in Antwort 3 verborgen. Sicherlich wird über die Sprache auch viel Wissen über eine Kultur vermittelt. Es fehlt aber in dieser Antwort der Hinweis auf die Beachtung der jeweiligen kulturellen Eigenheiten und die Empathie, also das Einfühlungsvermögen.

Übungsfrage 131: Klassische und digitale Kommunikationskanäle

Mögliche Lösungen klassische Kanäle

- Telefonate
- Briefe
- Anzeigen in Zeitungen und Zeitschriften
- Handzettel (Flyer)
- Plakate
- Persönliche Gespräche
- Präsenzvorträge und Seminare
- Messen und Ausstellungen

- Broschüren (Folder)
- Schaufenster und Leuchtreklamen
- Kataloge
- Persönliche oder telefonische Umfragen

Mögliche Lösungen digitale Kanäle

- E-Mail
- Newsletter
- Corporate Blogs und Kundenforen
- Website und Onlineshop
- Social-Media-Plattformen
- Chatsysteme
- Anzeigen, z. B. über Google Ads
- Tutorials, z. B. auf der Website oder als YouTube-Videos
- Onlineumfragen
- Online-Events

Übungsfrage 132: Anforderungen an Mitarbeiter in Chatsystemen

Lösung: Antwort 3. Da es sich laut Aufgabenstellung um ein textbasiertes Chatsystem handelt, ist die Qualität der Sprechstimme irrelevant.

> **! Vorsicht Falle**
> Die Falle ist in Antwort 2 verborgen. Zur Lösung technischer Probleme ist, da sich über die meisten Chatsysteme auch Bilder versenden lassen, ein professioneller Umgang mit Bildern und Screenshots erforderlich.

Übungsfrage 133: Tonalität

Lösung

Antwort 2. Ziel ist es, im verbalen Teil der Kommunikation den richtigen Tonfall der Zielgruppe zu treffen.

! Vorsicht Falle

Die Falle ist in Antwort 3 verborgen. Ein einheitlicher Kommunikationsstil muss nicht zwangsläufig auf die Zielgruppe ausgerichtet sein.

Übungsfrage 134: Kundeneinwänden begegnen

Mögliche Lösungen

- Rechtfertigung des Preisunterschieds mit der höheren Qualität. Beispielsatz: „Die Gäste Ihres Hauses möchten sicherlich qualitativ hochwertige Fahrräder nutzen."
- Rechtfertigung des Preisunterschieds mit Zusatzleistungen. Beispielsatz: „Im Preis inbegriffen sind auch Reparatur- und Wartungsleistungen."
- Strategie der Preistransparenz Beispielsatz: „Der Preis setzt sich aus diesen vier Komponenten zusammen: Kosten für die Räder selbst, Transport, Reparaturleistungen und Wartungsleistungen."

Übungsfrage 135: Gewinnspiel auf Social-Media-Netzwerken

Lösung

Antwort 3. Die Bikestylers GmbH muss die von Facebook vorgelegten Gewinnspielbestimmungen beachten.

! Vorsicht Falle

Die Falle liegt in Antwort 2 verborgen. Zutreffend ist zwar, dass für die Veranstaltung von Gewinnspielen das Gesetz gegen den unlauteren Wettbewerb (UWG) beachtet werden muss. Es ist aber davon auszugehen, dass dies bereits von der Rechtsabteilung der Bikestylers GmbH geprüft wurde.

Übungsfrage 136: Bedarfsklärung

Lösung

Der Verkäufer sollte durch zielführende Fragen herausfinden, welches Produkt der Kunde tatsächlich benötigt. Beispiel: „Benötigen Sie ein Fahrrad für den Weg zur Arbeit oder für die Freizeit?"

Übungsfrage 137: Kundenbindung

Mögliche Lösungen

- Bonussysteme. Beispiel: Für jeden Einkauf erhalten Kunden Treuepunkte. Jeder Euro entspricht einem Treuepunkt. Ab 100 Treuepunkten erhalten Kunden einen Rabatt von 3 % auf alle Produkte, ab 200 Treuepunkten 5 %, ab 1000 Treuepunkten 10 %.
- Premiumservice. Beispiel: Ab dem 3. Einkauf werden Kunden für den Premiumservice freigeschaltet und erhalten einen persönlichen Ansprechpartner.
- Newsletter. Beispiel: Kunden werden über einen Newsletter über neue Produkte informiert. Voraussetzung ist eine Anmeldung zum Newsletter.
- Community-Building. Beispiel: Das Unternehmen stellt ein Unternehmensblog und ein Kundenforum zur Verfügung.
- Systemangebote. Beispiel: Zum Hauptprodukt (Fahrrad) stellt das Unternehmen eine passende Dienstleistung zur Verfügung (Gutscheine für Vertragswerkstätten).
- Feedback anfordern. Beispiel: Käufer eines bestimmten Produkts werden gebeten, dem Unternehmen ihre Erfahrungen mitzuteilen.

Übungsfrage 138: Kundensegmentierung

Lösung Definition:

Zusammenfassung von Kunden nach bestimmten Kriterien.

Beispiel Kundensegment
Das Segment der A-Kunden umfasst besonders aktive Kunden.

Übungsfrage 139: Kommunikation auf Social-Media-Plattformen

Lösung
Jede Social-Media-Plattform hat eigene Kommunikationsregeln und eine eigene gewachsene Kommunikationskultur. Auf Instagram spielen Bilder und Hashtags eine große Rolle, auf Twitter sind knackige und ironisch formulierte Sprüche gefragt. Die Aussage des Marketingleiters ist nicht zutreffend.

Übungsfrage 140: Anlässe zur Kundenkommunikation

Mögliche Lösungen

- Der Kunde hat zum ersten Mal ein Produkt gekauft.
- Der Kunde hat einen Kauf abgebrochen.
- Der Kunde hat ein Produkt reklamiert.
- Das Unternehmen hat eine Rabattaktion gestartet.
- Das Unternehmen bietet ein neues Produkt an.
- Es liegt ein besonderes Ereignis vor, beispielsweise ein Feiertag oder ein Brückentag.

Übungsfrage 141: Produkte mit hoher Beratungsintensität

Mögliche Lösungen

- Mischkalkulation: Die Preise für weniger beratungsintensive Produkte erhöhen.
- Tutorialstrategie: Videotutorials anfertigen, um die Anzahl der Anfragen zu reduzieren.

Übungsfrage 142: Beschwerdemanagement

Lösung

Antwort 3. Da Beschwerden wertvolle Informationen zu Mängeln bei Produkten oder Unternehmensabläufen liefern, ist eine Abschaffung sämtlicher Beschwerden nicht erwünscht.

! Vorsicht Falle

Die Falle ist in Antwort 2 verborgen. Das Erhalten von Kunden-Feedback ist wertvoll, auch wenn es sich um Beschwerden handelt. Im Idealfall landen Beschwerden nicht auf öffentlichen Plattformen, sondern direkt beim Unternehmen.

Übungsfrage 143: Pareto-Prinzip

Lösung

Antwort 3. Umsatzstarke Kunden (A-Kunden) sind besonders relevant. Die Anliegen dieser Kunden sollten so schnell wie möglich bearbeitet werden.

! Vorsicht Falle

Die Falle ist in Antwort 4 verborgen. Im E-Commerce ist es üblich, ein Anliegen schneller als nach drei Tagen aufzunehmen.

LF 7 Online-Marketing-Maßnahmen umsetzen und bewerten

Übungsfrage 144: Copy-Strategie

Lösung

Antwort 1. Ziel ist die optimale visuelle und verbale Umsetzung einer Werbebotschaft. Basis einer Copy-Strategie sind Informationen zu Produkt, Zielgruppe und Marktsituation.

! Vorsicht Falle

Die Falle ist in Antwort 4 verborgen. Die Erfassung der Zielgruppe zählt zwar zur Copy-Strategie, allerdings nicht bei der Verbreitung, sondern der Erstellung von Werbematerial.

Übungsfrage 145: International übliche Abrechnungsmodelle

Lösung CPC

CPC (Cost per Click) ist ein Abrechnungsmodus für die Anzeigenschaltung im E-Commerce. Bei einer CPC-Anzeige wird nur dann ein Betrag fällig, wenn ein Surfer auch tatsächlich auf die geschaltete Werbung klickt und damit eine Aktion auslöst – zum Beispiel eine Weiterleitung auf eine Website.

Lösung CPM

Das CPM-Modell dient ganz allgemein der Berechnung von Werbekosten. Die Abkürzung CPM steht für Cost-per-Mille, auf Deutsch Kosten pro Tausend. Bei diesem Modell wird der Preis einer Werbemaßnahme anhand von 1000 Sichtkontakten berechnet.

! Achtung
Manchmal werden statt Cost-per-Mille (CPM) auch die Begriffe Tausen-der-Kontakt-Preis (TKP) oder Thousand-Ad-Impression (TAI) verwendet.

Übungsfrage 146: Warenkorb-Abbrecher

Lösung
Antwort 4. Unverlangte E-Mail-Werbung ist nach dem Wettbewerbsrecht verboten. Die Kunden müssen die betreffende E-Mail-Adresse deshalb aktiv, üblicherweise per Opt-in, für den Empfang von Werbemails freigegeben haben.

! Vorsicht Falle
Die Falle ist in Antwort 1 verborgen. Kunden, die der Bikestylers GmbH ihre E-Mail-Adresse zwar mitgeteilt, aber dem Empfang von Werbemails nicht ausdrücklich zugestimmt haben, dürfen keine Erinnerungsmails erhalten.

Übungsfrage 147: Stammkundenpflege

Lösungsbeispiele

- Bonussystem für Stammkunden.
- Vergabe von Coupons für Stammkunden.
- Premiumservice für Stammkunden. (Schnelle Reaktion und persönlicher Ansprechpartner.)
- Entschuldigung für Fehler, die dem Händler unterlaufen sind. Beispiel: Ein neu angekündigtes Produkt ist erst nach dem ursprünglich genannten Termin erhältlich.

- Wertschätzung. Beispiel: Ein „Danke" per E-Mail nach einem bestimmten Ereignis, etwa zum einjährigen Bestehen des Kundenkontos.
- Verknüpfung von Waren und Dienstleistungen. Beispiel: Nach dem Kauf eines Fahrrads im Onlineshop erhält der Kunde Zugang zum Tutorialbereich der Website.
- Kooperation mit anderen Unternehmen. Beispiel: Kunden der Bikestylers GmbH erhalten Rabatte für Übernachtungen in fahrradfreundlichen Hotels.

Übungsfrage 148: Kaufhistorie

Lösung

Antwort 2. Auf die Kaufhistorie greift ein Unternehmen zu, um den Dialog mit Kunden zu verbessern und Kundensegmente zu erzeugen.

! Vorsicht Falle

Die Falle ist in Antwort 4 verborgen. Die Käufe werden lediglich gebündelt in der Gewinn- und Verlustrechnung erfasst, relevant ist aber die individuelle Kaufhistorie jedes Kunden.

Übungsfrage 149: Kundensegmente bilden

Lösung

Antwort 5. Kundensegmente bieten dem Marketing vielfältige und im Vergleich zum Gießkannenprinzip kostengünstige Möglichkeiten. Ein Beispiel für die Preisgestaltung: Ein Unternehmen gewährt ein 40-Prozent-Rabatt für Kunden, die schon 12 Monate nichts mehr gekauft haben. Die Gewährung eines so hohen Rabatts für alle Kunden würde die Gewinne des Unternehmens zu sehr schrumpfen lassen.

! Vorsicht Falle

Die Falle ist in Antwort 2 verborgen. Bei größeren Mengen von Newsletter-Abonnenten kann die Absendung in Intervallen sinnvoll sein. Dieses Detail ist aber kein Grund für die Bildung von Kundensegmenten.

Übungsfrage 150: Eindimensionale Kundensegmentierung

Lösungsbeispiel 1

- Kriterium: Segmentierung nach Höhe der Umsätze.
- A-Kunden: Kunden mit einem Umsatz von mehr als 500 Euro.
- B-Kunden: Kunden mit einem Umsatz von 100 bis 500 Euro.
- C-Kunden: Kunden mit einem Umsatz von unter 100 Euro.

Lösungsbeispiel 2

- Kriterium: Segmentierung nach Anzahl der Käufe.
- A-Kunden: Kunden, die mehr als dreimal gekauft haben.
- B-Kunden: Kunden, die zwei oder dreimal gekauft haben.
- C-Kunden: Kunden, die zum ersten Mal gekauft haben.

Übungsfrage 151: Mehrdimensionale Kundensegmentierung

Lösungsbeispiele

- Alter
- Geschlecht
- Wohnort
- Bildungsabschluss
- Interessen
- Beteiligung an bestimmten Diskussionen

Übungsfrage 152: Kundensegmente gezielt ansprechen

Lösungsbeispiel 1

- „Bei uns hat sich viel getan. Schauen Sie doch mal wieder rein und entdecken Sie unsere Neuheiten!

Lösungsbeispiel 2

- „Lust, mal wieder reinzuschauen? Jetzt 10-Euro-Coupon mitnehmen."

Übungsfrage 153: Kunden werben Kunden

Lösungsbeispiel

Stammkunden vertrauen sowohl den Produkten, wie auch dem Unternehmen. Das Stammkundensegment ist daher der richtige Ansprechpartner.

Übungsfrage 154: Targeting

Lösung Targeting allgemein

Der Begriff Targeting leitet sich vom englischen Wort „target" (Ziel) ab. Targeting bezeichnet die möglichst genaue Ansprache einer Zielgruppe. Ein Erfolgsfaktor im Onlinemarketing ist die Ausrichtung an den Interessen und Bedürfnissen von Zielgruppen. Beispiel: Einblendung von Werbung für Rennräder auf einer Radsport-Website.

Lösung Erfolgsfaktoren

- Die genaue Bestimmung der Zielgruppe.
- Die Abgrenzung der Zielgruppe.
- Der Einsatz der geeigneten Technik zur Durchführung des Targeting.

Übungsfrage 155: Retargeting

Lösung
Antwort 4. Besucher werden über mehrere Websites und/oder Social-Media-Netzwerke verfolgt und erhalten gezielte Werbeanzeigen.

> **! Vorsicht Falle**
> Die Falle ist in Antwort 1 verborgen. Der wiederholte Einsatz von Targeting kann ohne Weiterverfolgung des Nutzungsverhaltens noch nicht als Retargeting bezeichnet werden.

Übungsfrage 156: Unique Visitors

Lösung
Die Website der Bikestylers GmbH verzeichnete am 24. Mai 9.278 Unique Visitors.

Erklärung
Die Zahl der Unique Visitors steht für die Anzahl der einzelnen Besucher einer Website innerhalb eines bestimmten Zeitraums. Dabei sind diese beiden Faktoren unerheblich:

- Die Anzahl der einzelnen Seiten, die ein Besucher aufruft. Beispiel. Ein Besucher, der fünf Seiten aufruft, wird als ein Unique Visitor gezählt.
- Die Häufigkeit seiner Besuche auf der Website innerhalb dieses Zeitraums. Beispiel: Ein Besucher, der eine Website innerhalb des Zeitraums dreimal besucht, wird als ein Unique Visitor gezählt.

Eine Rechnung ist zur Lösung dieser Aufgabe nicht notwendig. Der gesuchte Wert befindet sich hier: Zeile Anzahl der Besucher, Spalte 24. Mai.

Übungsfrage 157: Ergebnisse von Anzeigenkampagnen

Lösung zur Analyse der Zugriffszahlen

- Im Juli hat sich die Anzahl der Besuche (Visits) etwa verdoppelt.
- Die Zahl der Seitenzugriffe (Page Impressions) hat sich im Kampagnenmonat Juli zwar ebenfalls erhöht, jedoch nicht im selben Verhältnis.
- Bei 280.000 Besuchen (Visits) im Juli erfolgten nur 300.000 Seitenaufrufe (Page Impressions).
- Die Effekte der Kampagne sind im August wieder verpufft.

Lösung zur Beurteilung des Erfolgs

Das schlechte Verhältnis zwischen Besuchen und Seitenzugriffen lässt darauf schließen, dass die Erwartungen der Besucher nicht erfüllt wurden. Die Besucher sind schnell wieder abgesprungen, die Kampagne war nicht erfolgreich.

Übungsfrage 158: Die Ladezeit einer Website

Lösung

Antwort 5. Eine kurze Ladezeit verbessert das Ranking bei den Suchmaschinen und erhöht damit die Auffindbarkeit eines Onlineshops.

! Vorsicht Falle

Die Falle ist in Antwort 1 verborgen. Die Besucherinnen und Besucher warten nicht geduldig, bis die Inhalte einer Website geladen werden. Das Gegenteil ist der Fall. Langsame Websites werden schnell wieder verlassen, die Verweildauer verkürzt sich also.

Übungsfrage 159: Content Marketing

Lösung: Das Prinzip des Content Marketings

Im Zentrum des Content Marketings stehen Informationen zu einem Produkt, Wissensvermittlung, Tutorials und Unterhaltung.

Lösung: Abgrenzung von anderen Werbeformen

Im Gegensatz zu klassischen Werbemitteln wie Anzeigen, Bannern und Werbespots werden Inhalte präsentiert. Das Content Marketing ist informativer und detailgenauer.

Lösung: Inhalte für das Modell Trailstar

- Videoclip: Das Trailstar-Modell in Aktion, gefilmt mit einer Lenkerkamera.
- Videoclip mit Reparatur-Tutorial.
- Videoclip: Interview mit Experten aus der Zielgruppe.

> **! Vorsicht Falle**
>
> In der Aufgabenstellung ist YouTube als Kanal vorgegeben. Die Inhalte beschränken sich deshalb auf Videoclips.

Übungsfrage 160: Videomarketing

Lösung

Antwort 5. Ein bestimmtes Bearbeitungsprogramm ist von YouTube nicht vorgeschrieben und garantiert auch noch kein optimales Ergebnis.

> **! Vorsicht Falle**
>
> Eine Falle ist in Antwort 1 verborgen. YouTube nimmt zwar auch andere Formate an, jedoch ist damit in der Regel ein Qualitätsverlust verbunden, beispielsweise durch Balken an den Bildschirmrändern oder Verzerrungen.

Übungsfrage 161: Social-Media-Netzwerke wählen

Lösungsbeispiele

- Ist die Zielgruppe dort vertreten?
- Welche Content-Arten (Text, Audio, Video) sind dort am häufigsten (oder ausschließlich) vertreten?
- Welchen Aufwand verursacht die Erstellung von Content für dieses Netzwerk?
- Wie entwickeln sich die Nutzerzahlen des Netzwerks?
- Welches Preisniveau ist auf diesem Netzwerk für Anzeigen üblich?
- Welche Targeting-Möglichkeiten bietet dieses Netzwerk?
- Welche Retargeting-Möglichkeiten bietet dieses Netzwerk?
- Welche Möglichkeiten für Verlinkungen bietet dieses Netzwerk?
- Passt das Netzwerk zum Image des Unternehmens?

Übungsfrage 162: Unzumutbare Belästigungen

Lösung: Der Anruf stellt keine unzumutbare Belästigung dar. Begründung: Das Verbot der telefonischen Kontaktaufnahme ohne vorherige ausdrückliche Einwilligung bezieht sich auf den B2C-Bereich.

Übungsfrage 163: Jugendmedienschutz

Lösung: Antwort 3. Die Aufzählung unzulässiger Angebote stammt aus dem § 4 des Jugendmedienschutz-Staatsvertrags (JMStV).

! Vorsicht Falle

Die Falle ist in Antwort 5 verborgen. Im Strafgesetzbuch sind zwar die Straftatbestände definiert, die obige Auflistung stammt aber aus dem Jugendmedienschutz-Staatsvertrag.

Übungsfrage 164: Customer Journey

Lösung

Antwort 1. Eine Conversion ohne Kaufabschluss wird auch als Micro Conversion bezeichnet.

> **! Vorsicht Falle**
>
> Die Falle ist in Antwort 2 verborgen. Der Begriff Macro Conversion bezeichnet einen Kaufabschluss, der hier aber nicht gegeben ist.

Übungsfrage 165: Social-Media-Marketing

Lösung

Antwort 4. Als viral wird ein Posting bezeichnet, das besonders oft weitergeleitet wurde.

> **! Vorsicht Falle**
>
> Die Falle ist in Antwort 3 verborgen. Beleidigungen, üble Nachrede und Verleumdungen gehören tatsächlich zum Alltag in den Social-Media-Netzwerken.

Übungsfrage 166: Push- und Pull-Marketing

Lösung

Antwort 2. Beim Pull-Marketing bewegt sich der potenzielle Kunde auf das Unternehmen zu.

! Vorsicht Falle

Die Falle ist in Antwort 3 verborgen. Push und Pull-Marketing schließen sich nicht aus, sondern können sich gut ergänzen. Beispiel: Ein potenzieller Kunde hat über Pull-Marketing (Google Ads) auf einen Onlineshop geklickt. Dort wird ein bestimmtes Produkt über Push-Marketing (kostenlose Produktprobe) beworben.

LF 8 Wertschöpfungsprozesse erfolgsorientiert steuern

Übungsfrage 167: Der Deckungsbeitrag

Lösung

Antwort 3. Die Verhältnisse sind darin vertauscht. Tatsächlich gilt: Liegt der Deckungsbeitrag über den Fixkosten, entsteht ein Betriebsgewinn. Liegt der Deckungsbeitrag unter den Fixkosten, entsteht ein Betriebsverlust.

! Vorsicht Falle

Die Falle ist in Antwort 5 verborgen. Die Aussage ist richtig, Deckungsbeiträge können sich entweder auf ein einzelnes Produkt (Stückdeckungsbeitrag) oder die gesamte Absatzmenge (Gesamtdeckungsbeitrag) beziehen.

Übungsfrage 168: Einstufige und mehrstufige Deckungsbeitragsrechnung

Lösung

Antwort 3. Die Fixkosten werden detaillierter betrachtet. Die mehrstufige Deckungsbeitragsrechnung wird deshalb auch als Fixkostendeckungsrechnung bezeichnet.

! Vorsicht Falle

Die Falle ist in Antwort 1 verborgen. Auch in die Stückkosten können, je nach Berechnungsart, Fixkosten eingerechnet werden. Da aber nur eine Antwortmöglichkeit zur Verfügung steht, ist Antwort 3 zutreffender.

Übungsfrage 169: Mehrstufige Deckungsbeitragsrechnung

Lösung DB I
DB I = Erlöse minus variable Kosten
Beispiel: Erlöse aus dem Verkauf des Hollandrad-Modells Citymaster - Einstandskosten für die verkauften Citymaster-Modelle.

Lösung DB II
DB II = Ergebnis aus DB I minus Produktfixkosten
Beispiel für Produktfixkosten: Kosten von 10.000 € für einen Verkaufsberater, der speziell für das Modell Citymaster eingestellt wurde.

Lösung DB III
DB III = Ergebnis aus DB II minus Produktgruppenfixkosten
Beispiel für Produktgruppenfixkosten: Kosten von 30.000 € für die Produktion eines YouTube-Videos, bei dem alle Hollandrad-Modelle der Bikestylers GmbH präsentiert werden.

Übungsfrage 170: Bezugskosten und Gemeinkosten

Lösung Definition Bezugskosten
Bezugskosten sind Kosten, die für die Beschaffung von Produkten entstehen. Beispiele:

- Versandkosten
- Zollgebühren
- Kosten für Verpackung
- Transportversicherung
- Kosten für Lagerung

Lösung Definition Gemeinkosten
Gemeinkosten sind Kosten, die keinem Kostenträger oder keiner Kostenstelle direkt zugerechnet werden können. Beispiele:

- Personalkosten
- Verwaltungskosten
- Abschreibung von Maschinen
- Strom

Übungsfrage 171: Einzel- und Gemeinkosten

Lösung
Antwort 5. Die Kosten für die Energieversorgung zählen nicht zu den Einzelkosten, sondern zu den Gemeinkosten.

! Vorsicht Falle

Die Falle liegt in Antwort 2 verborgen. Die Aussage ist zutreffend, denn unter Umständen können Mieten auch bestimmten Produkten direkt zugeordnet werden. Beispiel: Für die Präsentation eines Mountainbike-Modells während eines Sportevents mietet die Bikestylers GmbH einen Showroom an. Die hierbei anfallenden Mietkosten zählen zu den Sondereinzelkosten des Vertriebs.

Übungsfrage 172: Gewinnschwelle berechnen

Lösung

1. Schritt: Welcher Wert wird gesucht?
Zunächst gilt es, die Fragestellung zu klären. Welcher Wert wird gesucht? Gesucht ist die Anzahl der Teilnehmer zur Erreichung des Break-Even-Points, also die Absatzmenge.

2. Schritt: Fixkosten berechnen
Fixkosten sind Kosten, die in jedem Fall anfallen, unabhängig von der Anzahl der Teilnehmer. Für diese Aufgabe gilt:
Fixkosten = Organisationskosten minus Sponsorengelder
18.000 € - 3.000 € = 15.000 €
Die Fixkosten betragen 15.000 €.

3. Schritt: Variable Kosten pro Teilnehmer feststellen
Die variablen Kosten sind diejenigen Kosten, die mit der Anzahl der Teilnehmer steigen.
Die variablen Kosten betragen 5,00 € pro Teilnehmer.

4. Schritt: Stückdeckelungsbeitrag berechnen

$$Stückdeckelungsbeitrag = Verkaufspreis\ pro\ Stück - variable\ Kosten$$

$$= 20{,}00\ € - 5{,}00\ €$$

Der Stückdeckelungsbeitrag beträgt 15,00 €.

5. Schritt: Formel für Gewinnschwelle verwenden

$$Gewinnschwelle = \frac{Fixkosten}{Stückdeckelungsbeitrag}$$

6. Schritt: Werte in die Formel einsetzen

$$Gewinnschwelle = \frac{15.000\ €}{15{,}00\ €}$$

Ergebnis: 1.000 Teilnehmer werden benötigt, um den Break-Even-Point zu erreichen.

Übungsfrage 173: Die Handelsspanne

Lösung

Antwort 2. Differenz aus Einstandspreis und Verkaufspreis (netto) in Prozent.

> **! Vorsicht Falle**
>
> Die Falle ist in Antwort 1 verborgen. Die Umsatzsteuer ist für ein Handelsunternehmen nur ein durchlaufender Posten und daher für die Handelsspanne irrelevant. Deshalb wird die Handelsspanne mit Nettopreisen berechnet.

Übungsfrage 174: Handelsspanne berechnen

Lösung

$$Handelsspanne\ [in\ \%] = \frac{Nettoverkaufspreis - Einstandspreis}{Nettoverkaufspreis} \times 100$$

$$= \frac{8{,}90\ € - 4{,}50\ €}{8{,}90\ €} \times 100$$

Die Handelsspanne beträgt 49,44 %.

Übungsfrage 175: Der Cashflow

Lösung
Antwort 5. Cashflow = Gewinn + Abschreibungen + Rückstellungen.

! Vorsicht Falle

Die Falle ist in Antwort 4 verborgen. Die im Berichtsjahr Jahr getätigten Abschreibungen erhöhen ebenso wie die im Berichtsjahr getätigten Rückstellungen den Cashflow.

Übungsfrage 176: Die Vorwärtskalkulation

Lösung
Gesucht wird der Verkaufspreis des Modells, also der Bruttopreis. Grundlage für die Berechnung ist der Listeneinkaufspreis, also der Preis, den der Händler in seinem Angebot an die Bikestylers GmbH angegeben hat. Bei der Vorwärtskalkulation gilt: Der festgelegte Ausgangspreis (Listeneinkaufspreis) wird in einer Reihe von Schritten verändert, um den Verkaufspreis zu ermitteln.

Schritt 1: Lieferantenrabatt abziehen

	Prozentsatz	Wert
Listeneinkaufspreis		300,00 €
Rabatt	10 %	

Gegeben sind der Prozentsatz (p) von 10 % und der Listeneinkaufspreis von 300,00 €. Der Listeneinkaufspreis ist der Grundwert (G). Der Prozentwert (PW) wird gesucht.

- p = 10 %
- G = 300,00 €
- PW wird gesucht

Prozentformel:

$$Prozentwert\ (PW) = \frac{Prozentsatz\ (p) \times Grundwert\ (G)}{100}$$

$$= \frac{10 \times 300}{100}$$

30 € müssen vom Listenpreis abgezogen werden.

Damit ergibt sich ein rabattierter Preis von 270,00 €. Dieser rabattierte Einkaufspreis wird auch als Zieleinkaufspreis bezeichnet.

Schritt 2: Lieferantenskonto abziehen

	Prozentsatz	Wert
Zieleinkaufspreis		270,00 €
Skonto	2 %	

Gegeben sind der Prozentsatz von 2 % und der Grundwert von 270,00 €. Wie beim vorhergehenden Schritt wird der Prozentwert gesucht.

Prozentformel:

$$Prozentwert\ (PW) = \frac{Prozentsatz\ (p) \times Grundwert\ (G)}{100}$$

$$= \frac{2 \times 270}{100}$$

5,40 € müssen vom Zieleinkaufspreis abgezogen werden.
Damit ergibt sich ein Preis von 264,60 €. Dieser Preis, nach Abzug von Rabatten und Skonto, wird auch als Bareinkaufspreis bezeichnet.

! Achtung
Rabatt und Skonto sind zwar beides Preisnachlässe, dürfen aber nicht zusammen erfasst werden, da Rabatte beim Einkauf und Skonto erst bei der Bezahlung abgezogen werden.

Schritt 3: Bezugskosten aufschlagen

	Prozentsatz	Wert
Bareinkaufspreis		264,60 €
Bezugskosten		20,00 €

In diesem Schritt werden die Bezugskosten (z. B. Transportkosten) aufgeschlagen.

! Achtung
Weil es Kosten sind, wird ab hier nicht abgezogen, sondern aufgeschlagen!

Da die Kosten in dieser Aufgabe in Euro angegeben sind, genügt eine einfache Addition.

264,60 € + 20,00 € = 284,60 €.

Damit ergibt sich ein Preis von 284,60 €. Dieser Preis, nach Aufschlag der Bezugskosten, wird auch als Einstandspreis oder Bezugspreis bezeichnet.

Schritt 4: Gemeinkosten aufschlagen

	Prozentsatz	Wert
Einstandspreis		284,60 €
Gemeinkosten	40 %	

In diesem Schritt werden die Gemeinkosten aufgeschlagen. Da sie als Prozentsatz angegeben sind, müssen sie zunächst in Euro berechnet werden! Gegeben sind der Prozentsatz von 40 % und der Grundwert von 284,60 €. Gesucht wird der Prozentwert.

Prozentformel:

$$Prozentwert\ (PW) = \frac{Prozentsatz\ (p) \times Grundwert\ (G)}{100}$$

$$= \frac{40 \times 284{,}60}{100}$$

113,84 € müssen zum Einstandspreis addiert werden.

284,60 € + 113,84 € = 398,44 €

Damit ergibt sich ein Preis von 398,44 €. Dieser Preis, nach Aufschlag der Gemeinkosten, wird auch als Selbstkostenpreis bezeichnet.

Schritt 5: Gewinnzuschlag aufschlagen

	Prozentsatz	Wert
Selbstkostenpreis		398,44 €
Gewinnzuschlag	25 %	

In diesem Schritt wird der Gewinnzuschlag aufgeschlagen. Da er als Prozentsatz angegeben ist, muss er in Euro berechnet werden!
Gegeben sind der Prozentsatz von 25 % und der Grundwert von 398,44 €. Gesucht wird der Prozentwert.

Prozentformel:

$$Prozentwert\ (PW) = \frac{Prozentsatz\ (p) \times Grundwert\ (G)}{100}$$

$$= \frac{25 \times 398{,}44}{100}$$

99,61 € müssen zum Einstandspreis addiert werden.

398,44 € + 99,61 € = 498,05 €

Damit ergibt sich ein Preis von 498,05 €. Dieser Preis, nach Aufschlag des Gewinnzuschlags, wird auch als Barverkaufspreis bezeichnet.

Schritt 6: Kundenskonto aufschlagen

	Prozentsatz	Wert
Barverkaufspreis		498,05 €
Kundenskonto	2 %	

Im diesem Schritt wird der Kundenskonto addiert. Da er als Prozentsatz angegeben ist, muss er zunächst in Euro berechnet werden!

! Achtung

Ab hier (beim Kundenskonto und im nächsten Schritt beim Kundenrabatt) weicht die Berechnung vom bisherigen Schema ab. Begehen Sie nicht den Fehler, die 498,05 € des Barverkaufspreises mit 100 % gleichzusetzen.

Der Skonto wird aus Sicht des Kunden berechnet. Weil der Kunde 2 % Skonto erhält, entsprechen die 498,05 € nicht 100 %, sondern 98 %. So berechnen Sie den Skonto:

$$\frac{498{,}05 \times 2}{98}$$

10,16 € müssen zum Barverkaufspreis addiert werden.

498,05 € + 10,16 € = 508,21 €

Damit ergibt sich ein Preis von 508,21 €. Dieser Preis, nach Aufschlag des Kundenskontos, wird auch als Zielverkaufspreis bezeichnet.

Schritt 7: Kundenrabatt aufschlagen

	Prozentsatz	Wert
Zielverkaufspreis		508,21 €
Kundenrabatt	10 %	

In diesem Schritt wird der Kundenrabatt aufgeschlagen. Da er als Prozentsatz angegeben ist, muss er zunächst in Euro berechnet werden!

! Achtung

Begehen Sie nicht den Fehler, die 508,21 € des Zielverkaufspreises mit 100 % gleichzusetzen! Der Rabatt wird aus Sicht des Kunden berechnet. Weil der Kunde 10 % Rabatt erhält, entsprechen die 508,21 € nicht 100 %, sondern 90 %.

So berechnen Sie den Rabatt:

$$\frac{508{,}21 \times 10}{90}$$

56,47 € müssen zum Zielverkaufspreis addiert werden.

508,21 € + 56,47 € = 564,67 €

Damit ergibt sich ein Preis von 564,67 €. Dieser Preis, nach Aufschlag des Kundenrabatts, wird auch als Nettoverkaufspreis oder Listenverkaufspreis bezeichnet.

! Achtung

Auch hier gilt wie beim Einkauf: Rabatt und Skonto dürfen nicht zusammen erfasst werden!

Schritt 8: Umsatzsteuer aufschlagen

	Prozentsatz	Wert
Nettoverkaufspreis		564,67 €
Umsatzsteuer	19 %	

Im diesem Schritt wird die Umsatzsteuer aufgeschlagen. Da sie als Prozentsatz angegeben ist, muss sie zunächst in Euro berechnet werden!

! Achtung

Hier ändert sich wieder das Berechnungsschema. Der Prozent wird nicht wie das Kundenskonto oder der Kundenrabatt rückwärts berechnet, sondern einfach aufgeschlagen.

Prozentformel:

$$Prozentwert\ (PW) = \frac{Prozentsatz\ (p) \times Grundwert\ (G)}{100}$$

$$= \frac{19 \times 564{,}67}{100}$$

107,29 € müssen zum Nettoverkaufspreis addiert werden.

564,67 € + 107,29 € = 671,96 €

Der Bruttoverkaufspreis für das Modell Grachtencruiser beträgt 671,96 €.

Übungsfrage 177: Die Rückwärtskalkulation

Lösung

Antwort 2. Der Listenverkaufspreis eines Produkts ist vorgegeben, der maximale Einkaufspreis wird ermittelt.

! Vorsicht Falle

Die Falle ist in Antwort 1 verborgen. Diese Aussage trifft auf die Differenzkalkulation zu, aber nicht auf die Rückwärtskalkulation.

Übungsfrage 178: Die Handlungskosten

Lösung

Antwort 3. Die Bezugskosten werden nicht in die Handlungskosten eingerechnet.

> **! Vorsicht Falle**
>
> Die Falle ist in Antwort 1 verborgen. Der Selbstkostenpreis entspricht nicht den Handlungskosten, sondern setzt sich aus dem Bezugspreis und den Handlungskosten zusammen.

Übungsfrage 179: Der Handlungskostenzuschlag

Lösung

$$Handlungskostenzuschlag\ [in\ \%] = \frac{Handlungskosten}{Wareneinsatz} \times 100$$

Übungsfrage 180: Der Kalkulationszuschlag

Lösung

Die Formel für den Kalkulationszuschlag im Einzelhandel lautet:

$$Kalkulationzuschlag\ [in\ \%] = \frac{Bruttoverkaufspreis - Bezugspreis}{Bezugspreis} \times 100$$

$$= \frac{9{,}90\ € - 5{,}90\ €}{5{,}90\ €} \times 100$$

Der Kalkulationszuschlag beträgt 67,80 %.

Übungsfrage 181: Kalkulationsschema anwenden

Lösung

Schritt 1: Handlungskosten aufschlagen

	Prozentsatz	Wert
Bezugspreis		1.980,00 €
Handlungskostenzuschlag	12 %	

In diesem Schritt wird der Handlungskostenzuschlag aufgeschlagen. Da er als Prozentsatz angegeben ist, muss er in Euro berechnet werden!
Gegeben sind der Prozentsatz von 12 % und der Grundwert von 1.980,00 €.
Gesucht wird der Prozentwert.
Prozentformel:

$$Prozentwert\ (PW) = \frac{Prozentsatz\ (p) \times Grundwert\ (G)}{100}$$

$$= \frac{12 \times 1.980}{100}$$

237,60 € müssen zum Einstandspreis addiert werden.
1.980,00 € + 237,60 € = 2.217,60 €
Dieser Preis wird auch als Selbstkostenpreis bezeichnet.

Schritt 2: Gewinnzuschlag aufschlagen

	Prozentsatz	Wert
Selbstkostenpreis		2.217,60 €
Gewinnzuschlag	10 %	

In diesem Schritt wird der Gewinnzuschlag aufgeschlagen. Da er als Prozentsatz angegeben ist, muss er in Euro berechnet werden!
Gegeben sind der Prozentsatz von 10 % und der Grundwert von 2.217,60 €.
Gesucht wird der Prozentwert.

Prozentformel:

$$Prozentwert\ (PW) = \frac{Prozentsatz\ (p) \times Grundwert\ (G)}{100}$$

$$= \frac{10 \times 2.217{,}60}{100}$$

221,76 € müssen zum Selbstkostenpreis addiert werden.
2.217,60 € + 221,76 € = 2.439,36 €

Dieser Preis, nach Aufschlag von Gewinn und Kundenskonto (in dieser Aufgabe nicht enthalten), wird auch als Zielverkaufspreis bezeichnet.

Schritt 3: Kundenrabatt aufschlagen

	Prozentsatz	Wert
Zielverkaufspreis		2.439,36 €
Kundenrabatt	10 %	

In diesem Schritt wird der Kundenrabatt aufgeschlagen. Da er als Prozentsatz angegeben ist, muss er zunächst in Euro berechnet werden!

So berechnen Sie den Rabatt:

$$\frac{2.439{,}36 \times 10}{90}$$

271,04 € müssen zum Zielverkaufspreis addiert werden.
2.439,36 € + 271,04 € = 2.710,40 €

Damit ergibt sich ein Preis von 2.710,40 €. Dieser Preis, nach Aufschlag des Kundenrabatts, wird auch als Nettoverkaufspreis oder Listenverkaufspreis bezeichnet.

! Achtung

Begehen Sie nicht den Fehler, die 2.439,36 € des Zielverkaufspreises mit 100 % gleichzusetzen! Der Rabatt wird aus Sicht des Kunden berechnet. Weil der Kunde 10 % Rabatt erhält, entsprechen die 2.217,60 € nicht 100 %, sondern 90 %.

Schritt 4: Umsatzsteuer aufschlagen

	Prozentsatz	Wert
Nettoverkaufspreis		2.710,40 €
Umsatzsteuer	19 %	

Im diesem Schritt wird die Umsatzsteuer aufgeschlagen. Da sie als Prozentsatz angegeben ist, muss sie zunächst in Euro berechnet werden!

! Achtung

Hier ändert sich wieder das Berechnungsschema. Der Prozent wird nicht wie das Kundenskonto oder der Kundenrabatt rückwärts berechnet, sondern einfach aufgeschlagen.

Prozentformel:

$$Prozentwert\ (PW) = \frac{Prozentsatz\ (p) \times Grundwert\ (G)}{100}$$

$$= \frac{19 \times 2.710,40}{100}$$

514,98 € müssen zum Nettoverkaufspreis addiert werden.

2.710,40 € + 514,98 € = 3.225,38 €.

Der Bruttoverkaufspreis für Modell Elektricity beträgt 3.225,38 €.

Übungsfrage 182: Skonto

Lösung

Antwort 2. Der Lieferskonto, auch Lieferantenskonto genannt, wird vom Zulieferer gewährt.

> **! Vorsicht Falle**
>
> Die Falle ist in Antwort 3 verborgen. Beschrieben ist hier der Kundenskonto, gefragt war aber nach dem Lieferskonto.

Übungsfrage 183: Rechnung von brutto zu netto

Lösung

$$\frac{128{,}40\ €}{1{,}07} = 120\ €$$

Der Nettopreis beträgt 120 €.

Übungsfrage 184: Das Sortiment

Lösung

Antwort 2. Sortiment ist die Bezeichnung für die gesamte Palette an Waren und Dienstleistungen, die ein Unternehmen anbietet.

> **! Vorsicht Falle**
>
> Die Falle ist in Antwort 4 verborgen. Ein Sortiment kann zwar in ein Haupt- und ein Nebensortiment unterteilt werden, weniger nachgefragte Produkte zählen aber ebenfalls zum Sortiment.

Übungsfrage 185: Sortimentspolitik

Mögliche Antworten

- Steigerung der Gewinne.
- Steigerung der Umsätze.
- Reduzierung der Kosten.
- Bereinigung des Sortiments von wenig oder nicht nachgefragten Produkten.
- Streuung von Risiken.
- Aufnahme von Produkten, die sich für eine Mischkalkulation eignen.
- Aufnahme von Produkten, die sich für Produktbundles eignen.
- Auslastung des Lagers.
- Stärkung der Positionierung auf dem Markt.

Übungsfrage 186: Sortimentstiefe

Lösung

Antwort 2. Bei einem tiefen Sortiment werden besonders viele Produkte einer Warengruppe angeboten. Typisches Beispiel ist eine Bäckerei, die über eine große Anzahl von Brotsorten verfügt. Typisches Beispiel für ein flaches Sortiment ist das Angebot von Kopfhörern in einem Supermarkt. In der Regel stehen hier nur wenige Modelle zur Auswahl.

> **! Vorsicht Falle**
>
> Die Falle ist in Antwort 3 verborgen. Die Begriffe sind hierbei vertauscht.

Übungsfrage 187: Sortimentsbreite

Lösungsbeispiele breites Sortiment

- Warenhaus, Amazon

Lösungsbeispiele schmales Sortiment

- Fachgeschäft, Onlineshop für Gitarren

Übungsfrage 188: Produkteliminierung

Lösung

Antwort 2. Bei der Produkteliminierung werden umsatzschwache Produkte aus dem Sortiment genommen.

> **! Vorsicht Falle**
> Die Falle ist in Antwort 1 verborgen. Bei der Diversifikation findet das Gegenteil statt, das Sortiment wird mit neuen Produkten ausgeweitet.

Übungsfrage 189: Kostenstellen

Lösungsbeispiele

- Beschaffung
- Lager
- Versand
- Buchhaltung
- Personalwesen
- Marketing
- IT-Abteilung

LF 9 Onlinevertriebskanäle auswählen

Übungsfrage 190: Informationspflichten im Onlinehandel

Lösung

Antwort 5. Die Bereitstellung von AGB ist zwar sehr empfehlenswert, aber rechtlich nicht verpflichtend.

! Vorsicht Falle

Die Falle ist in Antwort 4 verborgen. Der Link auf die Streitschlichtungsplattform ist in jedem Fall erforderlich, auch wenn das Unternehmen nicht daran teilnimmt. In diesem Fall kann folgender Passus z. B. in das Impressum eingefügt werden:

"*Plattform der EU-Kommission zur Onlinestreitbeilegung: https://ec.europa.eu/consumers/odr*

Wir sind zur Teilnahme an einem Streitbeilegungsverfahren vor einer Verbraucherschlichtungsstelle weder verpflichtet noch bereit."

Übungsfrage 191: Pflichtangaben im Impressum

Lösung

- Name, Anschrift und Rechtsform sind genannt. Angaben über das Kapital der Gesellschaft sind nicht zwingend. In dieser Hinsicht ist das Impressum rechtskonform.
- Die Möglichkeit der schnellen elektronischen Kontaktaufnahme und der unmittelbaren Kommunikation ist angegeben. In dieser Hinsicht ist das Impressum rechtskonform.
- Die Angabe einer Aufsichtsbehörde ist nur dann erforderlich, wenn mit besonderen Produkten wie z. B. Medikamenten gehandelt wird. In dieser Hinsicht ist das Impressum rechtskonform.

- Nicht rechtskonform ist die Abkürzung des Vornamens der vertretungsberechtigten Geschäftsführerin. Der Name muss komplett ausgeschrieben werden.
- Der Ort des Registergerichts fehlt. Hier müsste beispielsweise „Amtsgericht Berlin-Charlottenburg“ stehen.

! Hinweis

In der Regel ist ein Impressum nach obigem Muster nicht vollständig, da neben den Vorgaben des TMG auch Vorgaben aus anderen Gesetzen erfüllt werden müssen, z. B. aus dem RStV (Rundfunkstaatsvertrag). Die Aufgabenstellung bezog sich aber nur auf die Vorgaben des TMG.

Übungsfrage 192: Barrierefreiheit

Lösungsbeispiele

- Klare und einfache Navigation.
- Auszeichnung von Seitentiteln, Überschriften und Zwischenüberschriften durch die HTML-Tags H1, H2 etc. Beispiel: <h1>Seitentitel </h1>, <h2>Überschrift</h2>, <h3>Zwischenüberschrift</h2>.
- Starke Kontraste zwischen Texten und Hintergründen.
- Einsatz von CSS-Stylesheets.
- Navigation und Funktionalitäten müssen auch ohne Maus möglich sein (per Tastatur).
- Für Bilder, Audio- und Videoinhalte müssen alternative Informationen in Textform vorliegen. Beispiel für die Verwendung des ALT-Tags zur Beschreibung der Abbildung eines Hollandrads: <img src="hollandrad.png" alt="Foto eines blauen Hollandrads.">.
- Das ALT-Tag darf nicht für Bilder eingesetzt werden, die nur der Dekoration einer Website dienen, also z. B. für Abstandshalter.
- Texte nicht auf Bildern platzieren.

- Genügend Abstand bei Navigationselementen und Buttons.
- Steuerungselemente für Audio- und Videoinhalte. Beispiel: Pause- und Stoppfunktion.
- Auf Tabellen möglichst verzichten.
- Verwendung einfacher Sprache.
- Responsives Webdesign.
- Test der Website mit unterschiedlichen Browsern und Screen-Readern.

Übungsfrage 193: Leichte Sprache

Lösungsbeispiele

- Die Überschrift ist als solche kaum erkennbar. Verbesserung: Auszeichnung als Überschrift in HTML und Definition des Erscheinungsbilds via Stylesheet.
- Die einzelnen Punkte sind schwer zu erfassen. Verbesserung: Aufzählung in Listenform.
- Die Bezeichnung 29“ kann missverstanden werden. Verbesserung: 29 Zoll Reifengröße.
- Bei der Angabe des Federwegs fehlt ein Leerzeichen. Verbesserung: 120 mm.
- Die Fachbegriffe sind schwer verständlich. Eine Verbesserung kann durch die Voranstellung von erklärenden Bezeichnungen erzielt werden.

Beispiel:

- Mountainbike Modell Gipfelstürmer 99
- Rahmen: Aluminium
- Reifengröße: 29 Zoll
- Lenkwinkel: 65 Grad
- Federung: 120 mm Federweg
- Gangschaltung: SRAM-Schaltung

Übungsfrage 194: Zielgruppe und Mediennutzung

Lösung zur Analyse des Nutzungsverhaltens

Das Nutzungsverhalten der Zielgruppe von 50 bis 70 Jahren unterscheidet sich erheblich von der jüngeren Bevölkerung. Auffällig ist die Unterrepräsentanz auf Instagram und Snapchat, aber auch die erhöhte Nutzung bei den Onlineausgaben der überregionalen Zeitungen und der Fahrrad-Fachzeitschriften.

Lösung zur Chancenbewertung

Ein Engagement auf Instagram und Snapchat scheidet aus, da hier die Zielgruppe fast nicht vertreten ist. Auf den anderen Social-Media-Netzwerken ist es notwendig, die Ausspielung der Anzeigen sehr gezielt nach Alter und Interessen zu filtern. In Erwägung gezogen werden sollte die Ausspielung in Zeitungen und Zeitschriften, insbesondere bei Fahrrad-Fachzeitschriften. Zwar werden diese nur von 9 % der Altersgruppe von 50 bis 70 Jahren gelesen, doch die Streuverluste sind hier am geringsten.

Übungsfrage 195: Miete oder Kauf?

Lösungsbeispiele Modell A

- Kein Aufwand für die Installation.
- Kein Aufwand für Updates.
- Wenig Aufwand für die Datensicherung.
- Wenig Aufwand für Absicherung des Shops gegen Hacker.

Lösungsbeispiele Modell B

- Volle Kontrolle über alle Elemente des Shops.
- Geringe laufende monatliche Kosten.
- Keine Kosten für die Freischaltung von Standardfunktionen.
- Hohe Flexibilität bei der optischen Anpassung.
- Hohe Flexibilität bei der Einbindung von Zahlungsarten.

- Hohe Flexibilität bei der Auswahl der Schnittstellen, z. B. zur Warenwirtschaft.
- Vielfältigere SEO-Möglichkeiten.

Übungsfrage 196: Betriebliche Entscheidungsfindung

Lösung
Antwort 2. Bei der Nutzwertanalyse werden mehrere Alternativen miteinander verglichen.

! Vorsicht Falle
Die Falle ist in Antwort 1 verborgen. A/B-Tests werden üblicherweise zum Test von zwei Varianten eines Systems eingesetzt, aber nicht für die Entscheidung zwischen zwei unterschiedlichen Systemen.

Übungsfrage 197: Datensicherheit und Datenschutz

Lösung
Antwort 4. Die Einblendung eines Cookie-Banners kann nicht verhindern, dass Daten verlorengehen. Sie dient primär dem Datenschutz, aber nicht der Datensicherheit.

! Vorsicht Falle
Die Falle liegt in Antwort 1. Laufende Updates der Shopsoftware schließen Sicherheitslücken und dienen damit auch der Datensicherheit, also dem Verlust von Daten.

Übungsfrage 198: Schnittstellen

Lösung

Antwort 3. Die Lohnbuchhaltung gehört zu den Abteilungen eines Unternehmens, die nicht direkt mit den Abläufen in einem Onlineshop verbunden ist.

> **! Vorsicht Falle**
>
> Die Falle liegt in Antwort 5 verborgen. Eine Schnittstelle zu einem Newsletter-System bietet Onlinehändlern vielfältige Möglichkeiten. Beispiel: Automatisierte Versendung eines Newsletters nach dem Einpflegen eines Produkts in einer bestimmten Produktkategorie.

Übungsfrage 199: Die Multichannel-Strategie

Lösung

Antwort 2. Bei einer Multichannel-Strategie werden unterschiedliche Arten von Verkaufskanälen bespielt.

> **! Vorsicht Falle**
>
> Die Falle liegt in Antwort 1 verborgen. Zur Irreführung wurde der Begriff Social-Media-Channels eingesetzt. Eine Präsenz auf mehreren Social-Media-Netzwerken erfüllt aber noch nicht die Voraussetzung für eine echte Multichannel-Strategie.

Übungsfrage 200: Die Omnichannel-Strategie

Lösung
Antwort 2. Kennzeichen der Omnichannel-Strategie ist die Integration der Verkaufskanäle. Kunden können damit während der Customer Journey die Kanäle wechseln.

! Vorsicht Falle
Die Falle ist in Antwort 3 verborgen. Bei diesem Ansatz handelt es sich um eine umfangreiche Multichannel-Strategie, es fehlt aber das Merkmal der Integration der Kanäle.

Übungsfrage 201: Dropshipping

Lösung
Antwort 1. Das Dropshipping ermöglicht auch Händlern, die über keinerlei Lagerkapazität verfügen, die Teilnahme am Markt.

! Vorsicht Falle
Die Falle ist in Antwort 3 verborgen. Beim Dropshipping werden zwar Transportwege eingespart, allerdings nicht in der genannten Art und Weise.

Übungsfrage 202: Responsive Design

Lösung
Antwort 2. Ziel des Responsive Design ist die Anpassung auf die Endgeräte der User, zum Beispiel Desktop-PCs, Tablets und Smartphones.

! Vorsicht Falle

Die Falle ist in Antwort 4 verborgen. Die Sortiermöglichkeit von Tabellen erhöht zwar die Usability, zählt aber nicht zum Aufgabenbereich des Responsive Design.

Übungsfrage 203: Tabellen auf Websites

Lösung

Die fixe Breitenangabe in Millimetern verhindert eine responsive Darstellung. Erforderlich ist hierfür eine relative Breitenangabe, beispielsweise in Prozent.

Übungsfrage 204: Benutzerfreundlichkeit

Lösungsbeispiele

- Die User müssen sofort erkennen, was sie auf der Website erwartet.
- Responsivität.
- Barrierefreiheit.
- Die Navigation ist auch für User verständlich, die die Website zum ersten Mal besuchen.
- Elemente wie beispielsweise Buttons, Menüs und Symbole werden konsistent eingesetzt, also in Form und Bedeutung beständig.
- Verzicht auf ablenkende Elemente.
- Schnelle Ladezeit.
- Klare Strukturierung der Inhalte, zum Beispiel durch Zwischenüberschriften.

Übungsfrage 205: Sales Funnel

Lösung

Der Verkaufstrichter beschreibt die einzelnen Stufen eines Verkaufsprozesses. An der großen Öffnung befindet sich eine große Anzahl potentieller Kunden. Diese potenziellen Kunden reduzieren sich in der Mitte des Trichters. An der schmalen Öffnung des Trichters bleiben die Interessenten übrig, die mit einem Kauf abschließen.

Übungsfrage 206: Sales-Funnel-Analyse

Lösung

Antwort 3. Die Sales-Funnel-Analyse alleine liefert noch keine Auskunft über die Profitabilität. Beispiel: Wenn ein Unternehmen seine Produkte unter dem Selbstkostenpreis verkauft, kann es trotz eines optimierten Sales Funnels nicht profitabel sein.

! Vorsicht Falle

Die Falle ist in Antwort 2 verborgen. Die Aussage ist zutreffend, denn anhand einer Sales-Funnel-Analyse kann ein Unternehmen herausfinden, welche eingesetzten Hebel nur eine geringe Wirkung haben. Beispiel: Die Sales-Funnel-Analyse ergibt, dass die Facebook-Präsenz erheblich weniger Einfluss auf die Customer Journey hat als das Newsletter-Marketing. In diesem Fall kann möglicherweise auf die Facebook-Präsenz verzichtet werden.

Übungsfrage 207: Client-Server-Systeme

Lösung

Antwort 2. Ein Client-Server-System bietet die Möglichkeit, Dienste von einem Server anzufordern und Daten zentral zu verwalten. Der Server arbeitet in der Regel für mehrere Clients.

> **! Vorsicht Falle**
> Eine Falle ist in Antwort 3 verborgen. Bei einem Ausfall des Servers sind nämlich die Daten, die die Clients dort hinterlegt haben, ebenfalls betroffen. Dies kann bedrohlich sein, wenn für den Server keine zusätzliche Sicherung (Redundanz) bereitgestellt wurde.

Übungsfrage 208: Speicherung von Daten

Lösung
Antwort 2. In Datenbanken lassen sich große Mengen von Daten strukturiert und effizient speichern. Beispiele: Artikel, Kundendaten und Bestelldaten.

> **! Vorsicht Falle**
> Die Falle ist in Antwort 4 verborgen. Durch Filter lassen sich Daten aus einer Datenbank abfragen und anzeigen. Beispiel: Ausgabe aller Produkte, die zwischen 50 € und 100 € kosten. Die Fragestellung bezog sich aber auf die Speicherung, und nicht auf die Ausgabe von Daten.

Übungsfrage 209: Click & Collect

Lösung
Kunden bestellen eine Ware online, die Abholung findet im Laden statt.

Übungsfrage 210: Werbung per Telefon

Lösung
Antwort 3. Für Telefonanrufe zu Werbezwecken muss dem Unternehmen eine eindeutige Einwilligung vorliegen.

! Vorsicht Falle

Die Falle ist in Antwort 5 verborgen. Der Verzicht auf einen Widerspruch ist nicht ausreichend.

Übungsfrage 211: Dropshipping

Lösung

Antwort 3. Dropshipping-Händler lagern und versenden ihre Produkte nicht selbst.

! Vorsicht Falle

Die Falle ist in Antwort 2 verborgen. Die Kunden bestellen nicht beim Groß-, sondern beim Einzelhändler.

Übungsfrage 212: Marktplätze

Lösung

Antwort 3. Je nach Marktplatz, zum Beispiel eBay, Amazon Marketplace oder Otto Market, unterscheiden sich die Gebühren. Dieses setzen sich aus Grundgebühren und Verkaufsprovisionen zusammen.

! Vorsicht Falle

Die Falle ist in Antwort 5 verborgen. Einige Anbieter von Zahlungsarten haben Mindestgebühren für Transaktionen festgelegt. Diese sind jedoch nicht einheitlich.

LF 10 Den Onlinevertrieb kennzahlengestützt optimieren

Übungsfrage 213: Seitenzugriffe analysieren

Lösung

Die Anzahl der Seitenaufrufe hat sich im Laufe der Kampagne von unter 100 Aufrufen pro Tag (14. März) auf über 200 pro Tag (19. März) gesteigert. Das Kampagnenziel wurde also erfüllt. Nach dem Ende der Kampagne fällt die Anzahl der Seitenaufrufe zwar wieder etwas ab, jedoch war dies auch in der Vorwoche der Fall. Als Ursache ist zu vermuten, dass die User an bestimmten Wochentagen weniger aktiv sind.

! Vorsicht Falle

Zugriffszahlen sind nur dann aussagekräftig, wenn sie sich auch auf vergleichbare Zeiträume beziehen. Beispiele: Der Sonntag kann nicht mit einem Werktag verglichen werden und die umsatzstarken Monate November und Dezember (Vorweihnachtszeit) nicht mit umsatzschwächeren Monaten wie Januar und Februar.

Übungsfrage 214: Die Absprungrate

Lösung

Während der Kampagne hat sich die Absprungrate erhöht, also die Prozentzahl derjenigen Besucher, die die Website ohne eine bestimmte Aktion wieder verlassen. Dies lässt darauf schließen, dass die in der Kampagne generierten Besucher die erwarteten Inhalte nicht gefunden haben. Mit erhöhten Umsätzen ist daher nicht zu rechnen.

Übungsfrage 215: Rabattaktionen gestalten

Lösung Stellungnahme

Mit der Rabattaktion sind steigende Umsätze bei den Fahrrädern und beim Zubehör zu erwarten. Allerdings geht die Aktion sehr zu Lasten der Profitabilität beim Zubehör. Die ohnehin knapp bemessene Gewinnspanne würde durch den relativ hohen Rabatt weiter schrumpfen. Zudem sind die Umsätze beim Zubehör nicht rückläufig, sondern steigend.

Lösungsbeispiele Optimierung

- Beschränkung des Rabatts auf alle Fahrräder. Beispiel: „20 Prozent auf alle Fahrräder".
- Senkung der Rabatthöhe. Beispiel: „10 Prozent auf alles".

Übungsfrage 216: Customer Relationship Management

Lösungsbeispiele

- Einsicht in die Kaufhistorie jedes Kunden.
- Überblick der Aktivitäten zwischen Unternehmen und Kunden.
- Verbesserung des After-Sales-Service.
- Erleichterung für das Beschwerdemanagement.
- Synchronisation unterschiedlicher Kommunikationskanäle.
- Statistische Aufbereitung, zum Beispiel für die Bestimmung des durchschnittlichen CLV (Customer Lifetime Value) eines Kunden.

Übungsfrage 217: Customer Lifetime Value

Lösung zur Definition

Umsatz, den ein Kunde während seiner gesamten Lebenszeit bei einem Unternehmen tätigt, vom ersten Kauf bis zum letzten Kauf bzw. der Inaktivität.

Lösung zur Berechnung

Eine exakte Berechnung ist unmöglich. Die Kaufhistorie von Kunden, die bereits inaktiv geworden sind, ermöglicht aber eine ungefähre Einschätzung. Voraussetzung für die Bildung eines realistischen Durchschnittswerts ist eine aussagekräftige Menge an ehemaligen Kunden.

Übungsfrage 218: Werbekosten pro Neukunde

Lösung

Antwort 2. Der Rohgewinn entsteht, wenn die Werbekosten pro Neukunde unter dem Customer Lifetime Value liegen.

! Vorsicht Falle

Die Falle liegt in Antwort 5 verborgen. Die Profitabilität ist in der Regel auch dann gegeben, wenn die Werbekosten pro Neukunden 20 % und mehr des Customer Lifetime Value übersteigen. Aus diesem Grund werden Modelle mit einem hohen Customer Lifetime Value, beispielsweise Abomodelle, auch mit hohem Budget beworben.

Übungsfrage 219: Operative und strategische Ziele

Lösung operative Ziele

Kurzfristige und konkret beschriebene Ziele, zum Beispiel der Absatz von 500 Fahrrädern des Modells Superrider im Jahr 2020.

Lösung strategische Ziele

Langfristige Ziele, zum Beispiel die Verbesserung der Qualität in der Beratung.

Übungsfrage 220: Ziele und Zielkonflikte

Lösungsbeispiele für konkurrierende Ziele

- Ziel A: Einsparung von Kosten – Ziel B: Erhöhung der Qualität.
- Ziel A: Hohe Kulanz bei Retouren – Ziel B: Umweltschutz.

Lösungsbeispiele für neutrale Ziele

- Ziel A: Verbesserung des Retourenmanagements – Ziel B: Ausbau der Präsenzen auf den Social-Media-Netzwerken.
- Ziel A: Einsatz recyclebaren Verpackungsmaterials – Ziel B: Kostensenkung im Marketing.

Lösungsbeispiele für komplementäre Ziele

- Ziel A: Umsatzsteigerung – Ziel B: Steigerung der Besucherzahl im Onlineshop.
- Ziel A: Einstellung neuer Mitarbeiter für das Marketing – Ziel B: Erhöhung der Markenpräsenz.

Übungsfrage 221: Customer Journey

Lösung

- Das User-Tracking, also die Aufzeichnung des Besucherverhaltens. Im Fokus stehen dabei die URLs der Quellseiten.
- Beispiel: Ein Kunde ist vor seinem Kauf zunächst über Facebook und Twitter auf die Shopsite gelangt. Beim dritten Mal hat er die Shopsite über Google gefunden und angeklickt. Bei diesem Besuch hat er ein Newsletter-Abo abgeschlossen. Über einen Link im Newsletter hat er den vierten Besuch getätigt und mit einem Kauf abgeschlossen.

Übungsfrage 222: Rechtskonforme Aufzeichnung

Lösung

Der User muss dem Tracking aktiv zugestimmt haben, zum Beispiel durch das Setzen eines Hakens in einer Checkbox.

Übungsfrage 223: Conversion

Lösung

Antwort 3. Das englische Wort „conversion" bedeutet „Umwandlung". Im Onlinemarketing wird damit jede Handlung bezeichnet:

- Aktionen, die der Kunde aktiv tätigt, um dem Kauf näher zu kommen. Damit wandelt er sich vom Betrachter zum potenziellen Kunden.
- Der Kauf selbst. Damit wandelt sich der potenzielle Kunde zum echten Kunden.

> **! Vorsicht Falle**
>
> Die Falle ist in Antwort 1 verborgen. Der Kauf eines Produkts stellt nur eine Möglichkeit einer Conversion dar.

Übungsfrage 224: Die Conversion-Rate

Lösung

Antwort 5. Bei der Messung der Conversion-Rate einer Website werden alle vom Besucher getätigten Aktionen erfasst.

> **! Vorsicht Falle**
>
> Die Falle ist in Antwort 2 verborgen. Der Kauf eines Produkts stellt nur eine Möglichkeit einer Conversion dar, die Aufgabe bezog sich aber auf die Conversion-Rate der gesamten Website.

Übungsfrage 225: Affiliate Links

Lösung

Antwort 4. Affiliate Links sind bezahlte Partner-Links.
Beispiel: Die Bikestylers GmbH bietet ein Partnerprogramm an, bei dem Website-Betreiber einen Link von ihrer Website auf den Shop der Bikestylers GmbH setzen. Für jeden Kauf, der nach einem Klick dieses Links getätigt wurde, erhält der Betreiber der Quellseite eine Provision von 5 %. Durch einen im Link integrierten Code kann die Bikestylers GmbH die jeweiligen Quellseiten identifizieren.

! Vorsicht Falle

Die Falle ist in Antwort 2 verborgen. Als Affiliate Links werden nicht alle von einer Website ausgehenden Links bezeichnet, sondern nur bezahlte und durch einen Code zuordnungsfähige Links.

Übungsfrage 226: Organische Suche

Lösung

Antwort 3. Bei der organischen Suche erfolgt ein Klick auf die Suchergebnisliste von Google oder einer anderen Suchmaschine. Google zeigt maximal zehn Ergebnisse pro Suche auf einer Suchergebnisseite an. Bei der organischen Suche ausgeschlossen sind Klicks auf den bezahlten Teil einer Suchergebnisseite. Beispiel: Ein Klick auf eine Google Ad zählt nicht zum Bereich der organischen Suche.

! Vorsicht Falle

Die Falle ist in Antwort 2 verborgen. Die meisten Suchmaschinen blenden Werbung über, unter oder neben den Suchergebnissen ein. Bei der Zuordnung der organischen Suche als Besucherquelle einer Website werden Klicks auf Werbung ausgeschlossen.

Übungsfrage 227: Die Attribution

Lösung

Antwort 4. Bei der Attribution werden die Umsätze auf die verwendeten Werbekanäle (zum Beispiel Social Media, Affiliate, organische Suche) zurückgeführt. Das Ergebnis wird in Prozent angegeben.

! Vorsicht Falle

Die Falle ist in Antwort 2 verborgen. Als Attribute werden Produkteigenschaften bezeichnet. Die Begriffe Attribut und Attribution sollten nicht verwechselt werden. Eine Verwechslungsgefahr besteht auch bei einem weiteren Begriff: Als Attribuierung wird die Ergänzung fehlender Produkteigenschaften bezeichnet.

Übungsfrage 228: Das Wannenmodell

Lösung

Antwort 2. Die erste und letzte Interaktion der Customer Journey wird höher bewertet als die Interaktionen dazwischen. Beispiel: Beim Conversion-Pfad Social Network ▶ Affiliate ▶ Display ▶ Organische Suche wird der Werbeerfolg folgendermaßen zugeordnet:

Social Network	Affiliate	Display	Organische Suche
35 %	15 %	15 %	35 %

Das Wannenmodell wird auch als positionsbasiertes Modell bezeichnet.

! Vorsicht Falle

Die Falle liegt in Antwort 1 verborgen. Die dort angegebene Attribution wird als Time-Decay oder Zeitverlaufsmodell bezeichnet.

Übungsfrage 229: Attributionen vornehmen

Lösung

	Social Network	Organische Suche	Display	Referral	Affiliate
Lineare Attribution	20 %	20 %	20 %	20 %	20 %
Last Click Attribution					100 %

Erklärung

Beim linearen Modell erhalten alle Kanäle die gleiche Bewertung, bei der Last Click Attribution nur der letzte Kanal.

> **! Hinweis**
> Kanäle eines Conversion-Pfads werden auch als Touchpoints bezeichnet.

Übungsfrage 230: Der Warenkorbwert

Lösungsbeispiele

- Cross-Selling. Animation zum Kauf von Zusatzprodukten, z. B. Fahrradbeleuchtung.
- Up-Selling. Animation zum Kauf eines höherwertigen Produkts, z. B. eines Fahrrads mit Carbon-Rahmen.
- Bundles (Paketpreise). Angebot von Produktbundles. Beispiel: Fahrrad plus Regenschutz plus Radtasche.
- Rabatte für den Kauf mehrerer Einheiten eines Produkts. Beispiel: 20 % Rabatt beim Kauf von 2 Fahrradreifen.
- Kostenloser Versand ab Mindestbestellwert: Beispiel: Kostenloser Versand ab 120 Euro Bestellwert.

- Coupons ab Mindestbestellwert. Beispiel: Ein Rabattcoupon von 10 Euro, der ab einem Bestellwert von 120 Euro eingelöst werden kann.
- Einsatz eines Warenkorb-Layers. Beispiel: Auf der Warenkorbseite wird ein Button mit der Aufschrift „Noch weitershoppen" eingeblendet. Der Inhalt des Warenkorbs bleibt dabei erhalten.

Übungsfrage 231: Auftragsdatenverarbeitung

Lösung zur Definition

Als Auftragsdatenverarbeitung wird die Weitergabe von Besucherdaten an Dritte bezeichnet.

Lösungsbeispiele zur Anwendung

- Die Bikestylers GmbH nutzt den Analysedienst Google Analytics. Über den auf der Website eingebundenen Code werden Besucherdaten an Google Analytics weitergegeben.
- Die Bikestylers GmbH nutzt den Anzeigendienst Facebook Ads. Über das auf der Website eingebundene Facebook-Pixel werden Besucherdaten an Facebook weitergegeben.

Übungsfrage 232: Risiken der Nutzung großer Datenmengen

Lösungsbeispiele

- Juristische Risiken durch Verstoß gegen die Datenschutzbestimmungen. Insbesondere gilt dies bei der Auftragsdatenverarbeitung, also der Weitergabe von Daten an Dritte, wie beispielsweise an Google Analytics.
- Das Einblenden von Cookie-Bannern beeinträchtigt das Kundenerlebnis.
- Gefahr einer Fehlanalyse der Daten.
- Der technische Aufwand könnte den Nutzen übersteigen.
- Der personelle Aufwand könnte den Nutzen übersteigen.

Übungsfrage 233: Bounce-Rate

Lösung

Antwort 4. Die Bounce-Rate misst die Quote der Besucher, die eine Webseite ohne jede weitere Interaktion sofort wieder verlassen. Die Frage bezog sich auf die Startseite und nicht auf Seiten im Zusammenhang mit dem Bestellprozess.

> **! Vorsicht Falle**
>
> Die Falle ist in Antwort 3 verborgen. Besucher, die nicht sofort das Erwartete gefunden haben, führen mit einem Klick auf die Navigation eine weitere Interaktion durch. Die Verbesserung der Navigation kann die Bounce-Rate senken.

Übungsfrage 234: ROAS

Lösung

Antwort 2. Der ROAS (Return on Advertising Spend) gibt Auskunft über die Effektivität von Werbemaßnahmen. Beispiel: Ein Unternehmen gibt 1000 € für Google Ads aus und erzielt damit einen Umsatz von 10.000 €. Für jeden ausgegebenen Euro wurde damit ein Umsatz von 10 € erzielt. Im E-Commerce bezieht sich der ROAS in der Regel auf den Umsatz.

> **! Vorsicht Falle**
>
> Die Falle ist in Antwort 1 verborgen. Mit dieser Formel wir der ROI (Return on Investment) berechnet.

Übungsfrage 235: CPC-Anzeigen

Lösung

Antwort 1. CPC steht für das Abrechnungsverfahren Cost per Click. Der Werbetreibende bezahlt pro Klick auf eine Anzeige. Bei der Verwendung von schlecht ausgewählten Keywords im Anzeigentool besteht die Gefahr, dass Benutzer nach dem Klick auf die Anzeigen nicht die erwarteten Inhalte finden und die Website sofort wieder verlassen.

! Vorsicht Falle

Die Falle ist in Antwort 3 verborgen. Bei Google werden Anzeigen zwar gekennzeichnet, allerdings nicht mit dem Kürzel CPC.

Übungsfrage 236: SEA-Kampagne

Lösung

Antwort 3. Bei der Schaltung von Anzeigen auf den Trefferlisten ist eine breite Streuung aus Kostenründen nicht empfehlenswert. Die Anzeigen sollten nur an solche Nutzerinnen und Nutzer ausgespielt werden, die an bestimmten Produkten oder Informationen interessiert sind.

! Vorsicht Falle

Die Falle ist in Antwort 4 verborgen. Push- und Pull-Marketing können leicht verwechselt werden.

LF 11 Gesamtwirtschaftliche Einflüsse bei unternehmerischen Entscheidungen berücksichtigen

Übungsfrage 237: Europäischer Binnenmarkt

Lösung

Antwort 4. Freier Verkehr von Waren, Personen, Dienstleistungen und Kapital.

> **! Vorsicht Falle**
>
> Die Falle liegt in Antwort 1 verborgen. Diese Antwort kann nicht stimmen, da der Euroraum nicht dem EU-Raum entspricht. Lediglich 19 EU-Staaten zählen zum Eurowährungsraum. Beispiel: Dänemark ist EU-Mitgliedsland, Währung ist aber nicht der Euro, sondern die Dänische Krone.

Übungsfrage 238: Soziale Marktwirtschaft

Lösung

Antwort 4. Der Staat strebt zwar die Vollbeschäftigung als Ziel an, kann aber Arbeitsplätze nicht garantieren.

> **! Vorsicht Falle**
>
> Die Falle liegt in Antwort 1 verborgen. In der sozialen Marktwirtschaft ist der Wettbewerb nicht völlig frei, sondern durch zahlreiche Gesetze reguliert. Beispiele:
>
> - Festschreibung der Sonn- und Feiertagsruhe im Arbeitszeitgesetz (ArbZG).
> - Gesetz gegen den unlauteren Wettbewerb (UWG).
> - Die Verbraucherschutzgesetze innerhalb des BGB. Für den Onlinehandel ist besonders das Fernabsatzgesetz relevant (§ 312b - § 312d, §§ 355-357 BGB).
> - Die Tarifbindung nach dem Tarifvertragsgesetz (TVG).

Übungsfrage 239: Ziele der Sozialen Marktwirtschaft

Lösung

Antwort 1. Die Soziale Marktwirtschaft strebt eine Verknüpfung zwischen Wirtschaftsfreiheit und sozialer Sicherheit an.

! Vorsicht Falle

Die Falle liegt in Antwort 4 verborgen. Die völlige Vertragsfreiheit widerspricht den Prinzipien der Sozialen Marktwirtschaft. Beispiel: In Arbeitsverträgen gelten Regeln für den Kündigungsschutz und den Mutterschutz.

Übungsfrage 240: Die Tarifbindung

Lösung

Antwort 3. Eine Verpflichtung zur Einhaltung eines von Arbeitgeberverbänden und Gewerkschaften vereinbarten Tarifvertrags besteht nur dann, wenn die Bikestylers GmbH dem zuständigen Arbeitgeberverband auch angehört.

Anmerkung: Zu den Bestimmungen eines Tarifvertrags zählen üblicherweise das Arbeitsentgelt, die Höhe der Ausbildungsvergütung, die wöchentliche Arbeitszeit, die Höhe von Urlaubs- und Weihnachtsgeld sowie die Anzahl der Urlaubstage. Dabei dürfen in Ausbildungs- und Arbeitsverträgen auch Bedingungen festgelegt werden, die für die Arbeitnehmer günstiger sind.

! Vorsicht Falle

Die Falle ist in Antwort 4 verborgen. Der gesetzliche Mindestlohn muss in jedem Fall eingehalten werden. Diese Verpflichtung besteht unabhängig davon, ob die Bikestylers GmbH der Tarifbindung unterliegt.

Übungsfrage 241: Das Stabilitätsgesetz

Lösung

- Preisniveaustabilität
- Hohe Beschäftigung (im allgemeinen Sprachgebrauch ist die Bezeichnung Vollbeschäftigung üblich)
- Außenwirtschaftliches Gleichgewicht
- Angemessenes Wirtschaftswachstum

Übungsfrage 242: Der Konjunkturzyklus

Lösung

Antwort 3. Aufschwung, Boom, Abschwung, Depression.

! Vorsicht Falle

Die Falle liegt in Antwort 4 verborgen. Die Begriffe Aufschwung und Expansion bezeichnen dieselbe Phase.

Übungsfrage 243: Die Hochkonjunktur

Lösung

Der Boom wird auch als Hochkonjunktur bezeichnet.
Anmerkung: Geläufig sind auch die Begriffe Expansion für den Aufschwung und Rezession für den Abschwung.

Übungsfrage 244: Einflüsse von Konjunkturphasen

Lösung

Antwort 2. In der Aufschwungphase verfügen die Haushalte über mehr Geld, was den Konsum ansteigen lässt. In der Folge steigen die Absätze.

! Vorsicht Falle

Die Falle ist in Antwort 3 verborgen. Während des Aufschwungs (Expansion) steigen die Absätze noch, auf dem höchsten Niveau befinden sie sich in der Boomphase (Hochkonjunktur).

Übungsfrage 245: Marktsituationen

Lösung

Antwort 2. Bei einer Nachfrage, die das Angebot übersteigt, wird von einem Verkäufermarkt gesprochen. Dies bedeutet, dass sich der Verkäufer bei der Verhandlung über die Preise in einer stärkeren Position als der Käufer befindet.

! Vorsicht Falle

Die Falle liegt in Antwort 1 verborgen. Beide Begriffe sollten nicht verwechselt werden. Als Käufermarkt wird das umgekehrte Szenario bezeichnet: Das Angebot übersteigt die Nachfrage und der Käufer befindet sich gegenüber dem Verkäufer in der stärkeren Position.

Übungsfrage 246: Das ökonomische Prinzip

Lösung zur Definition des Minimalprinzips

- Ein vorgegebenes Ziel soll mit einem möglichst geringen Aufwand erzielt werden.
- Beispiel: Die Bikestylers GmbH soll im Jahr 2021 die Zahl von 10.000 Fahrrädern mit einem möglichst geringem Werbebudget absetzen.

Lösung zur Definition des Maximalprinzips

- Mit einem vorgegebenen Aufwand soll ein maximales Ergebnis erzielt werden.

- Beispiel: Die Bikestylers GmbH soll im Jahr 2021 möglichst viele Fahrräder verkaufen. Das Werbebudget beträgt hierfür 28.000 Euro.

Übungsfrage 247: Das ökologische Prinzip

Lösungsbeispiele

- Einkauf umweltfreundlicher Produkte.
- Maßnahmen zur Verringerung von Retouren.
- Reduzierung des Energiebedarfs.
- Errichtung einer Photovoltaikanlage auf dem Firmendach.
- Einsatz recyclebarer Rohstoffe und Materialien.
- Einsatz recyclebarer Verpackungen.
- Verkauf von Produkten, die einfach repariert werden können.
- Stärkung des Reparaturgedankens durch Tutorials.
- Verringerung von Fahrten und Flügen durch Onlinekonferenzen.
- Einrichtung von Fahrradparkplätzen und Duschräumen für die Mitarbeiterinnen und Mitarbeiter, um den Pendelverkehr mit dem Fahrrad zu stärken.
- Sponsoring von Umweltorganisationen.
- Teilnahme an Öko-Audits, also die regelmäßige Erfassung der für den Umweltschutz relevanten Aktivitäten eines Unternehmens und die Überprüfung auf gesetzliche Vorgaben.

Übungsfrage 248: Soziale und gesellschaftliche Unternehmensziele

Lösungsbeispiele soziale Ziele

- Sicherung von Arbeitsplätzen.
- Schaffung von sozialen Einrichtungen. Beispiel: Betriebskindergarten.

- Steigerung der Zufriedenheit der Mitarbeiter, zum Beispiel durch die Gewährung von Gratifikationen.

Lösungsbeispiele gesellschaftliche Ziele

- Übernahme gesellschaftlicher Verantwortung durch das Unternehmen (Corporate Social Responsibility). Beispiel: unternehmerische Sorgfalt bei der Auswahl von Herstellern und Lieferanten.
- Förderung der Inklusion (gemeinsames Leben und Arbeiten von Menschen mit und ohne Beeinträchtigung).
- Förderung von Sport und Kultur, etwa durch Sponsoring. Beispiel: Sponsoring von Festivals.

Übungsfrage 249: Selbstmanagement

Lösungsbeispiele

- Anfertigung von To-do-Listen.
- Messung und Beschränkung der Zeit in Social-Media-Netzwerken.
- Anwendung der ABC-Analyse. Alle Aufgaben werden in die Kategorien A, B und C eingeteilt. A-Aufgaben sind sehr wichtige Aufgaben, die heute bearbeitet oder erledigt werden. B-Aufgaben sind weniger wichtig, sie werden delegiert oder erst später erledigt. C-Aufgaben sind unwichtig, sie werden delegiert oder verworfen.
- Einbau von Pufferzeiten und Pausen in den Tagesablauf.
- Sorgfalt bei der Übernahme von Aufgaben. Ablehnung von Aufgaben, die nicht klar definiert sind.
- Anfertigung einer Not-To-do-Liste. Darin sind Tätigkeiten aufgelistet, die von der Arbeit ablenken.
- Feste Nicht-Erreichbarkeits-Zeiten in den Tagesablauf einplanen.

Übungsfrage 250: Methoden des Selbstmanagements

Lösung

A wie	**L** wie	**P** wie	**E** wie	**N** wie
Aufgaben und Termine notieren.	Länge (Dauer) einschätzen.	Pufferzeiten einplanen.	Entscheidungen treffen (Schwerpunkte setzen, kürzen, weglassen).	Nachkontrolle (Ist und Soll abgleichen).

Übungsfrage 251: Effektive Mitarbeitergespräche

Lösung

Antwort 2. Die Abkürzung KOALA steht für:

K wie	**O** wie	**A** wie	**L** wie	**A** wie
Kontaktphase	Orientierungsphase	Analysephase	Lösungsphase	Abschlussphase

! Vorsicht Falle

Die Falle ist in Antwort 1 verborgen. Die SMART-Methode dient nicht primär der Gesprächsführung, angewendet wird sie im Projektmanagement und im Marketing. Die Abkürzung SMART steht für die Definition von Zielen:

S wie	**M** wie	**A** wie	**R** wie	**T** wie
Spezifisch	Messbar	Aktivierend	Realistisch	Terminiert

Übungsfrage 252: Emission und Immission

Lösung: Antwort 3.

- Die Emission (Aussendung) bezeichnet den Ausstoß von Schadstoffen, die Luft, Boden und Wasser verunreinigen. Beispiele für Emissionsquellen: Autos, Fabriken, Kraftwerke, Heizungen.
- Die Immission (Empfang) bezeichnet die Einwirkung von Schadstoffen, Lärm und Strahlung auf Menschen, Tiere, Pflanzen und Gebäude. Beispiele: Verkehrslärm beeinträchtigt den Schlaf, die Verunreinigung der Luft beeinträchtigt die Funktion der Lungen.

Anmerkung: Zum Schutz vor Immissionen wurde das „Gesetz zum Schutz vor schädlichen Umwelteinwirkungen durch Luftverunreinigungen, Geräusche, Erschütterungen und ähnliche Vorgänge" erlassen, kurz das Bundes-Immissionsschutzgesetz (BimSchG). Zu den Verwaltungsvorschriften des Immissionsschutzgesetzes zählt die „Technische Anleitung zur Reinhaltung der Luft" (TA Luft).

! Vorsicht Falle

Die Falle liegt in Antwort 4 verborgen. Die Begriffe Emission und Immission sind darin vertauscht.

Übungsfrage 253: Emissionen reduzieren

Lösungsbeispiele

- Senkung der Retourenquote. Einsparung von Lieferfahrten: weniger Lärm, weniger Abgase.
- Verwendung umweltfreundlicher Verpackungen: weniger Schadstoffe.
- Ermöglichen von Homeoffice und Videokonferenzen: weniger Lärm, weniger Abgase.
- Bevorzugung von regional produzierten Waren, um Lieferfahrten einzusparen: weniger Lärm, weniger Abgase.

- Bevorzugung von Produkten, die unter Einhaltung ökologischer Standards produziert wurden: weniger Schadstoffe.
- Gebäudedämmung: weniger Emissionen durch Heizungsanlagen.

Übungsfrage 254: Einfacher Wirtschaftskreislauf

Lösung: Antwort 2. Im Wirtschaftskreislauf zwischen privaten Haushalten und Unternehmen fließen Geld- und Güterströme in entgegengesetzter Richtung:

- Geld in Form von Konsumausgaben fließt von Haushalten zu Unternehmen, im Gegenzug erhalten die Haushalte Güter.
- Geld in Form von Einkommen fließt von den Unternehmen zu den Haushalten. Im Gegenzug bieten die Haushalte den Unternehmen ihre Arbeitsleistungen, Kapital und Boden. Arbeit, Kapital und Boden (Grundstücke) sind die Faktoren, die die Produktion von Gütern ermöglichen.

! Vorsicht Falle

Die Falle ist in Antwort 1 verborgen. Die Antwort ist falsch, weil der Strom von Waren und Dienstleistungen nicht in entgegengesetzter Richtung verläuft. Beide fließen von Unternehmen zu privaten Haushalten.

Übungsfrage 255: Erweiterter / vollständiger Wirtschaftskreislauf

Lösung: Kapitalsammelstellen (Kreditinstitute und z. B. Versicherungen).
Anmerkungen: Private Haushalte, Unternehmen und Kapitalsammelstellen werden im Modell des Wirtschaftskreislaufs auch als Sektoren bezeichnet. Die Bezeichnung Kreditinstitute umfasst nicht nur die Banken, sondern auch Sparkassen und Bausparkassen. Als vierter Sektor des Wirtschaftskreislaufs wird der Staat, als fünfter das Ausland bezeichnet. Die Wirtschaftskreisläufe in der Übersicht:

Einfacher Wirtschaftskreislauf	2 Sektoren	Private Haushalte und Unternehmen
Erweiterte Wirtschaftskreislauf	3 Sektoren	+ Kapitalsammelstellen
Vollständiger Wirtschaftskreislauf	4 Sektoren	+ Staat
Offener Wirtschaftskreislauf	5 Sektoren	+ Ausland

Übungsfrage 256: Bedeutung des E-Commerce für Wachstum und Beschäftigung

Lösungsbeispiele

- Die Zahl der Arbeitsplätze im E-Commerce steigt.
- Die Umsätze im E-Commerce wachsen.
- Die Umsätze im stationären Handel schrumpfen, stagnieren oder wachsen weniger stark als im E-Commerce.
- Der E-Commerce ermöglicht die Schaffung von Arbeitsplätzen in strukturschwachen Regionen.
- Der E-Commerce-Markt ist ein globaler Markt. Wachstum und Arbeitsplätze entstehen unabhängig von nationalen Grenzen.
- Voraussetzung zum Erhalt von Arbeitsplätzen im E-Commerce ist das entsprechende Know-how.

Übungsfrage 257: Onlinehandel und stationärer Handel

Lösung: Antwort 4. Weil Onlineshops über keine Laufkundschaft verfügen, ist das Marketing im Onlinehandel besonders relevant.

! Vorsicht Falle

Die Falle ist in Antwort 3 verborgen. Der Onlinehandel ist bei der Sortimentsgestaltung tatsächlich flexibler, da keine Regale in Verkaufsräumen bestückt werden müssen.

Übungsfrage 258: Nachfragekurve

Lösung: X-Achse: Menge | y-Achse: Preis

Übungsfrage 259: Käufermarkt

Lösung: Antwort 1. Bei einem Käufermarkt ist das Angebot größer als die Nachfrage. Die Käufer befinden sich also in einer besseren Marktposition.

> ! **Vorsicht Falle**
> Die Falle ist in Antwort 2 verborgen. Hier wird das Gegenteil beschrieben, nämlich der Verkäufermarkt.

Übungsfrage 260: Wirtschaftssektoren

Lösung: Antworten 1,3,5 und 6. Der primäre Sektor wird auch als Urproduktionsektor bezeichnet, zu diesem Sektor zählen die Landwirtschaft und der Weinbau (Antwort 2). Zum sekundären Sektor, auch Industriesektor genannt, zählen das Handwerk und verarbeitende Gewerbe, also auch die Schreinereien (Antwort 4). Der tertiäre Sektor wird auch als Dienstleistungssektor bezeichnet. Hierzu zählen alle Unternehmen, die keinerlei Waren produzieren.

> ! **Vorsicht Falle**
> Die Falle ist in Antwort 4 verborgen. Nicht jedes Handwerk zählt zum sekundären Sektor. Friseure sind beispielsweise dem Dienstleistungssektor zuzuordnen. Für Schreiner sind aber Teil des sekundären Sektors, da sie ein Rohmaterial (Holz) bearbeiten.

LF 12 Berufsbezogene Projekte durchführen und bewerten

Übungsfrage 261: Mindmap

Lösung

Antwort 2. Eine Mindmap (Gedankenlandkarte) dient der Visualisierung der Projektidee.

! Vorsicht Falle

Die Falle ist in Antwort 5 verborgen. Es lassen sich zwar auch die Projektrisiken darstellen, die Frage bezieht sich aber auf die Hauptaufgabe einer Mindmap.

Übungsfrage 262: Mindmap

Lösung:

Antwort 4. Zahlen lassen sich besser in Tabellen als in einer Mindmap darstellen und vergleichen.

! Vorsicht Falle

Die Falle ist in Antwort 3 verborgen. Über Pfeile, die beispielsweise im Uhrzeigersinn angelegt werden, können auch zeitliche Abläufe in einer Mindmap dargestellt werden

Übungsfrage 263: Kennzeichen eines Projekts

Lösung

Antwort 4. Nicht in jeder Abteilung eines Unternehmens würde die Projektmethode die Effektivität erhöhen. Beispiel: Die Buchhaltung. Da dort Routinearbeiten erledigt werden müssen, bietet die Projektmethode keine Vorteile.

! Vorsicht Falle

Eine Falle ist in Antwort 2 verborgen. Das Risiko des Scheiterns ist bei Projekten höher als bei Routinearbeiten. Die Aussage ist also zutreffend.

Übungsfrage 264: Projekt-Controlling

Lösung

Antwort 3. Das Projekt-Controlling stellt das Erreichen der Projektziele sicher. Unter Umständen ist es dabei auch nötig, die Zielvorgaben den Gegebenheiten anzupassen.

! Vorsicht Falle

Die Falle ist in Antwort 2 verborgen. Das Controlling steuert nur die Durchführung von Maßnahmen. Die Maßnahmen selbst werden aber von anderen Abteilungen durchgeführt.

Übungsfrage 265: Diagramme

Lösungsbeispiele

- Balkendiagramm
- Gantt-Chart
- Flächendiagramm
- Tortendiagramm (Kreisdiagramm)
- Liniendiagramm (Chart)
- Pyramidendiagramm

Übungsfrage 266: Gantt-Chart

Lösung

Antwort 2. In einem Gantt-Chart wird der zeitliche Ablauf eines Projekts abgebildet.

! Vorsicht Falle

Die Falle ist in Antwort 5 verborgen. Die Zuständigkeiten können zwar als ergänzend hinzugefügt werde, Hauptaufgabe bleibt aber die Darstellung der zeitlichen Abläufe.

Übungsfrage 267: Magisches Dreieck

Lösung

Antwort 4. Zeit, Kosten und Leistung müssen in Einklang gebracht werden. Änderungen in einer dieser Größen ziehen Änderungen in den beiden anderen Größen nach sich.

! Vorsicht Falle

Die Falle liegt in Antwort 1 verborgen. Die beiden ersten Größen sind richtig. Falsch ist aber der Begriff Planungszeit, relevant ist die gesamte Dauer des Projekts.

Übungsfrage 268: Agiles Projektmanagement

Lösung

Antwort 2. Kennzeichen des agilen Projektmanagements ist die hohe Flexibilität.

! Vorsicht Falle

Die Falle liegt in Antwort 3 verborgen. Die Kernthese des agilen Prinzips lautet: „Das Reagieren auf Veränderung ist wichtiger als die Befolgung eines Plans." Damit wird aber nur eine Gewichtung von Werten vorgenommen. Relevant bleibt ein Plan also trotzdem.

Übungsfrage 269: Kollaboratives Projektmanagement

Lösungsbeispiele

- Die Projektinformationen stehen für alle Teammitglieder synchron zur Verfügung.
- Der Zugriff ist zeitunabhängig.
- Der Zugriff ist ortsunabhängig.
- Der Zugriff kann mit jedem Endgerät erfolgen.
- Arbeiten im Homeoffice ist möglich.
- Arbeitsfortschritte können dokumentiert werden.
- Geringe Kosten.
- Nachrichten können an alle oder nur bestimmte Teammitglieder versendet werden.
- Eine aufwendige Softwareinstallation ist nicht notwendig.
- Dokumente können an einem zentralen Ort abgerufen werden.

Übungsfrage 270: Klassisches Projektmanagement

Lösung

Antwort 4. Dezentrale Regelkreise sind ein Element des kollaborativen Projektmanagements.

! Vorsicht Falle

Die Falle liegt in Antwort 5 verborgen. Die Beschreibung ist zutreffend. Der Erfolg wird beim klassischen Projektmanagement an starren Vorgaben gemessen.

Übungsfrage 271: Teamarbeit

Lösungsmöglichkeiten Vorteile

- Anspruchsvolle und komplexe Aufgaben werden von einem Team leichter bewältigt als von Einzelpersonen. Insbesondere gilt dies für multiprofessionelle Teams.
- Mitglieder eines Teams motivieren sich gegenseitig.
- Innerhalb eines Teams findet ein Wissensaustausch statt.
- Teams unterlaufen weniger Fehler, wenn Arbeitsschritte von mehreren Personen kontrolliert werden.
- Weil mehrere Personen involviert sind, läuft die Arbeit in einem Team auch bei Ausfall einer Person weiter.
- Mitglieder eines Teams lernen, sich selbst zu organisieren.

Lösungsmöglichkeiten Nachteile

- Innerhalb eines Teams kann es leicht zu Konflikten kommen. Es besteht die Gefahr des Mobbings.
- Die Verantwortung kann von Einzelnen auf das Team abgewälzt werden. Es ist schwierig zu erkennen, wer für den Erfolg oder Misserfolg eines Teams verantwortlich ist.
- Die Koordination eines Teams verschlingt Zeit.
- Es besteht die Gefahr, dass sich die Mitglieder eines Teams gegenseitig von der Arbeit ablenken.

- Das Treffen von Entscheidungen gestaltet sich in Teams kompliziert.
- In einem Team besteht die Gefahr, dass gute Ideen deshalb nicht realisiert werden, weil sie von Personen mit wenig Durchsetzungsvermögen vorgeschlagen wurden.

Übungsfrage 272: Multiprofessionelle Teams

Lösung
Antwort 3. Unterschiedliche Berufe (Professionen) arbeiten im Team zusammen. Jedes Mitglied bringt dabei unterschiedliches Wissen in das Team ein.

> **! Vorsicht Falle**
> Die Falle ist in Antwort 5 verborgen. Weiterbildungen sind zwar wünschenswert, aber keine zwingende Voraussetzung für die Bildung eines multiprofessionellen Teams.

Übungsfrage 273: Kommunikation im Unternehmen

Lösungsbeispiele mündliche Kommunikation

- Formelle Gespräche: Konferenz, Betriebsversammlung, Mitarbeitergespräche.
- Informelle Gespräche: Pausengespräche, Gespräche in Fahrgemeinschaften und bei Betriebsfesten.

Lösungsbeispiele schriftliche Kommunikation

- Briefe
- Protokolle
- Handreichungen
- Stellenbeschreibungen
- Schwarze Bretter
- Angebote
- Rechnungen und Lieferscheine in Papierform

Lösungsbeispiele digitale Kommunikation

- E-Mails
- digitalisierte Dokumente
- Videokonferenzen (z. B. über Zoom, Microsoft Teams oder Jitsi)
- kollaborative Tools (z. B. Trello, Slack, Kanban)

Übungsfrage 274: Konflikte lösen

Lösungsbeispiele zur Konfliktprävention

- Klare Zielsetzung des Projekts.
- Fortlaufende Dokumentation des Projektfortschritts.
- Klare Aufgabenverteilung der Projektarbeit.
- Festlegung von Zeitbudgets für alle Mitarbeiter.
- Solide Einführung in die Kommunikationswerkzeuge (zum Beispiel Trello, Slack, Zoom, Microsoft Teams).
- Hinweis auf höfliche Umgangsformen.
- Erwartungen der Teammitglieder werden ausgesprochen.

Lösungsbeispiele zur Konfliktlösung

- Konfliktmoderation.
- Konfliktgespräche, die von einer neutralen Person geleitet werden.
- Nach Lösungen suchen, von denen alle Konfliktparteien profitieren.
- Kompromisse vereinbaren.
- Keine persönlichen Angriffe, stattdessen Konflikte versachlichen.
- Beteiligte eines Konflikts wechseln die Perspektive und versetzen sich in die Rolle von Anderen.

Übungsfrage 275: Backlog

Lösung

Antwort 2. Als Backlog werden Arbeiten bezeichnet, die noch zu erledigen sind.

> **! Vorsicht Falle**
>
> Die Falle ist in Antwort 3 verborgen. Als Backlog werden nicht die erledigten Arbeiten bezeichnet, sondern die zu erledigenden.

Übungsfrage 276: Projekte planen

Lösungsbeispiel zur Methode

- Methode: Agiles Projektmanagement in einem multiprofessionellen Team. Das agile Projektmanagement bietet die Möglichkeit, die optimale Qualität des Videoclips zu erreichen und gegebenenfalls nachzubessern.
- Begründung: Bei kreativen Projekten ist es wichtig, flexibel zu sein. Multiprofessionalität ist wichtig, weil mehrere Bereiche betroffen sind und unterschiedliches Know-How erforderlich ist.

Lösungsbeispiel zur Auswahl der Projekt-Tools

- Projekt-Tools: Trello und Zoom. Das Trello-Board ist nur für die interne Kommunikation bestimmt, die Produktionsfirma des Clips hat hier keinen Zugang.
- Begründung: Trello eignet sich für To-Do-Listen, womit der Fortschritt des Projekts intern gut dokumentiert werden kann. Die Zoom-Konferenz ermöglicht den kostengünstigen Austausch mit der Produktionsfirma des Clips.

Lösungsbeispiel zur Aufgabenverteilung

- Die Vertreter des Marketings sichten verschiedene Videoproduktionsfirmen und holen Kostenvoranschläge ein. Sie entscheiden sich für eine Firma und vergeben den Auftrag für den Clip. Sie staffieren das Drehteam mit Fahrrädern und Trikots aus.
- Die Vertreter der Social-Media-Abteilung entwickeln Strategien für die optimale Platzierung der Clips auf den wichtigsten Plattformen. Beispiel: Zuordnung zu bestimmten YouTube-Playlists.
- Die Vertreter der Grafikabteilung entwerfen Thumbnails für die Clip-Vorschau.
- Die Mitarbeiter der Technik sorgen für eine reibungslose technische Implementierung des Clips auf der Website: Optimale Platzierung, kurze Ladezeiten, Responsivität, Funktionalität mit den wichtigsten Browsern (Firefox, Edge, Safari, Chrome) und den wichtigsten mobilen Systemen (Android und iOS).
- Die Vertreter der Rechtsabteilung sind für die Rechtssicherheit des gesamten Projekts verantwortlich. Sie überprüfen die Verträge mit der Videoproduktionsfirma. Weitere Überprüfungen: Ist der Clip als Werbung gekennzeichnet? Wurden erkennbare Personen ohne Einverständnis gefilmt? Wurde GEMA-pflichtige Musik verwendet, die gegebenenfalls lizenziert werden muss? Werden Markennamen und Logos erwähnt oder gezeigt?

Gemeinsame Aufgaben des Teams: Begutachtung von Drehbuch und Zwischenergebnissen der Clip-Produktion.

Lösungsbeispiel zum Zeitplan

- 1. Monat: Vorbereitung und Initiierung. Zusammenstellung des Teams, Definition von Projektziel, Methode und Struktur. Einführung in die Projekt-Tools Trello und Zoom.
- 2. Monat: Budgetierung des Projekts. Auswahl der Produktionsfirma und Vergabe des Auftrags.
- 3. Monat: Zeitpuffer.

- 4. bis 8. Monat: Produktion des Clips durch die Produktionsfirma und Hauptarbeitsphase des Projektteams.
- 9. Monat: Zeitpuffer.
- 10. Monat: Projektsteuerung. Begutachtung des Clips und gegebenenfalls Nachbesserung.
- 11. Monat: Freigabe des Clips durch alle Mitglieder des Teams.
- 12. Monat: Veröffentlichung des Clips und Analyse der Reaktionen. Abschluss des Projekts.

Lösungsbeispiel zu Risiken

- Technische Probleme beim Zugang zu den Projekt-Tools und fehlendes Know-how. Einladungen zu Trello und Zoom werden nicht von allen Teilnehmern angenommen.
- Beauftragung einer ungeeigneten Produktionsfirma.
- Verzögerung durch zu viele Nachbesserungen.
- Konflikte innerhalb des Teams.
- Absinken der Motivation durch die lange Dauer des Projekts.
- Verwässerung des Clip-Stils, weil zu viele Personen Einfluss nehmen.

Übungsfrage 277: Projektphasen

Lösungsbeispiele zur Vorbereitung

- Entscheidung, ob ein Projekt stattfindet.
- Ziele des Projekts festlegen.
- Ergebnisse des Projekts grob in Zahlen fassen.
- Einreichung eines Projektantrags.

Lösungsbeispiele zur Initiierung

- Klärung der Rahmenbedingungen.
- Festlegung der Projektleitung.

- Abklärung von Risiken.
- Zusammenstellung des Projektteams.
- Festlegung der Kommunikationsstruktur.

Lösungsbeispiele zur Planung und Durchführung

- Festlegung von Aufgaben.
- Festlegung von Kosten.
- Festlegung von Meilensteinen.
- Durchführung der Aufgaben.

Lösungsbeispiele zur Steuerung

- Ist-Soll-Vergleiche.
- Regelkreissteuerung.
- Anpassung von Ressourcen.
- Anpassung von Zielen.
- Information der Auftraggeber des Projekts.

Lösungsbeispiele zum Abschluss

- Abnahme vom Auftraggeber.
- Überprüfung auf Qualität.
- Überprüfung auf Projektziele.
- Dokumentation.
- Nachbesprechung mit dem Ziel, zukünftige Projekte zu optimieren.
- Auflösung des Projektteams.

Übungsfrage 278: Projekte steuern

Lösungsbeispiele

- Ballast abwerfen. Vorschläge, die einen zu hohen Aufwand verursachen, werden aussortiert.
- Restart. Einsatz einer Pufferzeit, um das Projekt bewusst zu unterbrechen und einen Restart zu ermöglichen.
- Kräfte konzentrieren. Mit den Hauptaufgaben weitermachen, Details zurückstellen.
- Ziele neu formulieren. Anpassung der Ziele an die Leistungsfähigkeit des Teams. Beispiel: Wegfall der umstrittenen Szenen und Kürzung des Clips.
- Aufgaben klar definieren. Überprüfung der Verantwortlichkeiten im Team. Gegebenenfalls eine neue Zuordnung von Aufgaben.
- Überprüfung auf Konflikte innerhalb des Teams und gegebenenfalls eine Konfliktlösung.

Übungsfrage 279: Soll-Ist-Vergleich

Lösung Definition
Der Soll-Ist-Vergleich zählt zu den Instrumenten des Controllings. Bei einem Soll-Ist-Vergleich werden geplante Werte mit dem tatsächlich erreichten Ergebnis verglichen.

Lösungsbeispiele

- Geplanter Umsatz (Soll): 12.300.987 Euro. Tatsächlicher Umsatz (Ist): 10.300.872 Euro.
- Geplante Views eines Imagevideos (Soll): 3.000. Erreichte Views (Ist): 2.500.
- Geplante Anzahl an Newsletter-Abonnenten (Soll): 4.000. Erreichte Anzahl (Ist): 4200.

Übungsfrage 280: Der Regelkreis im Projektmanagement

Lösung

Der Regelkreis dient dem Projekt-Controlling. Dabei werden fortlaufend Soll-Ist-Vergleiche erhoben, Abweichungen erkannt und entsprechende Maßnahmen eingeleitet. Versagen diese Maßnahmen, so ist möglicherweise eine Änderung der Zielvorgaben notwendig.

Übungsfrage 281: Projekt-Tools

Lösung

Antwort 4. Cubase. Die Software Cubase dient der Musikproduktion.

> **! Vorsicht Falle**
>
> Eine kleine Falle ist in Antwort 3 enthalten. Slack hat in vielen Unternehmen die E-Mail-Kommunikation abgelöst und wird auch für Routinearbeiten eingesetzt. Da aber in dieser Aufgabe nur eine Antwort möglich ist, fällt die Wahl klar auf Cubase.

Übungsfrage 282: Kommunikationsregeln

Lösungsbeispiele

- Festlegung der Anrede (Du oder Sie).
- Festlegung der Kommunikationsstruktur: im Thread antworten.
- Regeln für das Einbringen von Themen: Jeder darf ein Thema vorgeschlagen, per Handzeichen-Icon wird über die Zulassung abgestimmt.
- Zuhören ist wichtig.
- Nachfragen sind erwünscht.
- Fachbegriffe sollten erklärt werden.

- Probleme werden offen angesprochen.
- Kritik sollte sachlich vorgetragen werden.
- Kritik sollte sachlich entgegengenommen werden.
- Fehler sind erlaubt.
- Die Dauer einer Slack-Konferenz wird nicht überschritten.

Übungsfrage 283: Scrum

Lösung
Antwort 2. Rollen und Events bilden die wichtigsten Elemente. Dabei werden drei Rollen unterschieden: Product Owner (Verantwortliche Entscheider), Scrum Master (Projektmanager) und Team (Ausführende).

> **! Vorsicht Falle**
> Die Falle ist in Antwort 3 verborgen. Das Wort Scrum ist zwar enthalten, die anderen Begriffe sind aber in der Scrum-Methode unüblich.